GRENZENLOS

LIEBEN

—

FREI LEBEN

Warum Liebe
ALLES
heilt

Martin Exner

Wahrhaftige LIEBE

=

Wahre FREIHEIT

=

Wahre FREUDE

=

Wahrer FRIEDEN

=

Wahres GLÜCK

IMPRESSUM
Bibliografische Information der Deutschen Nationalbibliothek:
Die Deutsche Nationalbibliothek verzeichnet diese Publikation in der Deutschen Nationalbibliografie, detaillierte bibliografische Daten sind im Internet über dnb.d-nb.de abrufbar.

TWENTYSIX – der Self-Publishing-Verlag
Eine Kooperation zwischen der Verlagsgruppe Random House und BoD – Books on Demand

Grenzenlos Lieben – Frei Leben von Autor Martin Exner
© 2016 Martin Exner. Alle Rechte vorbehalten.
2. Auflage 2017
Herstellung und Verlag:
BoD – Books on Demand, Norderstedt
ISBN: 9783740732974

Diese Publikation, einschließlich seiner Teile, ist urheberrechtlich geschützt und darf ohne Zustimmung des Autors nicht vervielfältigt, wieder verkauft oder weitergegeben werden.

Das Buch

Wir Menschen wollen lieben und geliebt werden. Die oftmals ungestillte Sehnsucht danach sowie mangelnde Liebesfähigkeit äußern sich in vielfältigen Verhaltensweisen, die oft nicht als Liebe erkennbar sind und sogar zerstörerisch wirken können.

Warum gibt es so eine (gefühlt) lieblose Gesellschaft? Wir erleben Unfrieden, Kämpfe oder Hass in Familien und Partnerschaften, missbilligen aber andererseits die Kriege zwischen Nationen. Allerdings zeigt sich im „Großen" nur, was bei uns selbst beginnt.

Was hindert uns daran, grenzenlose Liebe auch im Alltag zur Entfaltung zu bringen, obwohl es uns allen viel besser damit ginge?

Warum verschließen viele Menschen ihre Herzen trotz zahlreicher Liebesratgeber? Warum werden Partnerschaften überfrachtet mit Erwartungen und romantischen Vorstellungen von Liebe, während im sonstigen Miteinander oftmals menschliche Gleichgültigkeit oder sogar Ablehnung herrscht?

Martin Exner ist den Ursachen auf der Spur und führt den Leser in einer leicht verständlichen, liebevollen Sprache auf den Weg und die Reise zur bedingungslosen, reinen Liebe. Durch die Schilderung seiner eigenen Erfahrungen sowie Erkenntnisse öffnet und berührt er die Herzen der Menschen. Damit bietet sein Buch als individuelle Wegbegleitung den ansprechenden Raum zur persönlichen Entfaltung in Liebe, um das eigene Leben lebendig zum Blühen zu bringen.

Inhalt:

Schon wieder ein Buch über die Liebe? Gibt es denn nicht schon genug davon?	10
Wie lebe ich die Liebe?	29
Aller Anfang ist Liebe.... Und was kommt dann?	45
Gefühle, Emotionen, Empfindungen	67
Körper, Geist und Seele	74
Die kosmischen Gesetze	84
Die blockierende Wirkung von Verhaltensmustern auf Handlungen und Möglichkeiten zur Auflösung	96
Die Macht der Gewohnheiten	114
Die Macht der Gedanken	125
Die Macht unserer Worte, der Stille und Berührungen	143
Du bist, was du glaubst	158
Von der Ware Liebe zur Wahren Liebe	167
Ohne Selbstliebe keine Nächstenliebe	185

Wo Liebe herrscht, hat Angst keine Macht. Wo Angst herrscht, kann Liebe sich nicht entfalten	199
Liebe gedeiht nur mit Vertrauen und dieses erfordert Mut	217
Liebe kennt keine Grenzen	222
Liebe wächst, wenn sie verschwendet wird	237
Werdet wie die Kinder	245
Freiheit durch Liebe	253
Freude durch Liebe	260
Frieden durch Liebe	266
Glück durch Liebe	273
Liebe, Lust und Leidenschaft	283
Liebe und Flucht	294
Liebe und Karma	303
Liebe und Treue	309
Liebe und Heilung	319
Vergebung und Dankbarkeit	326
Mut zur Liebe	334

Albert Einstein über die Liebe	**346**
Weitere Zitate	**349**
Ein Wort des Dankes	**359**
Der Autor	**360**
Eine herzliche Bitte	**361**
Epilog	**362**
Anhang	**363**

Ein persönliches Wort zuvor:

Ich verwende aus Gründen der besseren Lesbarkeit im nachfolgenden Text jeweils entweder die männliche oder weibliche Form, achte dabei aber auf keine Quote. Trotzdem dürfen sich bei dem Inhalt beide Geschlechter gleichermaßen angesprochen fühlen, denn die Liebe trennt nicht in Geschlechter und sie wiegt auch nicht auf.

„Liebe ist die stärkste Macht der Welt,
und doch ist sie die demütigste,
die man sich vorstellen kann."
(Mahatma Gandhi)[1]

„Der Geist, der allen Dingen Leben verleiht,
ist die Liebe."
(Chinesische Weisheit)

Schon wieder ein Buch über die Liebe?

Gibt es denn nicht schon genug davon?

Nun, meine Erfahrung lehrt mich, dass es durchaus sinnvoll ist, ein und dasselbe Thema von vielen Seiten zu betrachten. Dadurch kommen bei unterschiedlicher Sichtweise und Interpretation auch immer wieder neue Eindrücke sowie Erkenntnisse hinzu, wodurch mehr Menschen sich angesprochen und verstanden fühlen können. Denn Menschen haben ihre jeweils eigenen Wahrnehmungen aufgrund ihrer individuellen Prägung. Insofern suchen sie sich entsprechende Erlebnis-Felder, die mit der persönlichen Sozialisation möglichst übereinstimmen.

Diese Vielfalt an Eindrücken, Erlebnissen und Auffassungen ist wie ein großes Mosaik, welches durch ganz viele unterschiedliche Steinchen seine ganzheitliche Wirkung und Ausstrahlung erst richtig zur Geltung, Entfaltung und Vollendung bringt. Wie oft schauen wir uns Dinge nur von einer, nämlich unserer eigenen Perspektive aus an und erkennen dadurch lediglich einzelne Puzzle-Teile, die für sich betrachtet oftmals bedeutungslos erscheinen, wodurch sie das ganze Schöne in seiner glanzvollen Fülle und Herrlichkeit nicht bzw. noch nicht erkennen lassen.

Um klarer zu sehen, genügt oft schon eine Änderung der Blickrichtung. Sicherlich kennt der eine oder die andere das Bild mit dem Vogelstrauß, der seinen Kopf in den Sand steckt und sich wundert, warum es so dunkel ist.

Ich habe in meinem Leben schon so viel über Liebe

gelesen, gehört und natürlich persönlich erfahren. Trotzdem habe ich immer wieder neue Aspekte kennengelernt, weil ich dafür aufgeschlossen war. Und ich bin weiterhin offen für Neues, auch nach diesem Buch. Wir Menschen neigen dazu, Dinge (gedanklich) sehr schnell beiseite zu legen, wenn wir glauben, wir wüssten darüber genug oder hätten schon einmal etwas ähnliches und damit vermeintlich bekanntes davon gehört.

Mit der Liebe beschäftigen sich Menschen überall auf der Welt seit vielen Jahrhunderten, ja vielleicht sogar seit Bestehen der Menschheit. Wer weiß das schon. In Google gibt es derzeit rund 271.000.000 Einträge zu diesem stets aktuellen Thema. Das ist ein klarer Indikator für die besondere und zentrale Bedeutung von Liebe im menschlichen Dasein.

Eine Analyse der Philosophie-, Religions- und Kulturgeschichte lässt uns vermuten, dass der Begriff der „Liebe" deshalb so entscheidend ist, weil sich darin die drei Grundwerte des Seins vereinen:

GUTES, WAHRES und SCHÖNES.

- GUTES im Sinne des Mitgefühls für alle Lebewesen.
- SCHÖNES im Sinne der Kreativität und Ekstase die in der Inspiration des Miteinanders erblüht.
- WAHRES im Sinne des erforderlichen Bewusstseins, zur Erkenntnis von Liebe als Essenz des Lebens in uns und um uns herum, die mit befreiender Wirkung das Leben bereichert und intensiviert.

In diesem Buch geht es um das eigene SEIN in „WAHRHAFTIGER" LIEBE, wie die Einleitung verrät.

Wahrhaftig ist hier im Sinne von essenziell, bedingungslos, ehrlich und unverfälscht zu verstehen. Gemeint ist die heilige Liebe. Heilig meint in diesem Zusammenhang das Göttliche (Universelle) als heilende Ganzheitlichkeit. Eine Liebe, die dem Seelen-HEIL dient.

Aber warum gibt es (gefühlt) so wenig Liebe auf dieser Welt? Warum sehnen sich Menschen so sehr nach Liebe und können sie dennoch nicht oder nur unzureichend in ihr Leben integrieren? Warum gibt es häufig lieblose Auseinandersetzungen und Ausgrenzungen in der Familie sowie Hass und Kriege überall? Eine vordergründige Antwort, die man allerorten hört, ist, dass Machthaber und Regierungen für Zwietracht, Hass und Kriege sorgen, um ihre Macht auszubauen. Allerdings stecken dahinter immer einzelne Menschen, die als Individuen handeln und letztlich dafür verantwortlich sind, auch wenn sie die Verantwortung nicht immer übernehmen.

Die Suche nach Gründen im Außen und Schuldzuweisungen führen daher nicht zur Lösung unserer Probleme. Vielmehr können wir nur mehr Liebe in die Welt senden, wenn jeder Einzelne seine eigene, tief verankerte Liebe zur Entfaltung bringt, sie zum elementaren Lebenssinn macht und ihr somit **kontinuierlich** den notwendigen Raum gibt. Erst dadurch kann sie sich auch auf unserer Erde entsprechend ausbreiten und ihre große Wirkung zeigen. Wir müssen uns darüber im Klaren sein, dass nur „echte", aufrichtige Liebe das Chaos unserer Welt heilen kann.

Geht nicht gibt's nicht.

Ausreden, wie „ich bin zu bedeutungslos", „habe keine Macht" oder „werde manipuliert", sind vorgeschobene

Gründe, um sich nicht zu bewegen. Die Haltung, dass sich erst der Andere ändern muss, damit ich selbst anfangen kann, liebevoll zu handeln, führt zur Fremdbestimmung, Stagnation und somit ins Leere. Die hohe Kunst ist es, nicht auf die anderen zu schauen, sondern JETZT bei sich anzufangen, ohne WENN und ABER. Das erfordert freilich eine ordentliche Portion Mut, weil man sich vom Strom der „Lemminge" verabschieden muss.

Das Individuum ist der zentrale Schlüssel, um Liebe ganzheitlich in der Gesellschaft stärken zu können, damit überall Heilung stattfinden kann. Es beginnt im kleinsten zu wirken und zieht dann immer größere Kreise. In der Partnerschaft, in der Familie, im Beruf etc. Was wir im Kleinen verändern, wirkt sich durch persönliche Begegnungen dann im Großen aus. Das ist wie bei dem „Schneeballeffekt." Ein kleiner Schneeball, der den Hang herunterrollt und dabei immer mehr Schnee einwickelt, wird irgendwann zu einer großen Lawine, die den ganzen Hass, das ganze Leid wegrollt.

Was wäre die Welt ohne Liebe?

Ab Mitte des 19. Jahrhunderts wurden führende Kinderärzte auf die Problematik der Findelhäuser aufmerksam. Damals prägten die Mediziner den Begriff „psychischer Hospitalismus". Trotz guter hygienischer Bedingungen war nämlich die Säuglingssterblichkeit in Säuglingsheimen besonders hoch, in denen es an Zuwendung fehlte. Diejenigen, die überlebten, zeigten im Laufe des Heranwachsens starke Verhaltensauffälligkeiten. Sobald sich das Pflegepersonal den Säuglingen ausreichend widmete, ging die Sterblichkeit erheblich zurück. Diese damalige Beobachtung ist ein klares Indiz dafür, wie wichtig Geborgenheit, menschliche Wärme und Zuwendung

(Liebe) für eine gesunde Entwicklung ist.

Sicher ist eines: Die Liebe ist in ihrem Facettenreichtum über heilige Schriften aller Religionen, Gedichte, Romane, Filme, Gesänge etc. auf vielfältige Weise immer wieder beschrieben, aber auch verherrlicht worden, seitdem sich Menschen über Sprache und Schrift verständigen können. Und doch bleibt sie für viele Menschen ein großes rätselhaftes Geheimnis. Manche haben sie in ihrem Leben nicht wirklich gespürt oder in ihrer wunderbaren Kraft und Fülle kennengelernt, weil sie sie nicht oder nur zeitweise bzw. nicht in ihrer vollen Blüte zugelassen haben. Aufgrund ihrer persönlichen Enttäuschungen, Abgeklärtheit oder kopfgesteuerten nüchternen Sachlichkeit führt dies zu dem Trugschluss, sie existiere deshalb nicht oder sei nur etwas für hoffnungslos romantische Träumer, denen der Sinn für jegliche Realität fehlt oder abhanden gekommen ist. Diese Menschen haben sich täuschen lassen und können daher das „Liebesgesäusel" nicht mehr hören. Auch wenn der Begriff „Liebe" abgegriffen und verbraucht erscheint, so gibt es nur dieses eine Wort, das in allen Sprachen der Welt zu finden ist. Aus meiner Sicht ist JETZT die Zeit reif, dieses Wort wieder mit seinem wahrhaftigen Sinngehalt zu füllen und dies entsprechend zu leben.

Oder ist die Liebe doch nur eine Idee der Menschheit und somit eine Illusion, eine tiefe Sehnsucht in uns nach Verschmelzung, der wir hinterherlaufen und die wir verherrlichen?

Nun, es gibt nur eine Möglichkeit das herauszufinden. Man muss sich auf dieses Gefühl, diese besondere Energie einlassen und dieses außergewöhnliche Phänomen auf sich wirken lassen. Doch in der modernen Welt der Wissenschaften und Datensammlungen wird oftmals abgelehnt, was sich nicht mit dem Verstand beweisen lässt. Und wenn man etwas ablehnt, kann man es nicht erfahren. Das sind ganz banale Gesetzmäßigkeiten.

Ich beobachte dieses grundsätzliche Dilemma bei uns Menschen in Bezug auf alle Sachverhalte: Wir leugnen in der Regel die Existenz dessen, was wir nicht selbst erfahren bzw. erlebt haben oder plappern einfach etwas nach, was wir mehrfach gehört oder gelesen haben und deshalb für die absolute Wahrheit halten. Die starre Festlegung auf die eigene kleine Welt lässt Vorstellungen über andere Realitäten oftmals nicht zu. Diejenigen, die sich über diese Zusammenhänge nicht bewusst sind, werden das beschriebene Phänomen natürlich vehement bestreiten. Das ist für sie auch folgerichtig, denn sie leben gedanklich in einem geschlossenen Käfig und können gar nicht anders.

Die vielfältige Deutung von Liebe führt leider auch dazu, dass sie missverstanden und der Begriff missbräuchlich benutzt wird. Im Namen der Liebe (Gottes) wird gemordet, geplündert, gestohlen und gelogen.

Wie schnell sagt man: „Ich liebe dich" und meint in Wirklichkeit „Ich brauche dich". Manche verwechseln Liebe mit Hörigkeit, gegenseitiger Abhängigkeit, Machtausübung, Unterdrückung, Gewalt, Verliebtheit etc. Liebe ist auch nicht gleichzusetzen mit „lieb sein," wie es viele von uns aus der Kindheit kennen. Vielmehr sorgt reine Liebe für Klarheit und dazu gehört auch die mutige, liebevolle Auseinandersetzung.

Wie sollen junge Menschen tiefe Liebe erfahren, wenn ihnen Internet und andere Medien vermitteln, das Leben bestehe nur aus Spaß und oberflächlichem Sex mit ständig wechselnden Partnern? Dies ist um so fataler, weil in der Jugend bekanntlich erste Kontakte und Beziehungen über die Befriedigung sexueller Begierde geknüpft werden und dann die Gefahr besteht, auf dieser Ebene „hängen" zu bleiben.

Mir fällt auf, dass sich aktuell immer mehr Menschen mit der „allgegenwärtigen, wahren, tiefen Liebe" sehr bewusst auseinandersetzen, dem tiefen Kern auf die Spur kommen wollen und offen darüber reden oder schreiben. Nach meiner Wahrnehmung ist noch nie in der Öffentlichkeit so ungezwungen und selbstbewusst über ganzheitliche, bedingungslose Liebe gesprochen worden, wie heutzutage. Wer hätte sich das noch vor 20 Jahren getraut, aus Angst, als romantischer Spinner oder Träumer abgewertet bzw. belächelt zu werden? Allenfalls wurde früher über die Liebesbeziehung eines Paares oder die Liebe zwischen Eltern und Kindern diskutiert. Dies war größtenteils auf die wissenschaftliche, weniger auf die emotionale Ebene beschränkt. Selbst die 68-er-Bewegung richtete den Fokus mit ihrem Slogan: „Make love, not war" überwiegend auf die freie „körperliche" Liebe. Die verheißungsvolle Freiheit durch praktizierten Gruppensex endete oftmals in Eifersuchtsdramen und hinterließ beklemmende Unfreiheit. Hier zeigte sich wieder einmal die unzureichende Auseinandersetzung mit dem Kern und wahren Wesen der Liebe. Auch heutzutage führt das noch zu vielen Irrtümern.

Die Liebe ist nicht nur ein elementares Grundbedürfnis der Menschen, verbunden mit einer tiefen Sehnsucht danach, sondern allumfassend im Sinne des so genannten „göttlichen Funken", der alles in dieser Welt und sogar im Universum über die Schöpfung unsichtbar miteinander verbindet. Die Liebe ist das unsichtbare Band, welches die Weltenseele zusammenhält und für die Meisten von uns, oftmals unbewusst, spürbar ist. Allein schon in einem

Lächeln, das einem begegnet, auf das man ganz spontan gefühlsmäßig reagiert, zeigt sich diese liebevolle Verbindung und Zuwendung für einen kurzen Moment in seiner reinsten klaren Form. Es bedarf dazu keiner Worte. Die reine Liebe ist die höchstschwingendste, kraftvollste Energie, die wahre Wunder vollbringen und heilen kann.

Die Vielseitigkeit, unfassbare Größe und Unergründlichkeit der Liebe zeigt sich schon dadurch, dass wir über vielfältige Formen der Beschreibung versuchen, dieses Phänomen ganzheitlich zu erfassen. Und doch bleibt dieses wunderbare Gefühl, diese allmächtige kraftvolle Energie, die alles durchströmt, letztlich unbeschreiblich. Die Vollkommenheit und Reinheit der Liebe lässt sich mit dem Verstand immer nur in Bruchstücken umschreiben und begreifen. Jeder Mensch hat seine eigenen Empfindungen und Erfahrungen im Zusammenhang mit Liebe. Deshalb erhebe ich hier auch nicht den Anspruch, dies besser beschreiben zu können, als andere. Alles von mir niedergeschriebene basiert auf meinem Erfahrungsschatz und ist letztlich eine Momentaufnahme meiner erworbenen Erkenntnisse.

Manche Autoren suchen eine Erklärung für die Liebe durch Aufsplittung in einzelne Teil-Bereiche und Unterformen. Diese Klassifizierung entspricht dem menschlichen Geist in der Dualität. Man verwendet diese Vorgehensweise sicherlich auch als Hilfsmittel zur Beschreibung der umfangreichen Thematik. Es kann dadurch allerdings auch zu Missverständnissen kommen. Außerdem besteht die Gefahr, dass man damit der Allgegenwärtigkeit von Liebe nicht gerecht wird. Nach meinem Verständnis gibt es nur DIE EINE WAHRHAFTIGE LIEBE und nicht verschiedene Sorten davon. Wenn ich hier von Selbstliebe, Nächstenliebe, Liebe in der Partnerschaft etc. schreibe, so sind damit nicht unterschiedliche Ausprägungen gemeint, sondern vielmehr der „Ort" der Wirkung. Liebe ist überall und immer da. Ihre Wirkung hängt von jedem Einzelnen ab, von meinem eigenen Erleben. Entscheidend für meine eigene Wahrnehmung von Liebe ist, wie sehr lasse ich sie zu und fließen bzw. wie ist meine persönliche Haltung dazu. Bin ich von der Existenz und Wirkung der Liebe überzeugt oder nicht? Entscheide ich mich dagegen, ist die Liebe im universellen Raum trotzdem vorhanden, aber sie hat in Bezug auf mich keine oder nur sehr geringe Wirkung. Und wenn ich nicht genügend Liebe ausstrahle, hat das auch Einfluss auf andere Lebewesen.

Da der Mensch aber nicht nur aus Verstand besteht, wie manche glauben, arbeitet die Sehnsucht nach Liebe im Innern und schreit nach Befreiung. In diesen Fällen der (Selbst)Leugnung und Ablehnung kann sich Liebe dann auch in Form von Hass zeigen. Die Ergebnisse sehen und spüren wir tagtäglich.

Während sich in unserer Gesellschaft der Fokus hauptsächlich auf Eltern-Kind-Liebe und Paar-Liebe richtet (seit geraumer Zeit auch auf Tierliebe), gehe ich hier nur am Rande auf die Besonderheiten der partnerschaftlichen Liebe ein. Denn man kann genauso gut als Single in Liebe SEIN und sich selbst sowie die Welt beglücken.

So schön die Liebe ist, so sehr wird sie auch verklärt und idealisiert dargestellt. Wie oft bekommen wir eine romantische, fast schon kitschige Vorstellung davon vermittelt. Manchmal beschönigen wir deshalb einen Zustand, den wir für Liebe halten und betrügen uns damit selbst oder verschließen uns vor der reinen Liebe, weil wir glauben, sie hätte in uns schon so viel Leid und

Schmerz verursacht. Tatsächlich sind hierfür jedoch nur unsere verschleierten, objektbezogenen oder egozentrischen Vorstellungen und Überzeugungen von Liebe verantwortlich.

Denn eines ist sicher:
Wahrhaftige, grenzenlose Liebe verursacht kein Leid!
Aber wie ist das möglich? Wie kann Liebe befreiend wirken, Frieden stiften, Freude auslösen und Glück hervorrufen? Darauf will ich im Folgenden eingehen.

Dieses Buch ist nicht als klassischer Ratgeber zu verstehen, denn es gibt für die vielfältige Erfahrung der Liebe kein Geheimrezept. Wenn du glaubst, durch bloßes Lesen die Liebe zu erkennen und damit dem Glück, der Freiheit, dem Frieden, der Freude und der Fülle auf die Spur zu kommen, dann irrst du. Dafür ist dieses Buch ungeeignet und du legst es besser weg. Dies ist eher ein Arbeitsbuch, das dir aus deinen alten Gewohnheiten von Gedanken und Verhaltensmustern heraushelfen möchte. Und glaube mir, jeder von uns hat – mehr oder weniger - diese (unbewussten) Begrenzungen. Mein Liebeswerk darf dein Wegbegleiter sein. Es möchte dich inspirieren, neue Verhaltensweisen und Handlungsmöglichkeiten zu entdecken bzw. zu entwickeln, um der „reinen Liebe" näher zu kommen, damit dein Leben reicher und wertvoller wird. Ein Leben voller Fülle.

Dabei geht es einzig und allein um deinen eigenen Weg, der, wenn du ihn neu einschlägst, auch schmerzhaft und mit Stolpersteinen gepflastert sein kann. Wenn dir das zu anstrengend ist oder Du keine Notwendigkeit dafür siehst, kannst du auch alles beim Alten lassen und musst dich dafür überhaupt nicht schämen oder selbst verurteilen. „Nichts muss, alles kann." Du darfst sogar das, was du hier liest, als völligen Blödsinn bezeichnen. Es ist deine eigene Entscheidung. Aber übernehme dann bitte die volle Verantwortung dafür. Jammere nicht herum, wenn sich dein Weg in Form eines Kreises bewegt oder dein Gefühl dir vermittelt, auf der Stelle zu treten und die Seele Qualen erleidet.

Schon Albert Einstein[2], der entgegen der damals herrschenden Meinung bereits begriff, dass Spiritualität und Wissenschaft kein Gegensatz ist, hat einmal gesagt:

„Die reinste Form des Wahnsinns ist es,
alles beim Alten zu lassen und gleichzeitig zu hoffen,
dass sich etwas ändert."

Und er äußerte auch:

„Die wichtigste Erkenntnis meines Lebens ist die, dass wir in einem liebenden Universum leben. Wir können der Tatsache nicht ausweichen, dass jede einzelne Handlung, die wir tun, ihre Auswirkung auf das Ganze hat."

Du hast, wie jeder Mensch, ebenfalls die Chance, dein Bewusstsein darauf auszurichten und heilend auf das Ganze einzuwirken. Es besteht für alle Menschen die Freiheit und das Angebot zur Entwicklung sowie Entfaltung, welche allerdings mit Veränderung einhergeht. Das lässt sich nun mal nicht vermeiden. Veränderungsprozesse bedeuten Arbeit an sich selbst sowie Auseinandersetzungen mit anderen und können auch anstrengend sein. Manchmal lösen sie auch Angst aus, weil man die vermeintliche Sicherheit, das Gewohnte und die so genannte Komfortzone verlässt.

Wenn es sich für dich richtig anfühlt, dann begebe dich auf eine neue Spur deines Lebens, die dir inneres

Wachstum und Reife bereitet. Und wenn Du schon auf dieser Spur bist, kann Dir dieses Buch vielleicht weitere Impulse geben, um noch klarer zu werden, noch tiefer und unverfälschter zu empfinden.

Du verlässt mit deinen Entscheidungen zu neuen Herausforderungen deshalb noch lange nicht deinen eigenen Weg, auch wenn es dir manchmal fremd vorkommt, weil du lange Zeit vielleicht etwas anderes für Normal gehalten hast. Es gibt dabei keine falsche Richtung! "Richtig" und "Falsch" sind menschliche Bewertungen, die zu Verurteilungen anderer und sich selbst gegenüber führen können und unsere Erfahrungen einschränken. Manche Stillstände und Umwege sind für die eigene Entwicklung einfach notwendig. Jeder hat seine eigene Geschwindigkeit. Das musste ich im Umgang mit anderen Menschen auch erst lernen.

Es erfordert allerdings großen Mut, einen neuen Weg einzuschlagen, ohne seinen bisherigen als falsch oder sinnlos zu verurteilen. Es gibt nichts zu bereuen. Alles hat seinen Sinn. Manchmal erkennen wir das leider erst hinterher. Wenn man diesen Aha-Effekt so richtig auf sich wirken lässt, stellt sich zumeist tiefe Dankbarkeit und Erleichterung ein.

Das Leben ist mit seinem wachsenden Reichtum an Erfahrungen wie ein Fluss, der zur Mündung hin größer und stärker wird. Wenn du die Herausforderungen dankbar annimmst, sie in Erkenntnisse zur Reife verwandelst und dich damit dem natürlichen Lebensfluss hingibst, kann etwas Wunderschönes erblühen, das dein Leben unendlich bereichert und deinen Horizont mit einem großen Erfahrungs- und Erkenntnisschatz erweitert. Das ist der eigentliche Sinn des Lebens.

Liebe dein Leben, dann lebst du die Liebe!

Vor allem in der westlichen Welt verläuft der Lebensfluss vielfach wie die begradigten Flüsse in unserer betonierten Natur, die zu leblosen Kanälen mit gleichförmiger Fließgeschwindigkeit umfunktioniert wurden und dahinsiechen. Der Fokus lag bei diesem menschlichen Eingriff auf Kontrolle und Funktion. Mittlerweile haben die Verantwortlichen erkannt, dass diese künstlich gereinigten Abwasserrinnen eine Menge Nachteile mit sich bringen und so erfolgte nach und nach die so genannte Renaturierung. Viele Menschen haben mittlerweile für sich erkannt, dass das Leben in unserer Gesellschaft, das insbesondere im Wirtschaftssystem ebenfalls auf Funktionieren und Kontrolle ausgerichtet ist, so nicht mehr lebens- und liebenswert ist. Sie rebellieren deshalb oder der Körper reagiert über Krankheiten, die eine Neuausrichtung erzwingen und wenn diese nicht erfolgt, auch mit dem Tod enden.

Renaturiert also auch Euer Leben, denn wir sind ein natürlicher Organismus, kein reibungslos funktionierender Mechanismus, wie es das Wirtschaftssystem von uns erwartet und einfordert. Wandelt Euch vom überwiegend angepassten, fremdbestimmten Objekt zum selbstbestimmten, gestaltenden aktiven Subjekt. Allerdings nur, wenn ihr das wollt. Es ist deine Entscheidung. Willst du leiden oder heilen?

Leben heißt Lebendigkeit, nicht Gleichmaß. Ein lebendiger Bach oder Fluss hat auf seinem Weg Strecken mit Sprudeln, Wasserfällen oder gemächlich fließendem Wasser. Das Flussbett verläuft ganz unterschiedlich. Die Uferzonen zeigen sich mit einer reichhaltigen, ständig wechselnden Vegetation. So reichhaltig bunt kann auch dein Leben sein und dadurch kann sich auch die Liebe erst so richtig entfalten.

Ich möchte dir hier Inspirationen und Impulse anbieten, damit dein Lebens- und Liebesfluss wieder lebendiger mit einer Fülle von liebevollen Erfahrungen wird. Dazu lege ich dir meine eigene, persönliche Sichtweise zum Thema Liebe dar, die sich aus den Erkenntnissen meines Lebens nährt. Das kann sich für dich ganz anders darstellen und anfühlen. Du hast deinen eigenen Weg. Gehe ihn. Versuche nicht zu kopieren. Kopien verblassen. Bilde dir deshalb deine eigene Meinung, übernehme nicht blind, was du hörst, siehst oder liest. Höre auf dein Inneres und entscheide, was sich für dich persönlich richtig anfühlt.

Und wenn du dich schon lebendig fühlst, um so besser. Was spricht jetzt dagegen, noch lebendiger zu werden?

Mich hat mein Weg mit meinen Erlebnissen, Lernaufgaben und Konflikten dazu geführt, die Liebe weitestgehend in meinem Leben erblühen und strahlen zu lassen. Dies hat mich von vielen Lasten befreit. Heute kann ich viel besser die Leichtigkeit des Seins genießen. Trotzdem gibt es immer wieder Situationen, in denen mir das noch nicht oder nur unzureichend gelingt und ich quasi wieder aus der Bahn geworfen werde, sodass ich an mir selbst und der Liebe zweifele. Das ist aber kein Grund zum Verzweifeln. Denn als Menschen mit Stärken sowie Schwächen sollten wir nicht den Anspruch auf Perfektion an uns stellen. Ich weiß, wovon ich rede. Bedingt durch meine Erziehung, habe ich mir mein Leben durch einen hohen Anspruch an mich und andere sowie ein ausgeprägtes Pflichtbewusstsein bis ca. zum 44. Lebensjahr unnötig schwer gemacht, was sich natürlich auch auf meine Mitmenschen auswirkte.

Ich bin jederzeit für neue Impulse sowie einen inspirierenden Gedanken- und Erfahrungsaustausch mit anderen Menschen immer wieder dankbar. Daran kann ich innerlich wachsen. Wir können alle einander Schüler und Lehrer sein. Ich lerne ständig noch dazu und bin ohnehin der Meinung, dass man nie auslernt.

Es kommt auf die Grundhaltung und Überzeugung an. Durch die Öffnung für die wahre unverfälschte Liebe kann ich in meinem Leben zunehmend mehr Freiheit, Freude, Frieden und Glück empfinden und vor allem genießen. Das ist im Vergleich zum oberflächlichen Spaß, der uns auch über den Konsum angeboten wird, wahrer Genuss. Ein nachhaltiger Genuss ohne Reue, Nebenwirkungen, innere Leere oder bitteren Nachgeschmack.

Ja, all das sind erfüllende Empfindungen, die sich jeden Tag neu einstellen, wachsen, aber auch wieder schwinden können. Es gibt keinen statischen Zustand, auch wenn sich das Manche so sehr wünschen. Wären diese Gefühle für uns überhaupt noch wahrnehmbar, wenn sie ununterbrochen und dauerhaft vorhanden wären? Ich glaube, es gibt keinen Menschen, der ständig nur in vollständiger Liebe sein kann. Da die allumfassende Liebe allerdings ein Bewusstseinszustand ist und damit mehr als ein Gefühl, ist sie immer präsent und ihre Wirkung hängt davon ab, inwieweit wir sie zulassen.

Ich habe eine Beschreibung von Walter Müller[3] gefunden, die deutlich macht, dass Liebe ein immerwährender Prozess ist, eine ständige Feinjustierung unserer inneren Balance, dem der zweifelnde Verstand durch seine immerwährende Suche und Begrenzung entgegenwirkt.

*„DU KANNST MIT DEM VERSTAND NICHT FINDEN,
WAS NUR AUF DER GEFÜHLSEBENE ERFAHREN WERDEN KANN."*

„Der Mensch sucht die Ruhe und bemerkt dabei nicht, dass er erst durch das Suchen Unruhe schafft.

Der Mensch sucht das Glücklichsein und übersieht durch das Suchen, dass er das Glücklichsein selbst ist.

Der Mensch sucht die Liebe und nimmt dadurch der Liebe die Chance, sich zu zeigen.

Halte Inne, vertraue und erwarte nichts

und Harmonie, Frieden und Liebe wird sich Dir zeigen.

Es gibt nichts, was Du finden kannst.

Es gibt nichts, was Du sein musst.

Es gibt nichts, das Du erreichen sollst, um zu sein.

Man kann nicht bei sich ankommen. Man kann nur aufhören, ankommen zu wollen und man erfährt, dass man schon immer war, ist und sein wird.

Durch das Suchen, wirst Du Dich scheinbar verlieren.

Mit dem „Sein" wollen, wirst Du das Gefühl von „Du bist noch nicht genug" in Dir erzeugen.
Erst mit dem „Erreichen" wollen, wirst Du Dich scheinbar von Dir selbst entfernen.

Du kannst mit dem Verstand nicht finden, was nur auf der Gefühlsebene erfahren werden kann.

Mit den Augen wirst Du keinen Ton hören können…mit der Nase kein Bild sehen…mit den Fingern keinen

Geruch wahrnehmen.

Mit dem Verstand wirst Du nie Liebe wahrnehmen können….mit dem Verstand kannst Du Dich selbst nicht finden, weil Du die ganze Zeit bist.

Du bist immer und nur durch das Suchen machst Du Dir selbst vor, etwas müsste noch gefunden werden, um zu sein.

Du wirst damit immer wieder das Gefühl von Unvollkommenheit in dir hervorrufen.

Du kannst nicht mehr werden, als Du bist und das was Du bist, ist viel mehr, als Du im Moment des Suchens wahrnehmen kannst.

Die Blume ist schön…einfach, weil sie ist.
Die Sonne strahlt Wärme und Licht aus…einfach, weil sie ist.

Du wirst Schönheit in die Welt senden….einfach, weil Du es Dir erlaubst, zu sein.
Du wirst Wärme in diese Welt senden…einfach weil Du es Dir erlaubst, zu sein.

Du wirst vielleicht nicht das finden, was du die ganze Zeit gesucht hast…aber du bist glücklich…du bist Liebe…du bist zufrieden, einfach weil Du bist, wie Du bist.

Und wenn Du Dich jetzt fragst, wie man das macht… dann lies den Text nochmal.

Bisher hast Du immer etwas tun wollen um zu sein… jetzt hörst Du einfach auf, etwas tun zu wollen, um zu sein.

Das ist der Unterschied…nun steht Dir Energie zur Verfügung, die Du vorher für ein zielloses Umherirren verbraucht hast.

Nutze sie und lebe Dein Leben."

(Walter Müller)

Ich möchte hier ergänzen:
„Lebe die Liebe, dann liebst du dein Leben und die Liebe wirkt überall."

(Martin Exner)

Nach den Gedanken von Walter Müller und meiner Ergänzung könnte ich eigentlich dieses Buch beenden. Denn das Wesentliche ist gesagt.

Oder etwa doch nicht?

Warum sind viele Menschen auf der ständigen Suche nach sich selbst oder flüchten vor sich selbst, statt im **SEIN** des Augenblicks zu verweilen? Die oftmals verzweifelte Suche kann zur Sucht werden, welche viele Menschen in ihren zwanghaften Süchten ausleben. Dies entfernt uns vom sinnerfüllten, glücklichen Leben sowie von der echten Liebe.

Damit gibt es noch eine ganz fundamentale Frage, die wahrscheinlich die meisten umtreibt:

Wie lebe ich die Liebe?

„Wir alle müssen das Leben meistern.
Aber die einzige Art, es zu meistern,
besteht darin, es zu lieben."
(Georges Bernanos)[4]

Die Facetten des Lebens

Das Leben ist eine Herausforderung....begegne ihr
Das Leben ist ein Geschenk....nimm es an
Das Leben ist ein Abenteuer.....wage es
Das Leben ist Kummer.....überwinde ihn
Das Leben ist eine Tragödie.....tritt ihr entgegen
Das Leben ist eine Pflicht.....erfülle sie
Das Leben ist ein Spiel.....beteilige dich daran
Das Leben ist ein Geheimnis.....lüfte es
Das Leben ist ein Lied.....singe es
Das Leben ist ein Buch....schreibe es
Das Leben ist ein Gemälde....zeichne es
Das Leben ist eine Gelegenheit....ergreife sie
Das Leben ist eine Reise....mache sie zu Ende
Das Leben ist ein Versprechen....halte es
Das Leben ist eine Schönheit.....lobpreise sie
Das Leben ist ein Kampf....stelle dich ihm
Das Leben ist ein Ziel....erreiche es
Das Leben ist ein Rätsel....löse es
Das Leben ist ein Traum....verwirkliche ihn
Das Leben in Liebe macht alles leichter
(unbekannter Verfasser, von mir bearbeitet)

„Liebe das Leben, denn das Leben liebt dich"

(Martin Exner)

Das Leben lieben ist eine Kunst, die für die meisten wahrscheinlich nicht so einfach umsetzbar ist. Höre ich beim „Meistern" meines Lebens überwiegend auf meinen Verstand, der mich als mahnender Kritiker durch seine Zweifel begrenzt und bereichernde Erfahrungen verhindert? Oder verlasse ich mich auf mein Herz, mein Bauchgefühl bzw. meine Intuition, welche den Verstand liebevoll integrieren und leiten, um unser Leben in Eintracht mit „allem was ist" zu führen und gestalten?

Bin ich „Meister" meines Lebens, also aktiv gestaltender Schöpfer, oder werde ich als „Sklave" gelebt, weil ich fest daran glaube, Situationen hilflos ausgeliefert und in einem unausweichlichen System gefangen zu sein?

Das Leben stellt uns seine ganze Fülle zur Verfügung, wenn wir es jeden Tag als Geschenk betrachten und uns in Liebe darauf einlassen. Das mag für die eine und den anderen vielleicht etwas abwegig oder utopisch klingen. Dies liegt vor allem daran, dass wir während unserer Primärsozialisation oftmals etwas anderes gehört und vermittelt bekommen haben, was so sehr verinnerlicht ist, dass wir unerschütterlich daran glauben. Aussagen, wie „Das Leben ist kein Ponyhof" oder „Es ist kein Wunschkonzert" prägen sich ein und bleiben in den Zellen haften.

Schwierige Herausforderungen und Krisen als Geschenk zu sehen, ist deshalb sicher für manchen nicht nachvollziehbar. Unter einem Geschenk stellt man sich im Allgemeinen doch etwas Schönes und Erfreuliches vor.

Von meinen Eltern hörte ich beispielsweise meistens, das Leben sei kein Zuckerschlecken. Es ist ernst, schwer und **muss** gemeistert werden. Ja, es ist sogar eine Last und ein Kampf. Wer kämpft, muss ständig irgendwo dagegen halten und fortwährend stark sein. Schwäche wird als „Aufgeben" gewertet. Dadurch verkrampft man sich dauerhaft. Es fehlt an Entspannung, weil man ständig in „Habt-Acht-Stellung" verharrt. Deshalb haben wir in unserer Gesellschaft so viele Bewegungseinschränkungen, Rückenleiden und Verspannungen.

Man muss natürlich dazu sagen, dass meine Eltern als Kinder noch den 2. Weltkrieg erlebt haben, wodurch ihre traumatische Erfahrung vom Leben voller Gewalt, Hunger sowie Tod deshalb für sie sehr real und für meine Schwester und mich durch ihre eindrücklichen Schilderungen durchaus nachvollziehbar war. Allerdings waren sie offensichtlich nicht oder nur sehr unzureichend in der Lage, nach dem Kriegsende die Zeit des Friedens und damit neue, positive Eindrücke ihres weiteren Lebensabschnittes zu genießen. Die Angst saß noch tief in den Knochen und das, was sie erlebt hatten, konnten sie nicht auslöschen, loslassen bzw. vergessen oder vergeben. Ihr Verstand hielt an den gemachten Erfahrungen fest und ihre Angst schränkte sie in ihren Handlungen ein. In der Psychotherapie spricht man von posttraumatischen Belastungsstörungen. Darunter litt eine ganze Kriegsgeneration und jeder Krieg auf dieser Welt hat die gleiche Wirkung. Mindestens zwei nachfolgende Generationen werden dadurch zusätzlich belastet.

Die leidvolle Vergangenheit war bei meinen Eltern (unbewusst) immer präsent. Dadurch haben sie diese, für sie unverrückbare, einzige Wahrheit des Leidens entsprechend auf meine Schwester und mich als Lebensmuster übertragen.

Mein Kompensationsmechanismus bestand darin, herumzualbern und ironisch zu reagieren, was meinen Vater erst richtig wütend machte, weil ich dadurch seine ernste Haltung zum Leben sehr subtil in Frage stellte und ihm damit unverblümt spiegelte, dass das Leben auch leicht und unbeschwert sein kann. Dies hatte zur Folge, dass mein Vater nicht nur im ständigen Kampf mit sich selbst war, sondern auch mit mir. Sein Verhalten und seine Reaktionen, die nach außen hin Abneigung, Kritik und Unverständnis mir gegenüber signalisierten, ließen mich bis zu seinem Tod an seiner Liebe zu mir zweifeln. Dieses Gefühl des „unbeliebt und ungeliebt sein" löste bei mir immer wiederkehrende Selbstzweifel und Zorn aus. Dies nagte an meinem Selbstwertgefühl, wodurch ich einen großen Brocken für mich abzuarbeiten hatte, um mir endlich meiner wahren Größe „selbst-bewusst" zu werden. Wenn ich hier von Größe schreibe, so meine ich das nicht überheblich. Vielmehr will ich damit zum Ausdruck bringen, dass wir im Laufe unseres Lebens von anderen Menschen oftmals „klein" gehalten werden, manchmal sogar ohne es zu bemerken. Wenn wir das zulassen – und in der Eltern-Kind-Beziehung ist es besonders schwer, sich davon zu befreien – dann kommt unser wertvolles wahres Selbst nicht richtig zur Entfaltung und wir sind nicht in unserer schöpferischen Kraft des Lebens.

Äußerlich merkte man mir meine Selbstzweifel nicht an, denn nach außen strahlte ich meistens ein starkes Selbstbewusstsein sowie Unbeschwertheit und Fröhlichkeit aus, während innerlich die Wut, das Leid und die

Schwere gärten. Die Albernheit war damals noch aufgesetzt und ein hilfloser, aber zum Teil doch erfolgreicher Versuch, mich zumindest zeitweise von der fremden, schweren Last, die lähmend an mir hing, zu befreien. Erst als ich meine persönliche Vergangenheit mit meinen elterlichen Prägungen innerlich bearbeitet und den langwierigen Verzeihensprozess in vielen Schritten abgeschlossen hatte, war ich tatsächlich befreit und das Herumalbern konnte in einer Form der wirklichen Unbefangenheit eine ganz andere Qualität erlangen.

Ich habe mir übrigens diese kindliche, unbeschwerte Albernheit bis heute beibehalten und bin meiner Frau sehr dankbar, dass sie dafür auch einen Sinn hat. Dieses Verhalten hat in manchen verkrampften Situationen auf einfache Weise eine befreiende Wirkung. „Werdet wie die Kinder" hat schon Jesus[5] gesagt, worauf ich im Folgenden noch näher eingehe.

Nach meiner Erkenntnis kann man insgesamt leichter durchs Leben gehen, wenn man Sinn für Humor hat. Es heißt nicht umsonst „Humor ist, wenn man trotzdem lacht". Gemeint ist damit, dass man besser bzw. schneller durch schwierige Herausforderungen des Lebens kommt, wenn man seinen Humor nicht verliert. Humor heißt nicht, Situationen ins Lächerliche zu ziehen, sondern er ist ein Mittel zur Erleichterung einer schwierigen, leidvollen Situation. Er kann auch zum Lebensprinzip werden, um sich überwiegend auf die Leichtigkeit des Seins zu konzentrieren, sollte aber nicht zum reinen Selbstzweck werden. Humor kann auch dazu dienen, eigenes oder fremdes Verhalten zu hinterfragen und kritisch zu beleuchten. Manchmal ist er dann auch mit Ironie gewürzt.

Worauf kommt es also an, im Umgang mit Liebe und Leben?

Auf die innere Haltung. Wie betrachte ich Situationen und Ereignisse? Kann ich ihnen immer bzw. meistens etwas Positives abgewinnen, um neue Erkenntnisse zu gewinnen oder sehe ich sie eher negativ, verbissen, kritisch bzw. misstrauisch? Erkenne ich Krisen als Chance oder werte sie als Angriff auf mich? Ist das berühmte Glas halbvoll oder schon halbleer? Ich habe die Wahl. Es ist immer meine eigene Entscheidung, ob bzw. wie ich liebe und lebe. So, wie ich mich entscheide, nehme ich meine Welt wahr. Bin ich Schöpfer oder Opfer, reagiere ich mit Liebe oder Angst? Ich gehe auf diese Zusammenhänge und deren Auswirkungen im Folgenden noch näher ein.

Du bist dem Leben nicht hilflos ausgeliefert. Du kannst es mit Liebe gestalten. Dieser Gestaltungsspielraum wird auch als Selbstwirksamkeit bezeichnet. Ein Mensch, der aufgrund eigener Kompetenzen daran glaubt, selbst etwas zu bewirken und auch in schwierigen Situationen selbstständig handeln zu können, ist eindeutig glücklicher.

Entscheidend ist: Das ganze Potenzial befindet sich bereits in dir und wartet darauf, entdeckt, geweckt und genutzt zu werden. Nur du allein kannst es letztlich zur vollen Entfaltung bringen. Du kannst dir dabei natürlich auch helfen lassen. Man muss nicht alles alleine machen. Das durfte ich in meinem Leben auch lernen. Ich glaubte auch lange, man müsse alles alleine schaffen und quälte mich damit. Vielleicht war es auch mein Stolz, der verhinderte, fremde Hilfe zu erfragen und anzunehmen oder die Sorge, andere könnten mich für schwach halten oder das Wissen über mich ausnutzen.

Wir Menschen sind soziale Wesen. Deshalb können wir uns in liebevoller Gemeinschaft des gegenseitigen

Respekts und Vertrauens am besten einander befruchten und im achtsamen Miteinander helfen, unsere Potenziale gemeinsam zu entfalten, was wiederum der Gemeinschaft dient und zu weiteren Inspirationen führt. Diese positiven Beziehungserfahrungen fördern das bewusste Sein und sind ein Nährboden für die Liebe. Der Funke zur Entfaltung kann durch gegenseitige Ermunterung überspringen und Begeisterung für die eigene Entwicklung auslösen. Die Initiative zum Handeln und Wandeln muss jedoch von dir ausgehen. Es ist wie bei einer offenstehenden Tür: Ich kann zwar neugierig hindurchschauen, aber was sich dahinter tatsächlich verbirgt, erfahre ich erst, wenn ich die Schwelle überschreite und hindurchgehe. Die Entscheidung für die Richtung deines Lebens triffst du selbst und wenn nicht, lieferst du dich (unbewusst) anderen aus, die für dich Entscheidungen treffen, wodurch du dann gelebt wirst, statt dein Leben selbst zu steuern.

Unser Miteinander ist ein ständiges Wechselspiel von Aktionen und Reaktionen, auch Interaktionen genannt. Achte wertschätzend aufmerksam auf deine eigenen Aktionen und Reaktionen. Viele Menschen machen sich abhängig vom Agieren der anderen. Sie befinden sich oft in der Angriffs- oder Abwehrhaltung. Sie reagieren verletzt, wenn ihnen nicht genügend Aufmerksamkeit entgegengebracht wird, ihnen mit Wut, Hass, Neid, Eifersucht etc. begegnet wird. Die Ursachen liegen meist in der eigenen frühen Kindheit, in der Ablehnung bzw. Zurückweisung erfahren wurde und das Bedürfnis nach Liebe nicht oder nur unzureichend gestillt wurde. Dies führt zu Verhaltensweisen und Schutzmechanismen in Form von Anpassungen oder Abwehrhaltungen. In diesen wiederkehrenden Situationen kommen bei dem Erwachsenen alte Verlustängste hoch, die dann zu den genannten Reaktionen führen. Dieses Verbiegen der eigenen Persönlichkeit wirkt im Erwachsenenalter weiter, wenn es nicht aufgelöst wird. Sind wir uns dessen nicht bewusst, halten wir dieses antrainierte Pseudo-Dasein für normal, leiden aber darunter oder sind so abgestumpft, dass wir noch nicht mal mehr den Schmerz spüren, also uns gar nicht mehr selbst fühlen können, sondern nur noch kopfgesteuert agieren.

Werden uns emotionale Verletzungen bewusst und leugnen sie, weil wir uns nicht mehr damit beschäftigen wollen, wird das Geschehene durch Verdrängung ignoriert bzw. mit einem dicken Schutzmantel umgeben. Im Innern gärt es jedoch weiter und beeinträchtigt das weitere Leben.

Bei der Heilung schaut man sich das Geschehene als Beobachter quasi von außen an, akzeptiert es in Form der Vergebung als Teil der eigenen Lebensgeschichte und löst den damit in der Vergangenheit verbundenen Schmerz auf. Dadurch bewirkt man, dass es nicht mehr das eigene Leben und die Freiheit einschränkt.

Ich sage dir, wenn du deine inneren Verletzungen bzw. Kränkungen aufarbeitest und dann wieder mit dir im Reinen bist, reagierst du nicht mehr auf die Angriffe und Abwehrmechanismen der anderen, die aus deren emotionalen Mangel resultieren. Denn das, was dir begegnet, hat zunächst nichts mit dir zu tun. Es sind die Gefühle und Baustellen der anderen. Du bist nur Projektionsfläche. Aber sobald du darauf reagierst, zeigt es dir, dass es auch dein eigenes Thema ist, was du noch bearbeiten darfst. Wenn du beispielsweise als Erwachsener ein Problem mit Wut hast, dann bekommst du solange Situationen geliefert, in denen du dich hilflos fühlst und deshalb wütend wirst, bis du verstanden hast, wo die wahre Ursache liegt. Die ist zumeist in der Kindheit zu finden. Um die Zusammenhänge zu erforschen, ist es wichtig, in sich hinein zu horchen. Erst dadurch beginnt so richtig die oft mühselige Arbeit, alte innewohnende, seelische Verletzungen aufzulösen. Wir finden demnach dauerhafte Lösungen für ein besseres, glücklicheres Leben nur, wenn wir auf und in uns schauen.

Solange wir unsere unbewältigten „seelischen Altlasten" mit uns herumschleppen, sind wir im wahrsten Sinne belastet und können uns nicht wirklich unbefangen auf andere Menschen einlassen bzw. uns ihnen vorbehaltlos zuwenden, weil wir innerlich unfrei sind. Dies wirkt sich auch auf die Entfaltung der Liebe aus. Wenn die Liebe in uns durch unsere inneren Belastungen verschüttet ist, neigen wir dazu, sie in anderen Menschen zu suchen und an ihnen festzuhalten, um einen Rettungsanker zu haben. Fehlende Selbstliebe wird somit durch den zwanghaften Drang, geliebt zu werden, ersetzt. Wer jedoch Liebe im Außen sucht, wird sie nicht finden. Das Verständnis von Liebe ist vielfach objektbezogen und schafft Abhängigkeiten. Liebe wird in einem anderen Menschen gesucht, ja manchmal sogar eingefordert. Das hat nichts mit wahrhaftiger Liebe zu tun. Liebe kann nur in dir sein und wenn sie in ihrer vollkommenen Reinheit in dir freigelegt ist, du sie nicht gefangen hältst oder beispielsweise wegen Ängsten unterdrückst, dann fließt sie auch nach außen und zeigt in allem, was du mit ihr berührst, ihre wundervoll bezaubernde Wirkung.

Du hast die Wahl, dich darauf einzulassen. Wenn dies geschieht, kann Liebe fließen, weil du im Vertrauen bist. Entscheidest du dich jedoch für die Angst, dann bist du im Misstrauen, in der Abwehr- bzw. Angriffshaltung und damit entziehst du der Liebe ihr Wirkungsfeld und ihre Kraft, weil du innerlich eine Blockade aufgebaut hast. Dies geschieht meist unbewusst und unser Verhalten kann sich diesbezüglich von einem auf den anderen Augenblick ändern. Du hast es sicher bei Begegnungen mit fremden Menschen auch schon festgestellt: Es ist eine innere Bauch-Entscheidung in Sekundenschnelle, ob dir jemand sympathisch ist oder nicht, ob du ihr oder ihm vertraust oder eher misstraust.

Bist du im Vertrauen fließt auch Liebe. Jetzt wirst du mir vielleicht entgegnen, dass du schon so oft vertraut hast, aber öfter enttäuscht wurdest. Nun, zunächst ist dabei festzustellen, dass du in diesen Fällen einer Täuschung unterliegst, deren Ursache wahrscheinlich in dir zu suchen ist. Vielleicht, weil du zu objektbezogen bist oder dir nicht selbst vertraust. Wie auch immer. Wichtig ist, einerseits die Ursachen zu erforschen und andererseits trotz Enttäuschungen sich immer wieder neu auf die Liebe einzulassen. So widersinnig es klingen mag, nur durch die Verwundbarkeit kannst du tiefe, intensive Empfindungen wahrnehmen. Das kann allerdings psychische Schmerzen nicht ausschließen. Denn das, was du erlebst, also auch die schmerzlichen Enttäuschungen, haben einen tieferen Sinn in deinem Leben. Es ist ein Lernfeld, an dem du innerlich wachsen darfst, wenn du es in Erkenntnisse umsetzt und nutzt. Oder du kannst daran scheitern, wenn du dich resigniert zurückziehst und nur noch deinem vernunftgesteuerten Verstand gehorchst. Dann bleibst du in diesem Lernfeld stecken, drehst dich womöglich im Kreis und bekommst noch heftigere Situationen vom Leben geliefert, bis der eigene Schmerz so unerträglich wird, wodurch dann deine persönliche Grenze erreicht ist, bei der du endlich bereit bist, dich zu bewegen, um etwas zu ändern. Das ist wie bei den Signalen, die der Körper durch physische Beschwerden aussendet. In der westlichen Welt neigen wir gerne dazu, Schmerzen zu vermeiden bzw. zu betäuben.

Ich weiß aus eigener Erfahrung, welche Überwindung es manchmal kostet, sich immer wieder vorbehaltlos erneut einzulassen. Unser Verstand kramt ständig in seiner Erinnerung nach alten Wunden, hält sie uns symbolisch vor Augen und mahnt uns zur Vorsicht, um uns vermeintlich zu schützen. Es kommt einem deshalb in bestimmten Situationen so vor, als müsste man von einer hohen Klippe springen, wagt es aber vor lauter Angst nicht. Das Ungewisse, Unbekannte ruft meist erst einmal Unbehagen hervor. Wenn man dieses Unbehagen jedoch überwunden hat und sich der Angst stellt, merkt man hinterher, welche Befreiung dieser geistige „Sprung" gebracht hat und wie bereichernd er für das Leben wirkt.

Dieser symbolische „Sprung" findet statt, wenn du dein Herz öffnest, die Verletzlichkeit zulässt. Sobald du dich traust, wächst Ver-trauen. Dann beginnt Liebe erst so richtig zu fließen. Das ist etwas sehr Lebendiges, real Spürbares. Wir sind dadurch viel sensibler, einfühlsamer und nehmen unsere Umwelt viel bewusster und intensiver wahr. Es steigert unser Wohlbefinden. Dies geschieht ohne unser aktives Zutun. Um diese lebendige Liebe zu fühlen, müssen wir tief verankert in unserem Körper sein, der im ständigen Austausch mit Geist und Seele steht. Es ist nichts, was von außen kommt. Es zeigt sich im Außen nur als Ergebnis, was von innen fließt. Die Liebe fließt um so stärker, je weniger wir uns von der Angst abhalten lassen und um so mehr dem Ur-Vertrauen hingeben. Liebe strebt die Verbindung und Verbundenheit an. Wenn wir Liebe überwiegend über unseren Verstand als reines „Kopfkino" erleben und uns nicht trauen, die Herzen zu öffnen, geben wir dem Trennenden die Kraft, wodurch der Liebesfluss versiegt.

Wenn du etwas über die Liebe liest, dann nimmst du dies mit deinem Verstand auf, der uns in unserer Wahrnehmung begrenzt. Auch wenn unser Verstand versucht, dieses Phänomen zu begreifen, haben wir die Liebe noch lange nicht erfahren und wenn wir sie erfahren haben, begreift sie unser Verstand nur bruchstückhaft. Es kann allerdings passieren, dass beim Lesen dieses Buches auf emotionaler Ebene „Aha"-Effekte eintreten, weil du Übereinstimmungen mit deinen Gedanken und Erfahrungen feststellst bzw. dich emotional angesprochen fühlst. Du kennst diesen Effekt sicher von guten Filmen, die du visuell über den Verstand aufnimmst und dich dann im Herzen berühren. Das wünsche ich dir hier auch beim Lesen. Alles, was wir an Eindrücken in uns aufnehmen, kann eine Bereicherung für unser Leben sein und zu neuen Erkenntnissen führen, auch wenn es dabei Dinge gibt, die wir schon gehört oder in ähnlicher Form gedacht und erlebt haben.

Nur du allein kannst die Liebe in dir in der für dich passenden Form und dem entsprechenden Ausmaß erfahren und erleben. Der wesentliche Ansatz meines Buches liegt darin, herauszukristallisieren, welchen Illusionen, Fehldeutungen oder Blockaden wir unterliegen können und welche Voraussetzungen erforderlich sind, um tatsächlich die reine Liebe zulassen und spüren zu können. Wenn wir diese ganzen inneren Verkrustungen, Verwirrungen und auch familiären Verstrickungen wie bei einer Zwiebel abschälen, bleibt die reine Essenz des Lebens übrig und wir bekommen hoffentlich eine ganz neue freie Sichtweise sowie Haltung zu unserem wahren Leben. Wenn wir das Leben ohne Wenn und Aber annehmen wie es ist, können wir es auch lieben. Und wenn wir es lieben, fühlt es sich leichter und beschwingter an, was wiederum dazu führt, dass wir verstärkt die Liebe, die wir für unser Leben als Geschenk empfinden dürfen, auch aussenden können. Es klingt banal, aber im Grunde ist es leichter, als wir uns vielleicht vorstellen, wenn wir die Kunst des Loslassens, Verzeihens, Einlassens und der Dankbarkeit beherrschen. Es ist wie inneres Aufräumen bzw. Wegräumen von Hindernissen und Lasten, die den Fluss der Liebe behindert bzw. eingeengt haben. Jeder hat bestimmt schon die Erfahrung gemacht, wie befreiend es sich anfühlt, seine Wohnung aufzuräumen und Überflüssiges wegzuschmeißen. So wie das im Außen wirkt, funktioniert es auch innen. Es ist sozusagen Feng shui[6] für dein Herz. Welche Hintergründe für Hindernisse bestehen, wie sie sich äußern und uns bewusst werden können sowie welche Wege es zur Befreiung für die Liebe gibt, sind Fragen, mit denen sich dieses Buch auch beschäftigt.

In diesen Momenten der inneren Befreiung und Offenheit scheint die Welt sich in einem anderen Licht zu präsentieren. Jenseits von Logik und Erwartungen wird das Erleben vielschichtiger und klarer. Es ist so, als wenn ein zusätzliches Auge in eine neue Dimension eintaucht. Plötzlich wird mir die Schönheit und Vollkommenheit rundherum bewusst, obwohl sich am äußeren Geschehen nichts verändert hat. Ich begegne dann den Menschen in einer Geneigtheit, die mich das Besondere in ihnen erkennen lässt. Statt mich über die Unzulänglichkeiten meines Gegenübers aufzuregen, empfinde ich Liebe und Mitgefühl. Ich spüre die Liebe in ihrem All-Eins-Sein und die Verbindung auf der Herzebene. Das bedeutet natürlich nicht, dass ich mit jedem Menschen eine Partnerschaft eingehen oder mich ihm sexuell nähern möchte bzw.

müsste. Missverständnisse, die im liebevollen Miteinander entstehen können, zeichnen sich beispielsweise dadurch aus, dass Menschen Freundlichkeit mit Flirten verwechseln, weil Zuwendung und Freundlichkeit in unserer emotional verkümmerten Mangel-Gesellschaft offensichtlich seltener geworden sind und deshalb nicht mehr als solche wahrgenommen werden. Nebenbei bemerkt sorgt auch Flirten für eine Beschwingtheit und darf durchaus als unbefangene Begegnung wahrgenommen werden, ohne sexuelle Absichten zu verfolgen oder zu befürchten.

Die Tiefe und der Reichtum des Augenblicks offenbaren sich in Momenten der Offenherzigkeit und Aufgeschlossenheit gegenüber dem, was mir gerade begegnet.

Das alles kann ohne Gefühlsduselei geschehen. Ich brauche nicht in Glückseligkeit davon schwimmen. Nach wie vor kann Klartext geredet werden oder dann erst recht. Doch die Grundstimmung ist anders, nämlich liebevoll, weil es nicht um kleinkarierte Rechthaberei geht.

Kindern scheint das naturgemäß einfacher zu fallen, denn sie agieren spontan im Moment des Geschehens, also weniger ergebnisorientiert und sind noch nicht im Planungsmodus, der auf die Zukunft ausgerichtet ist. Allerdings werden sie von Erwachsenen manchmal als grausam bezeichnet, weil sie schonungslos ehrlich sind. Natürlich ist taktvolle Ehrlichkeit achtsamer und deshalb sinnvoller im liebevollen Umgang miteinander. Das kann man lernen. Es geht aber vor allem darum, uns mit offenen Herzen zu begegnen und dafür ist gegenseitige wertschätzende Aufrichtigkeit und Klarheit unabdingbar.

Irgendwann auf dem Weg zum Erwachsenwerden scheint sich allerdings unser Herz zu verschließen. Vielleicht weil das Denken zur Gewohnheit wird, oder die Verletzlichkeit schwer auszuhalten ist. Der Preis für diese Abschottung ist hoch. Die Welt verliert an Farben, unser Gesichtsfeld verengt sich. Dabei reicht oftmals ein Blick in ein Kindergesicht, um sich zu vergegenwärtigen, wie aufregend die Welt sein kann.

Manchmal ist es ein Lächeln, das uns berührt, oder ein Sonnenstrahl der uns wärmt. Und plötzlich steht die Zeit still. Wir staunen für einen kurzen Augenblick und bekommen einen süßen, lieblichen „Geschmack" davon, was möglich ist.

Diese Offenheit lässt sich nicht erzwingen. Die Seele muss bereit dazu sein. Mit Meditationen kann ich sie allerdings fördern, um dem Denken eine Pause zu gönnen. Diese Entspannung ist Voraussetzung, um sich selbst zu spüren und zu erfahren, was der eigentliche Sinn des Lebens ist. Es gibt dafür eine Reihe von weiteren Methoden, die uns helfen, in die Stille einzutauchen, wie beispielsweise Reiki, Theta Healing, Yoga, Progressive Muskelentspannung, Thai Chi, Qi Gong oder ein einfacher Spaziergang in der Natur.

„Die Liebe ist eine transzendente Erfahrung und unser täglicher Trost. In der Liebe geht es nicht nur um das Außergewöhnliche und das Heilige, sondern auch um das Normale und Triviale; in der Liebe geht es einerseits um den Kuss der Engel und andererseits um warme Füße, um Gott und das Ende der einsamen Nächte.

Liebe, die sich nur auf einer dieser Ebenen abspielt, ist nicht die ganze Liebe. Wir brauchen eine Liebe, die größer ist als das Leben, und gleichzeitig müssen wir mit jedem Atemzug Liebe in uns einsaugen, damit unser Alltag von Schlichtheit und Schönheit durchdrungen wird."

(Daphne Rose Kingma)[7]

Schöner kann man es nicht ausdrücken!

Aller Anfang ist Liebe....

Und was kommt dann?

*„Kinder, die man nicht liebt,
werden Erwachsene, die nicht lieben."*
(Pearl S. Buck)[8]

Wir kommen voller Unschuld, Ur-Vertrauen und in vollkommener reiner Liebe auf diese Welt. Wir sind Liebe. In allem und jedem ist der Kern der Liebe enthalten. Es ist die Essenz der Schöpfung.

Wer schaut nicht voller Sehnsucht in die freudvollen Augen und genießt das sorgenfreie, unverfälschte Lächeln eines Säuglings? Es strahlt uns die vollkommene Liebe entgegen. Als Erwachsene bewundern wir die Reinheit und Klarheit, die das junge Leben aussendet.

Und was passiert dann mit uns Menschen im Laufe unseres Lebens auf dieser Erde? Wir werden erzogen und lernen, dass wir (in aller Regel) nicht bedingungslos geliebt werden, sondern mehr oder weniger Erwartungen erfüllen sollen, um anerkannt und geliebt zu werden. Sehr oft wird Liebe mit Respekt verwechselt. Kindern bringt man gerne bei, Respekt zu zeigen. Wie man sich und seine Mitwelt liebt, ist schwer zu vermitteln, wenn es die Eltern selbst nicht erlebt haben.

Aufgrund dieser Erfahrungen legen wir in der Kindheit einen schützenden Mantel um unsere Liebe und entwickeln Strategien, wie wir mit dem mangelnden Liebesfluss umgehen. Das Fatale daran ist, dass wir dies unbewusst tun und das Ergebnis für unser „wahres Ich" halten.

In dem Begriff „Erziehung" steckt das Wort „Ziehen" und so verläuft diese Zeit oftmals in der Weise, dass Kinder in alle möglichen Richtungen gezogen werden, statt die natürliche Entwicklung zu fördern und zu begleiten. Viele Eltern reglementieren ihre Kinder lieber, strafen sie manchmal mit Liebesentzug, statt der Liebe ausreichend Raum zu geben. Dadurch deckeln die Erwachsenen nicht nur deren Potenzial, sondern die Liebe wird von den Kindern als ein schwächendes Gefühl erlebt, das sie hilflos macht. Durch unangemessene Reaktionen der heiß geliebten, übermächtigen Schutzpersonen ist ihre ursprüngliche Offenheit und gesunde, natürliche Liebe enttäuscht, gekränkt und zu etwas Schmerzhaftem verkommen. Daher vermeiden sie als Erwachsene in vielen Fällen Nähe und bindende Gefühle. Mit dieser „Strategie" versuchen sie die Kontrolle über sich selbst und den Partner zu behalten. Oder sie verfallen in eine übermäßige Sehnsucht nach Liebe, weil sie nie genug Anerkennung und Wertschätzung erfahren haben. Durch unsere Liebesbeziehungen versuchen wir die alten Wunden der Kindheit zu heilen und geraten dabei paradoxerweise an Menschen, die ähnliche Erfahrungen gemacht haben. Da der Partner uns heilen soll, kann er jedoch nicht um seiner selbst willen geliebt werden.

Es gibt auch Kinder, denen nie gesunde Grenzen gesetzt werden. Deren Eltern können der typischen trotzigen Reaktion ihrer Kinder nicht standhalten. Dadurch lernen sie nicht, sich sozial zu verhalten und werden so leicht zu Narzissten. Sie entwickeln nicht das Gefühl für rücksichtsvolles, wertschätzendes menschliches Miteinander, welches wichtig ist, um später in einer Gruppe akzeptiert und anerkannt zu werden. Viele Eltern haben auch Angst, die Liebe ihres Kindes zu verlieren, wenn sie konsequent Grenzen setzen. Sie überschütten das Kind mit einer übertriebenen „Affenliebe", die sich darin äußert, dem Kind jeden Wunsch zu erfüllen. So werden kleine Prinzessinnen und Prinzen „herangezüchtet", die davon ausgehen, alle Menschen um sie herum müssten ihre Erwartungen erfüllen und hätten sich nur nach ihren Bedürfnissen zu richten. Auch kumpelhaftes Verhalten der Eltern fördert nicht die nötige Wertschätzung und den Respekt voreinander, der für die jungen Menschen noch zu erlernen ist. Es verunsichert die Kinder obendrein, weil sie aufgrund der gleichrangigen Begegnung an der Schutzfunktion ihrer Eltern zweifeln. Es macht nun mal einen Unterschied, ob man sich auf gleicher Ebene die Hand hält, oder die Eltern dem Kind die Hand reichen, um Hilfe zu leisten oder es vor Gefahren zu beschützen.

Warum ist die einfühlsame, achtsame und wertschätzende Begleitung von Kindern in den ersten Lebensjahren so bedeutungsvoll?

Im Unterschied zu Tieren dauert beim Menschen die Phase der absoluten Angewiesenheit auf seine Artgenossen – in herkömmlichen Familienstrukturen sind dies die Eltern – extrem lange. Biologisch gesehen spricht man nach Adolf Portmann[9] deshalb vom Menschen als physiologischer Frühgeburt. Ein Neugeborenes kommt nämlich im Vergleich zu den Tier-Jungen völlig unfertig auf die Welt. Nicht einmal die embryonale Entwicklung ist bei der Geburt vollständig abgeschlossen. Dazu bedürfte es einer Schwangerschaft von 21 Monaten. Alles, was das Kind zum selbstständigen Überleben braucht, entwickelt sich erst innerhalb von Jahren durch Reifung und Lernen außerhalb des Mutterleibes. Dieser Entwicklungsprozess ist von Anfang an eingebettet in die soziale und kulturelle Umgebung des Kindes. Als physiologische Frühgeburt ist der Mensch angewiesen auf soziale Kontakte und offen für die Einflüsse der Umwelt, somit auch entsprechend beeinflussbar. Diese Offenheit wiederum ist die Voraussetzung für das Lernen und bedeutet eine große Chance zur Evolution. Diese kann vorangetrieben werden durch das schlummernde Potenzial des noch nicht ausgereiften Gehirns, welches ein Wachstum des Bewusstseins ermöglicht und dadurch neue Türen für Erfahrungen öffnet, die dem Tier durch die feste Bindung an die Natur verschlossen bleiben. Die Frühgeburt des Menschen birgt allerdings auch Risiken für Fehlentwicklungen beispielsweise durch Vernachlässigungen des Kindes oder desolate gesellschaftliche Verhältnisse. Die Krux an der überlebensnotwendigen Abhängigkeit ist, dass der Säugling sich unbewusst auf die ihn gestellten Bedingungen seiner Versorger einlässt und damit sozusagen aus der bedingungslosen Liebe herausfällt. Diese Prägungen werden genauso unbewusst in das Erwachsenendasein übernommen und können erst durch Bewusstseinsarbeit wieder aufgelöst werden, um dadurch zur wahren Liebe zurückzukehren.

Ich verurteile hier nicht das Verhalten der Eltern, bin schließlich selbst Vater und weiß, wie sehr man in sich gefangen sein kann, ohne es zu bemerken und deshalb unbewusst eigene anerzogene, beschränkende Muster weitergibt. Deshalb wäre es gesellschaftspolitisch so wichtig, die Eltern in ihrer Eigenschaft zu fördern und unterstützen. Aber niemand unterrichtet uns zur Erfüllung dieser zentralen sozialen Aufgabe. Vielmehr bindet die Politik Eltern lieber in den Arbeitsprozess der Wirtschaft ein und verlagert die Betreuung der Kinder in staatliche Institutionen, damit sie für die Erwerbsarbeit normiert werden können.

Interessant ist, als ich Vater wurde, erinnerte ich mich plötzlich an manche Situation meiner eigenen Kindheit, in der ich für das Verhalten meiner Eltern kein Verständnis hatte. Heute kann ich als betroffener Elternteil vieles besser verstehen und stelle auch fest, dass ich zum Teil ähnliche Verhaltensmuster hatte bzw. noch habe, die ich damals bei meinen Eltern kritisierte oder sogar ablehnte. Deshalb ist es wichtig, möglichst bewusst und achtsam mit Wertschätzung liebevoll seine Kinder zu begleiten sowie sein eigenes Verhalten zu hinterfragen. Ich verwende für das, was heute noch als „Erziehung" bezeichnet wird, lieber den Begriff: „unterstützende, fördernde Wegbegleitung".

Das, was wir uns in aller Regel nicht ausreichend bei dieser Begleitung nehmen, ist Zeit. Die meisten Eltern sind heute beide berufstätig, verbringen den Tag überwiegend außerhalb ihres Zuhauses am Arbeitsplatz und währenddessen wird die notwendige Zuwendung für die Kinder durch kontinuierlich anwesende Bezugspersonen oftmals ersetzt durch staatliche Betreuungsinstitutionen mit einhergehender Beziehungslosigkeit.

Ein ganz zentrales Anliegen der Eltern, aber auch generell bei zwischenmenschlichen Beziehungen sollte deshalb sein:

Nimm dir Zeit für die Menschen, die du liebst!

Folgende berührende Geschichte von Reiner Keller[10]

möchte ich gerne an dieser Stelle erwähnen:

Sohn: „Papa, kann ich Dich mal was fragen?"
Vater: „Klar, mein Junge. Was ist los?"
Sohn: „Papa, wie viel Geld verdienst du in der Stunde?"
Vater: „Nun, ich denke solche Dinge haben dich noch nicht zu interessieren. Warum fragst du so was?
Sohn: „Ich möchte es einfach nur wissen. Bitte bitte, sag mir, wie viel du in der Stunde verdienst."
Vater: „Na gut, wenn du es unbedingt wissen möchtest, Ich verdiene 80 Euro in der Stunde."
Sohn: „Oh." (Er senkt den Kopf)
Sohn: „Papa, kannst du mir vielleicht 20 Euro leihen?"
Vater: „(äußerst verärgert) So so! Deshalb fragst du also. Du willst dir Geld von mir leihen, um dir irgendein dämliches Spielzeug oder anderen Blödsinn zu kaufen. So nicht mein Freund. Marschier in dein Zimmer und ab ins Bett! Du solltest mal darüber nachdenken, wie egoistisch du eigentlich bist. Ich arbeite jeden Tag extrem hart und muss mir dann abends so dreiste Fragen anhören!"

Der kleine Junge geht still und leise in sein Zimmer und schließt die Tür.
Der Vater setzt sich erst mal hin, wird jedoch umso wütender, je mehr er über die Frage des Jungen nachdenkt.
„Wie durchtrieben mein Sohn nur ist! Stellt mir solche Fragen, nur um an Geld zu kommen!"

Über eine Stunde vergeht bis der Vater sich beruhigt hat und anfängt nachzudenken.

„Vielleicht gibt es da wirklich etwas, das mein Sohn dringend braucht. Er fragt sehr selten nach Geld. Eigentlich hat er noch nie gefragt. Vielleicht braucht er die 20 Euro tatsächlich. Vielleicht habe ich ihm Unrecht getan."

Der Vater geht zum Zimmer des kleinen Jungen, öffnet die Tür und betritt das Zimmer.

Vater: „Schläfst du schon, Sohnemann?"
Sohn: „Nein, Papa, ich bin noch wach."
Vater: „Schau mal, ich habe noch mal über alles nachgedacht. Vielleicht war ich tatsächlich ein bisschen zu streng zu dir. Es war ein langer Tag, eine Menge hat sich angestaut und du hast alles abbekommen. Hier sind die 20 Euro um die du mich gebeten hast. Es tut mir leid."

Der kleine Junge lächelt. „Danke, Papi!"

Der kleine Junge greift unter sein Kopfkissen und holt ein paar weitere zerknitterte Euro-Scheine hervor. Der Vater sieht, dass der Junge unter seinem Kissen bereits Geld gebunkert hat und wird erneut wütend. Langsam und ruhig beginnt der kleine Junge das Geld zu zählen und schaut danach seinen Vater an.

Vater: „Warum zum Teufel fragst du nach Geld, wenn du schon welches hast?"
Sohn: „Weil ich noch nicht genug hatte. Jetzt aber reicht es!"
Sohn: "Papi, jetzt habe ich 80 Euro. Darf ich hierfür eine Stunde deiner Zeit kaufen? Bitte komme morgen früher von der Arbeit nach Hause. Ich

möchte gerne mit dir zusammen Essen."

Der Vater sinkt auf den Boden. Er hat mit solch einer Antwort nicht gerechnet. Er ist erschüttert, gerührt, überwältigt. Er schließt seinen Sohn in die Arme, und bittet ihn um Entschuldigung.

Dies ist nur eine kleine Geschichte über einen Vater und seinen Sohn. Eine kleine Geschichte für all jene, die in ihrem Leben so hart und lange arbeiten.

Wir sollten nicht zulassen, dass uns in unserem turbulenten Leben der Blick für das fehlt, was wirklich wichtig ist.

Die Menschen, die wir lieben.

Eine klassische Antwort ist in diesem Zusammenhang: Ich würde ja gerne, aber ich kann ja nicht. Wenn wir allerdings wirklich etwas von Herzen wollen, können wir alles. Das wird einem meistens dann bewusst, wenn man verliebt ist. Wir müssen nur daran glauben und uns darüber klar werden, was uns wirklich wichtig ist. Dann finden wir auch einen Weg zur Umsetzung.

Natürlich ist dies wesentlich leichter, wenn wir in unserer Gesellschaft entsprechende Strukturen schaffen, um dies besser zu realisieren.

Welche Möglichkeiten gäbe es denn, um für die Wegbegleitung unserer Kinder mehr Zeit zu gewinnen?

Ein sehr guter Lösungsansatz hierfür liegt aus meiner Sicht in dem **Bedingungslosen Grundeinkommen**, das ich in meinem ersten Buch „Ausgeklinkt"[11] bereits sehr ausführlich beschrieben habe und bei der Bevölkerung weltweit immer mehr Fürsprecher findet.

Kinder brauchen die Zuwendung ihrer Eltern und das geht nicht, wenn diese dauernd gestresst und (zeitlich) überfordert sind.

Wer mehr Zeit hat, kann sich mehr reflektieren. Und eine stärkere Selbstreflexion führt zu mehr klarer Bewusstheit. Ein erweitertes Bewusstsein lässt unser Selbstbewusstsein wachsen und dieses ermöglicht ein besseres, intensiveres Leben im Sein. Dies wiederum ermöglicht die Chance, Unbewusstes bewusst zu machen sowie eingefahrene Denk- und Handlungsmuster zu hinterfragen und schließlich zu ändern. Damit machen wir den Weg zum wahren Selbst frei.

Aufgrund unserer eigenen anerzogenen Verhaltensmuster trainieren wir unsere Kinder zu trennendem, abgrenzenden Denken, weil uns dies als Individuum eine Orientierung und Zuordnung von Erfahrungen verschafft. Es ist sozusagen der Preis, den wir zahlen, um uns über unser „Ich" bewusst werden zu können. In bestimmten Situationen ist dies zwar dienlich, wenn beispielsweise ein Kind lernt, dass es nicht gut ist, auf die heiße Herdplatte zu greifen. Es begrenzt uns aber im Denken durch Kategorisierung. Wir trennen zwischen Gut und Böse, zwischen Richtig und Falsch, zwischen Normal und Unnormal und entscheiden uns, das Böse, Falsche und Unnormale abzulehnen und zu bekämpfen. Wir unterscheiden zwischen Weg A und B, um uns dann für Weg A zu entscheiden. Zugleich bedeutet dies merkwürdigerweise, Weg B abzulehnen, vielleicht sogar zu bekämpfen und damit auch alle, die diesen anderen Weg wählen, sich demnach anders entscheiden als wir. Diejenigen sind dann aus unserer

Sicht blöd, spinnen oder sind nicht mehr ganz normal. Unser traditionelles Denken pendelt zwischen den Polen „Entweder" bzw. „Oder". Dieses Phänomen wird als Polarität oder Dualismus bezeichnet und zeigt sich in der Abwägung bzw. Abgrenzung zwischen zwei gegensätzlichen Elementen.

Indem wir eine für uns „richtige" Position einnehmen, wird der Andersdenkende sehr schnell zum Feind oder Gegner, den man bekämpfen, bekehren, überzeugen oder ausgrenzen will. Das führt zugleich zum Krieg in uns selbst, denn auch in uns gibt es Gegensätzliches und Widerstrebendes. Vielen Menschen fällt es schwer, anzuerkennen, dass ein „sowohl - als - auch" eher der übergeordneten Wahrheit entspricht und somit zu einem friedlicheren Weg für sich und die Mitwelt führen könnte. Gleichzeitig würden wir uns gegenseitig von unseren inneren Lasten befreien.

Meine persönliche Wahrheit heißt deshalb: Alle haben immer für sich betrachtet recht. Warum?

Weil jeder die Welt aus seiner persönlichen Perspektive und eigenen Ebene der Bewusstseinsentwicklung wahrnimmt, aus dem wertvollen Schatz seiner Erkenntnisse. Hieraus entwickelt sich die jeweilige Sichtweise, die eigene kleine Erlebnis-Welt mit den entsprechenden Schlüssen für das eigene Handeln. Es gibt kein objektives „Richtig" oder „Falsch". Hören wir doch endlich auf, „Recht" bekommen und behalten zu wollen mit den daraus folgenden Schuldzuweisungen. Wir machen uns zum Opfer und Täter durch Verurteilung bzw. Bewertung. Ich weiß, wir haben ein Rechtssystem in unserer Gesellschaft, das mit Hilfe unzähliger Juristen genau mit dieser Form von „Rechtsprechung" und Urteilen von Gerichten arbeitet. Dies macht es sicherlich schwerer, sich davon im täglichen Leben zu lösen. Je weniger wir uns jedoch davon lösen, um so länger und stärker bleibt dieses alte und aus meiner Sicht unzeitgemäße System bestehen. Ein System kann sich nur verändern, wenn wir dem Bestehenden die Energie entziehen. Das passiert, indem wir unseren Fokus auf Alternativen und neue Visionen ausrichten. Nur auf diese Weise konnten und können Genies sowie Visionäre Neues schaffen.

Eine der verbreitetsten Varianten des trennenden Denkens ist es, sich zum Opfer und damit zum Objekt anderer zu machen. Natürlich machen das die Wenigsten bewusst, aber es ist so verbreitet in unserer Gesellschaft, dass kaum jemand wahrnimmt, wie dies im Einzelnen abläuft. Wir machen uns immer dann zum Opfer anderer, wenn wir andere verurteilen und sie dafür verantwortlich machen, dass es uns nicht gut geht. Die meisten Menschen fühlen sich zum Beispiel als Opfer ihrer Eltern und deren Verhaltensweisen. Es kommt zu Schuldzuweisungen, indem sie sich vorstellen, dass es ihnen heute besser ginge, wenn die Eltern damals anders gehandelt hätten. Egal, wie hart ihre Kindheit war, ob sie geschlagen oder missbraucht wurden, ob ihr Vater die Familie im Stich gelassen hat oder der ältere Bruder oder die jüngere Schwester immer bevorzugt wurden. Es ist zwar geschehen und war auch schmerzlich, aber es ist nun vorbei und abgeschlossen. Es kann uns heute nichts mehr anhaben. Wenn es uns als Erwachsene trotzdem noch verletzt, wir immer noch darunter leiden, dann liegt es daran, dass wir die Vergangenheit nicht loslassen wollen oder können. Das machen wir selbst, und zwar durch unser ständig wiederkehrendes Denken und Fühlen über das, was damals geschah. Dadurch wird auch der Schmerz aufrecht erhalten. Solange wir unseren Eltern oder dem Leben vorwerfen, dass es so und nicht anders war, verlängern wir das Leiden der Kindheit in uns selbst bis zur Gegenwart und schlimmstenfalls in die Zukunft. Wir denken uns dadurch lebenslang als Opfer unserer Eltern oder Mitmenschen. Die einzige Möglichkeit sich davon zu befreien, ist loszulassen. Loslassen bedeutet nicht Verdrängen, sondern das Gefühl zunächst liebevoll zulassen, hineinhorchen, versuchen die Ursachen zu ergründen, mit dem Herzen verstehen und in Liebe annehmen. Durch Verzeihen und Vergeben kann man dann das Erlebte verarbeitet in Frieden und voller Liebe gehen lassen. Dies ist Voraussetzung, um sich vorbehaltlos wieder auf Neues einzulassen.

Auch Eltern sind Menschen, wie Du und Ich. Sie haben das Beste gegeben, was sie konnten, selbst wenn wir das aus unserer Perspektive anders sehen. Das sollten wir uns immer klar machen, denn es gilt in gleichem Maße für uns selbst. Und damit können wir auch uns selbst vergeben. Ist das nicht wunderbar?

Das alles ist natürlich leichter gesagt als getan. Aber es gibt mittlerweile genügend Möglichkeiten, an sich zu arbeiten und zu wachsen. Ich selbst habe beispielsweise die wundervolle Wirkung von Familienaufstellungen kennen lernen dürfen. Verhaltenstherapie und Tiefenpsychologische Therapie habe ich auch schon erlebt. Bei diesen Formen trainiert man zwar auch sein Bewusstsein, allerdings überwiegend auf der Kopfebene über Gespräche. Bei der systemischen Familienaufstellung hingegen bewegt man sich auf der viel intensiveren Herzens- und Seelenebene. Sie ist eine Methode der Systemischen Psychotherapie. Dabei werden tiefe Prägungen aus der Kindheit bewusst gemacht und neu geordnet. Die Aufstellung findet meist in einer Gruppe von zehn bis zwanzig Personen statt. Einer, der etwas über sich erfahren möchte, meldet sich als Aufsteller. Der Therapeut befragt den Aufsteller zu seinem Anliegen und zu seiner aktuellen bzw. kindheitlichen Lebenssituation. Dabei wird geklärt, welche Personen heute und damals in Bezug auf das geschilderte Problem eine wesentliche Rolle spielen. Für diese Personen und für sich wählt der Aufsteller aus den Anwesenden je einen Stellvertreter. Er verteilt die Stellvertreter intuitiv im Raum – so, dass sie in der „richtigen Beziehung" zueinander stehen. Zwischen den Stellvertretern entsteht nun eine Beziehung, die oft in verblüffender Weise spiegelbildlich zu den Beziehungen der realen Personen aus dem Leben des Aufstellers sind, und in denen die Stellvertreter ähnliche Gefühle und Gedanken entwickeln, wie sie die von ihnen repräsentierten Personen aus dem Problem-Umfeld haben oder haben könnten. Warum das so ist, ist bisher wissenschaftlich nicht geklärt. Man bezeichnet das Phänomen als „Stellvertreterwahrnehmung". Es entsteht ein „wissendes" Feld, das alles Wissen der Menschheit enthält und während der Aufstellung für eine gewisse Zeit einen Zugang zu den Ereignissen eröffnet. Es ist wie das Lüften eines Schleiers, welches die Seelenebene freigibt. Die Angehörigen des Klienten werden im so strukturierten Raum der Wahrnehmungen gleichsam „psychisch" Anwesende. Dabei werden „Verstrickungen" deutlich: Aufgaben, die dem Klienten aufgebürdet wurden (Fachbegriff: Delegation), die er unbewusst als Last übernommen hat und die sein Leben prägen, ohne dass es ihm bewusst ist oder er etwas dagegen tun könnte. Solche Muster können in der Aufstellungsarbeit bewusst gemacht, aufgelöst und verändert werden. Schritt für Schritt tritt ein Heilungsprozess für die beteiligten Seelen ein. Dabei werden Techniken des Reframing (Umdeutung) angewandt sowie die ursprüngliche Verstrickung und hinderliche Glaubenssätze gelöst. Es werden neue, kräftigende Affirmationen ausprobiert, welche die persönliche Entwicklung fördern. Oft ist es so, dass der Aufsteller die Lösungen bereits zu kennen scheint. Er weiß dann ganz genau, was für ihn „richtig" ist. Das Entscheidende und Besondere ist, dass die Teilnehmer nicht etwa Rollen spielen, sondern in die gestellten Situationen hineinfühlen und den Raum auf der Herzensebene energetisch anheben. In einem Moment kurz vor der Auflösung des gestellten Bildes nimmt der Klient (Aufsteller) seine eigene Position für den gewählten Stellvertreter ein. Dadurch können sich für den Klienten tiefsitzende Schmerzen emotional befreiend auflösen und die Seele erfährt eine Heilung durch die Befreiung von unnötigem Ballast. So kann man wieder besser die wunderbare Leichtigkeit des Seins genießen und in die Freude gehen.

Ich habe bei den zahlreichen Sitzungen festgestellt, dass die Probleme im menschlichen Miteinander zumeist in den jeweils eigenen Familienstrukturen ihre Ursache haben und über Generationen hinweg weiter gegeben werden. Dabei verhindern innere emotionale Verletzungen, die tief in den Zellen sitzen und unser Handeln beeinflussen, den Liebesfluss, mit der Folge von Konflikten und immer wiederkehrenden Krisen. Der Hunger nach Liebe, der uns allen innewohnt, kann so nicht gestillt werden und es kommt bei den Menschen zu Blockaden und Verhärtungen bzw. zu Ersatzhandlungen in Form von Süchten. Der Schrei der Seele nach Heilung sorgt dafür, dass der Körper Signale sendet über Krankheiten, Verspannungen etc. oder er sorgt auf andere Weise dafür, dass Konflikte nach außen treten können, damit sich diese und innere Verletzungen auflösen dürfen. Wichtig ist die Bereitschaft, an sich zu arbeiten. Vor allem Krankheiten bieten die Möglichkeit innezuhalten und diese als Chance für einen Wandel oder eine Neuausrichtung zu betrachten. „Jede Krankheit ist das Resultat einer Kette von Kränkungen", sagt Bernd Nitschke. Wenn man erkennt, dass diese Kränkungen nichts mit einem selbst zu tun haben, dann kann man sie, wie beschrieben, über Verzeihensprozesse auflösen und damit auch die Krankheiten. Heilung beginnt, wenn wir unsere inneren Muster durchbrechen. Dann geben wir sie nicht mehr unseren Kindern weiter und konfrontieren unsere Mitwelt nicht mehr damit.

Es gibt ganz unterschiedliche Wege für die Aufarbeitung seiner Vergangenheit und jeder hat seinen eigenen Weg. Das gilt es erstens herauszufinden und zweitens zu respektieren.

Wer sich bewegen will, findet Wege und Lösungen, wer verharren will, findet Gründe.

Meine umfangreichen Erfahrungen bei den Familienaufstellungen machen deshalb besonders deutlich, welche zentrale Aufgabe die Wegbegleitung unserer Kinder darstellt.

Die Liebe der Eltern zu ihrem Kind, zu ihrem „eigen Fleisch und Blut",wie der Volksmund so schön sagt, ist wohl die innigste, stärkste aber oftmals auch problematischste Verbindung. Sie wird überlagert von der Sorge der Eltern, vielleicht nicht genug dafür getan zu haben, dass es dem Kind gut geht und ausreichend versorgt ist. Sie sind besorgt darüber, ob es sich in unserer Gesellschaft zurechtfindet und im Wirtschaftssystem einen adäquaten Platz einnimmt. Zusammen mit den eigenen Lasten, die Eltern mit sich herumtragen und zumeist unbewusst auf die Kinder übertragen, hat dies eine einengende, begrenzende, manchmal erdrückende Wirkung auf das Kind und verhindert bzw. erschwert dessen eigene Persönlichkeitsentwicklung. Und doch kommt vor allem die Mutterliebe, aber auch die Vaterliebe der bedingungslosen, WAHREN LIEBE am nächsten, denn Mutter und Vater lieben ihre Kinder, egal, was sie tun und wie sie sind. Meistens jedenfalls.

Zur Persönlichkeitsentwicklung des Kindes gehört auch der natürliche Abnabelungsprozess. Selbst wenn das Verhältnis zwischen Eltern und Kindern gut ist und von Liebe umhüllt, verläuft dieser nicht immer ohne Kummer. Manchmal kann es sogar sein, dass er nicht wirklich gelingt. Meist sind es die Mütter, die ihre Kinder nicht vollständig loslassen können. Nach neun Monaten als Teil ihres Körpers, sind die Kinder auch danach mehr als zehnmal häufiger mit der Mutter zusammen, als mit dem Vater oder anderen Menschen. Dadurch kommt es oft im höchsten Maße zu Verstrickungen, insbesondere zwischen Müttern und Söhnen. Die enge Beziehung zur Mutter in der Kindheit mit völliger psychischer und physischer Abhängigkeit führt bei den meisten Kindern zu einer Art Hass-Liebe mit ihr, die den wenigsten bewusst ist. Von den Müttern, aber auch den Vätern haben Söhne und Töchter geballte Energien übernommen, wie Ängste, Schuld, Scham, Ohnmacht sowie andere Verhaltensweisen. Beispielsweise das Verurteilen von Männern oder das Benutzen der Frauen als Lustobjekt. Diese verinnerlichten Haltungen können sich massiv auf das Lebensgefühl bzw. die Liebesfähigkeit der Heranwachsenden und ihrer späteren Partner auswirken. Daher ist es notwendig, diese Energien zu bearbeiten und aufzulösen, indem man sie sich zunächst bewusst macht. Danach können sie u.a. in einer Familienaufstellung oder Meditation transformiert bzw. mental „zurückgegeben" werden.

Wer sich seiner schöpferischen Kräfte nicht bewusst ist, derer er sich täglich durch sein Denken, Sprechen und Handeln bedient, wird sich immer wieder oder chronisch schlecht fühlen in seiner Haut und seinem Leben. Das Leben meint es aber gut mit uns. Es bietet täglich eine Vielzahl von Geschenken an. Wir müssen sie nur als solche erkennen. Und jeden Tag gibt es viele Gelegenheiten, frei zu entscheiden, ein Leben in wahrhaftiger Liebe zu führen. Es ist nie zu spät.

Jeder Mensch trägt für sich selbst die Verantwortung oder sollte dies zumindest tun. Dies gilt auch für Kinder. Da Kinder jedoch nur nach ihrem jeweiligen Entwicklungsstand verantwortlich handeln können, kommt den Eltern und dem Umfeld für einen gewissen Zeitraum die besondere Aufgabe zu, den Teil der Verantwortung, den Kinder noch nicht selbst übernehmen können, mitzutragen. Die Erziehung oder besser die unterstützende Wegbegleitung soll nach meiner Auffassung dazu beitragen, die Selbstständigkeit der Kinder so zu fördern und entwickeln, dass sie später in die Lage versetzt werden, ihr Leben eigenverantwortlich zu meistern. Dazu gehört auch, ihnen zu ermöglichen, ihre individuellen Fähigkeiten zu entdecken und zu realisieren. In der Tierwelt funktioniert das durch den Instinkt ganz selbstverständlich. Dort wird der Nachwuchs fit für das Leben in der Wildnis gemacht. In der menschlichen Gesellschaft ist der Weg für das Leben schwieriger, weil er vielen Einflüssen unterworfen ist. Die Erwachsenen konzentrieren sich vor allem darauf, die Kinder für das bestehende Wirtschafts- und Gesellschaftssystem - also im Außen - anzupassen, sozusagen körperlich und geistig in diese Richtung zu trainieren. Durch das Hineinpressen in dieses strukturelle Korsett, bleibt oftmals nicht genügend Raum für bedingungslose Liebe. Die emotionale Seite wird daher vernachlässigt. Auch das freie Spielen kommt dadurch zu kurz, bei dem Kinder am meisten lernen und Kreativität entwickeln können.

Problematisch ist auch, wenn Eltern ihren Kindern - bewusst oder unbewusst - ihren eigenen Willen, ihre Sorgen bzw. Ängste aufbürden oder sie zur Machtausübung missbrauchen.

Ich verstehe Erziehung als Begleitung der Kinder auf ihrem eigenen, individuellen Weg des Lebens. Sie sollen sich zum Original entwickeln, nicht zur Kopie ihrer Eltern. Der Begriff „Erziehung" erinnert Viele an den Drill in der kleinbürgerlichen Enge der Kaiserzeit, der dem militärischen Gehorsam entsprach. Der krasse Gegensatz, der sich bei der 68-er Generation in seiner extremen Form des „Laissez faire" (Aufwachsen ohne Eingriffe) gezeigt hatte, war aus meiner Sicht keine sinnvolle Alternative, weil dies zu einer Orientierungslosigkeit der Kinder führte. Kinder brauchen meines Erachtens zunächst gewisse Grenzen, um sich für ihre Weiterentwicklung daran reiben zu können.

Orientierung durch Begleitung, „das Kind an die Hand nehmen, bis es allein gehen kann", entspricht meiner Vorstellung. Dabei kommt es vor allem darauf an, Werte vorzuleben. Das bedeutet, in Liebe zu zeigen, dass wir alle als Bestandteil der Natur (Schöpfung) miteinander verwoben sind und deshalb mit Achtsamkeit, Mitgefühl und Wertschätzung allen Lebewesen und allem was ist, begegnen sollten. Die innere Bindung der Eltern zu ihren Kindern ist hierfür die beste Voraussetzung, um diese Botschaft authentisch zu vermitteln. Je mehr die Eltern ihr

Bewusstsein entwickelt haben und sich selbst annehmen können, ohne Erwartungen an andere zu haben, desto besser und freier werden Kinder fit für das Leben.

Wir leben jedoch in einer Gesellschaft der Arbeitsteilung. Familie, Beruf, Haushalt und Freizeit erfordern ein Höchstmaß an Organisation. Es ist nicht nur so, dass Jeder heute - trotz Kindern - weiterhin seinen Hobbys, Interessen sowie der Selbstverwirklichung im Beruf nachgehen will. In dieser insgesamt reichen Gesellschaft ist man zunehmend darauf angewiesen, dass sowohl Vater als auch Mutter durch Erwerbstätigkeit für den notwendigen Lebensunterhalt sorgen müssen, weil die Einkommen durch Erwerbsarbeit immer geringer werden. Das hat – begleitet durch die Medien - dazu geführt, dass der Ruf nach Betreuungseinrichtungen immer stärker wird und die Politik zwangsweise diesem Ruf folgt, anstatt die Verhältnisse durch eine Umstrukturierung und Weiterentwicklung des Wirtschaftssystems zu ändern.

Sicher gibt es auch Eltern, die gerne Kinder „haben" wollen, für alles weitere aber nach dem Staat rufen, weil sie Kindererziehung ausschließlich für eine gesellschaftliche Aufgabe halten, um sich auf diese Weise aus der Eigenverantwortung zu stehlen.

Nicht zu vergessen sind die Menschen, die trotz Verhütungs-Möglichkeiten verantwortungslos „Kinder in die Welt setzen", um sie dann verwahrlosen zu lassen, weil sie als Eltern hoffnungslos überfordert sind. 2008 gab es ein Drittel mehr Sorgerechtsentziehungen[12] durch die Jugendämter, als im Jahr zuvor. Gründe waren Vernach-lässigungen, körperliche, psychische und sexuelle Gewalt. Wie man sieht, ist das Elterndasein ein heikles Thema.

Ich glaube, es gibt etliche Eltern, die ihre Kinder wegen

der emotional starken Bindung lieber selbst erziehen bzw. betreuen wollen, anstatt sie in anonyme Betreuungs-Einrichtungen zu geben. Notwendig hierzu ist jedoch eine größere finanzielle Unabhängigkeit, die eine freie Wahl ermöglicht. Da das Recht auf Existenzsichernde Arbeit durch zunehmende Automation nicht mehr gewährleistet werden kann, brauchen wir ein Grundrecht auf Einkommen. Die Einführung des Bedingungslosen Grundeinkommens wäre auch unter diesem Aspekt ein sinnvoller Lösungsansatz. Familien könnten damit finanziell erheblich gestärkt und somit unabhängiger werden. Die Eltern hätten mehr Zeit für ihre Kinder, weil sie für einen gewissen Zeitraum die Erwerbstätigkeit in den Hintergrund stellen könnten. Da das Grundeinkommen jeden Monat in gleicher Höhe gewährt wird, wären die Einkommenseinbußen bei der Aufnahme einer Teilzeitarbeit unterm Strich wesentlich geringer als heute.

Nach Untersuchungsergebnissen des statistischen Bundesamtes (Mikrozensus) hat die Kinderlosigkeit bei Frauen in Deutschland zugenommen. Im Jahr 2008 hatten 21 Prozent der Frauen zwischen 40 und 44 Jahren keine eigenen Kinder. Die betragsmäßige Aufstockung des Elterngeldes konnte daran nichts ändern. Eine Ursache hierfür liegt sicher daran, dass das Elterngeld nach wie vor nur für einen kurzen Zeitraum gezahlt wird. Das heißt nach dem Wegfall der Zahlung stellt sich für die Eltern wieder die selbe Existenzfrage, wie vor der Geburt des Kindes. Dieses Problem gäbe es mit dem Grundeinkommen nicht, weil es lebenslänglich gezahlt wird, und zwar sowohl für die Kinder, als auch für die Eltern.

Insbesondere in den ersten drei Lebensjahren eines Kindes ist es wichtig das Urvertrauen durch feste Bezugspersonen zu stärken. Grundsätzlich hat das Kind bei gesundem Bindungsverhalten eine primäre Bezugsperson – in aller Regel die Mutter. Diese Person kann das Kind am schnellsten beruhigen, bei ihr fremdelt das Kind nie und fühlt sich geborgen. Wenn es von dieser primären Bezugsperson getrennt wird, reagiert es mit Angst, Weinen und Schreien.

Weitere (sekundäre) Bezugspersonen können dem Kind ebenfalls dieses Gefühl von Sicherheit vermitteln. Allerdings ist hierfür ein langer Prozess der Gewöhnung nötig, in der die (zukünftige) Bezugsperson dem Kind durch feinfühliges, promptes und zuverlässiges Reagieren auf seine Bedürfnisse eine entsprechende Vertrauensbasis schafft. Nur dann kann das Kind auch andere Personen als Bezugspersonen akzeptieren. Da diese Gewöhnung viel Zeit und Aufmerksamkeit erfordert, erfüllen diese Positionen meist die Personen, die mit Mutter und Kind im gleichen Haushalt leben – meist der Vater und gegebenenfalls Geschwister oder Großeltern.

Nach einer gewissen Zeit ist es solchen sekundären Bezugspersonen möglich, das Kind eine Weile zu beaufsichtigen, ohne dass es Verlustängste erleidet. Meist fällt dieser Zeitpunkt mit dem Erlernen des Krabbelns und Laufens zusammen. Das Baby beginnt nun von sich aus, den Abstand zur primären Bezugsperson immer mehr zu erweitern. Gleichzeitig hat es gelernt, dass es sich auch auf die sekundären Bezugspersonen gut verlassen kann.

In bestimmten Situationen – zum Beispiel bei Krankheit, Verletzung oder Schmerzen (z.B. durchs Zahnen) – gelingt es aber auch den sekundären Bezugspersonen nicht immer, das Kind zu beruhigen. Es braucht dann so schnell wie möglich den Kontakt zur primären Bezugsperson, also in aller Regel die Mutter. Andernfalls leidet das Vertrauen des Kindes in seine Bezugspersonen ganz generell. Die Kontinuität an Bezugspersonen ist ein wichtiger Grundstein für die spätere Bindungsfähigkeit der Kinder.

Diese Kontinuität an Bezugspersonen kann eine externe Betreuungseinrichtung nicht leisten. Zum einen reicht dazu der Personalbestand nicht aus. Eine konstante Betreuung durch eine Person lässt sich andererseits allein schon durch Urlaubs- und Krankheitszeiten sowie eventuellem Schichtdienst oder Teilzeitbeschäftigung der Betreuerinnen nicht gewährleisten. Und hier schließt sich der Kreis. Kinder, die zu wenig Zuwendung und Liebe erfuhren, haben später oftmals Probleme, Bindungen einzugehen sowie Liebe zu leben.

Es ist deshalb an der Zeit, die politischen Rahmenbedingungen dahingehend zu ändern, dass Eltern wieder die Möglichkeit bekommen, ihre Kinder länger selbst zu betreuen. Dies ermöglicht ein Bedingungsloses Grundeinkommen, das die finanzielle Existenz unabhängig von Erwerbsarbeit sichert.

Gefühle, Emotionen, Empfindungen

*„Man kann vieles unbewusst wissen,
indem man es nur fühlt aber nicht weiß."*

(Fjodor Michailowitsch Dostojewski)[13]

Kaum ein Mensch macht einen Unterschied zwischen den drei Begriffen und verwendet sie austauschbar. Ich muss gestehen, dass ich beim Schreiben und Sprechen auch nicht immer exakt differenziere und darauf achte.

Ich finde es allerdings sehr wichtig, diese Begrifflichkeiten insbesondere in Bezug auf das Thema Liebe zu klären. Ist die Liebe, wie wir sie als Menschen wahrnehmen, ein Gefühl, eine Emotion oder eine Empfindung? Du wirst mannigfaltige Meinungen dazu hören oder lesen. Hier kommt es wie so oft, auf die eigene Betrachtung und Definition an.

Liebe in ihrer Essenz ist zunächst einmal eine universelle Energie, die alles Leben durchdringt. Der Mensch nimmt Liebe als Gefühl wahr. Das ist auch das Elementare, nämlich dieses Gefühl in sich zu spüren. In ihrer Bewegung und kraftvollen Ausprägung nach außen kann sich Liebe gleichzeitig als Emotion zeigen. Aus meiner Sicht kann sie in einer besonderen Begegnung auch als flüchtige Empfindung wahrgenommen werden. Durch ihre Allgegenwärtigkeit zeigt sich Liebe eben durch

Facettenreichtum.

Als grobe Unterscheidung kann man folgendes sagen:

Gefühle

sind so fließend wie das Wasser. Ihr Charakter ist, dass sie unablässig wechseln. Werden sie vom Verstand kontrolliert oder unterdrückt, kommt es zu Blockaden, die Krankheiten hervorrufen können oder unkontrollierte Ausbrüche von Emotionen.

Emotionen

sind so grob aber auch kraftvoll wie der Mutterboden. Durch das Erdreich in Verbindung mit Wasser und Luft kann stets neues Leben entstehen.

Empfindungen

sind so flüchtig wie die Luft. Sie sind ständig in Bewegung.

Nachfolgend möchte ich noch etwas detaillierter darauf eingehen:

Gefühle

und das Fühlen sind Ausdruck der Seele. Gefühl ist das, was über die Sinnesorgane an Impulsen und Empfindungen in das Bewusstsein hinein tritt. Ich spüre Wärme, Kälte, Hunger, Durst, Angst etc.

Ein Gefühl ist ohne Bewertung. Es wird einfach festgestellt, was da ist, ohne ein Urteil darüber.

Fühlen hat eine weibliche, passive Yin-Qualität. Es geht um Aufnehmen, Hingabe und Wahrnehmung.

Die Intuition

oder das Bauchgefühl ist eine besondere Form.

Intuition ist eine unbewusste, ganzheitliche Verarbeitung und Bewertung der uns vorliegenden Wahrnehmungen, Eindrücke und Erkenntnisse. Es ist die Fähigkeit, Einsichten in Sachverhalte, Sichtweisen, Gesetzmäßigkeiten oder die subjektive Stimmigkeit von Entscheidungen zu erlangen, ohne bewusste Schlussfolgerungen durch den Verstand. Der die Entwicklung begleitende Intellekt führt nur noch aus oder prüft bewusst die Ergebnisse, die aus dem Unbewussten kommen.

Intuitive Gedankenblitze oder Ideen lassen sich nicht rational erklären. Die eigene Intuition ist ein Impuls, ohne selbst deren Entstehung oder Herkunft begründen zu können. Er wird wie ein Flash wahrgenommen, wenn wir unsere „inneren Antennen" ausfahren. Zur Erklärung von Intuition dienen auch spirituell – wissenschaftliche Grenzgebiete wie z.B. das morphogenetische Feld und dessen Einflussnahme. Bei diesem Feld handelt es sich um eine Art allumfassendes Bewusstseinsfeld, aus dem umfangreiche Informationen aufgenommen werden können, das auch als mentale Verbindungsebene zwischen verschiedenen Menschen dienen kann. Aktuelle Thesen aus der Quantenphysik bieten eine solide Grundlage für die Glaubwürdigkeit dieses Modells und untermauern es mit immer neuen und beeindruckenden Beobachtungen. C. G. Jung[14] beschrieb dies bereits und nannte es das „kollektive Unbewusste". Es handelt sich um eine kognitive Funktion, ein psychisches Organ, das die Wahrheit in ihrer Gesamtheit greifen kann. Im Gegensatz zur wissenschaftlichen Vorgehensweise kommt die Intuition nicht von den Bestandteilen zum Ganzen, sondern erfasst direkt das große Ganze.

Die Herausforderung ist, entweder sofort nach dem Gefühl bzw. dem inneren Wissen zu handeln, bevor der Verstand es unterdrücken oder analysieren kann, oder eine so tiefe Verbindung dazu zu entwickeln, dass der Verstand keine Möglichkeit mehr hat, sich großartig einzumischen. Der Verstand wird das Gefühl in Sekundenbruchteilen aufnehmen und auf die Kopf-Ebene transportieren, es analysieren und einordnen, Gründe dafür oder dagegen aufstellen, Einwände und Zweifel aufzeigen, Angst vor den Konsequenzen entwickeln und es in den normalen Denkprozess assimilieren. Wenn dies passiert, wird es schwierig. Denn im Kopf versuchen wir auseinanderzuhalten, was was ist. Was ist Verstand, was Intuition, was Angst vor dem Unbekannten, was Ahnung? Es ist ein hoffnungsloses Unterfangen, eine Qual des Sich-Nicht-Entscheiden-Könnens und der Selbstzweifel. Man kann so tief in diese Falle tappen, dass man am Ende gar nicht mehr weiß, was man eigentlich will, fühlt oder denkt.

Der Schlüssel ist Vertrauen und Erfahrung. Jedes Mal, wenn wir der Intuition folgen, wird sie stärker und klarer. Immer dann, wenn wir dem Verstand folgen, wird sie wieder verschüttet. Wir müssen beide Wege oft genug gegangen sein, um zu wissen, wie sie sich anfühlen und was die Konsequenzen sind.

Wenn wir vor einer Entscheidung stehen, können wir uns beispielsweise vorstellen, wie wir uns mit den möglichen Optionen fühlen würden. Die Grundidee ist für viele, immer die Entscheidung zu treffen, bei der wir eine

Öffnung spüren und jene zu vermeiden, bei der wir eine Kontraktion feststellen. Für den Verstand ist das Alte, Vertraute, Konditionierte immer einfacher, leichter und sicherer. Auf alles Unbekannte reagiert er hingegen mit Angst, die an sich zunächst ein unangenehmes Gefühl ist. Nicht selten mag daher die Versuchung groß sein, sich selbst zu täuschen, indem diese konditionierten Gefühle für Intuition gehalten werden.

Emotionen

sind die treibende Kraft als Werkzeug der Seele. Oder anders ausgedrückt, sind sie seelische Gefühls-Energie, die in Bewegung gekommen ist und von innen nach außen tritt. Für die Verarbeitung ist das limbische System im Gehirn verantwortlich. Emotion hat eine männliche, aktive Yang-Qualität. Es geht um Ausdruck, Handlung sowie Beurteilung. Emotion ist eine Bewertung dessen, was gefühlt wurde bzw. eine Reaktion darauf, und eine Ausdrucksform.

Beispiele:

Der Tee ist heiß - das ist angenehm.

Das Essen ist kalt - das ärgert mich.

Hat jemand z.B. Angst vor Mäusen, dann wird er beim Anblick einer Maus womöglich körperliche Symptome aufweisen wie Herzklopfen, Schwitzen etc. Wäre der Verstand abwesend (er ruft die Emotion hervor) dann wäre das der Person völlig egal. Sie würde einfach nur fühlen was es da gerade zu fühlen gibt. Aber der Verstand erinnert die Person an irgendeine Situation (selbst erfahrene, gesehene, vergessene, gehörte, ganz egal) und plötzlich schaltet sich die Emotion ein.

Das Gefühl der Trauer wird durch Weinen ausgedrückt, wobei es auch Tränen der Freude oder der Rührung gibt. Der Wunsch wegzulaufen, zu schreien, in Ohnmacht zu fallen, ist beispielsweise eine Reaktion der Angst.

Wir sind in der Lage, Emotionen und Gemütszustände anderer Menschen zu spüren.

Das Entscheidende auf dem Weg zur vollkommenen Liebe ist, Emotionen zuzulassen, sie in Liebe anzunehmen, aber auch zu hinterfragen. Wo kommen sie her? Warum reagiere ich in bestimmten Situationen immer ähnlich? Was macht mir immer wieder Angst, was macht mich wütend? Unterdrückte Emotionen verstärken diese nur und verschärfen damit unsere Probleme und Blockaden. Es geht deshalb darum, die Ursachen zu erforschen. Ich habe hierbei sehr gute Erfahrungen mit Familienaufstellungen gemacht. Wenn wir die Zusammenhänge erkennen, dann können wir unerwünschte Emotionen transformieren und das gibt der Liebe Kraft.

Empfindungen

umfassen den ganzen Raum des Körpers und den Bereich darüber hinaus. Gefühle entwickeln sich nur in der Brust und sind Schwingungen des Herzens. Emotionen entstehen im Sonnengeflecht (in Verbindung mit dem Denken), doch die emotionale Kraft lagert tief im Becken.

Unter Empfindung versteht man medizinisch die Sensibilität der Haut. Wir empfinden eine Sache als kalt, die andere als warm. Die eine als angenehm, die andere als unangenehm.

Körper, Geist und Seele

„Körper, Seele und Geist
sind die Elemente der Welt."

(Novalis)[15]

Der Mensch besteht aus Körper, Geist und Seele. Alles gehört zusammen und macht als Ganzes den Menschen aus. Das Prinzip der Ganzheit äußert sich in einem ausgewogenen, harmonischen Zusammenwirken der drei Bereiche. Wenn sie im Einklang miteinander stehen, entsteht das für ein sinnvolles, glückliches und gesundes Leben notwendige Gleichgewicht. Es ist das, was auch unter „Angebunden sein" zu verstehen ist. Dies ist kein statischer Zustand, sondern durch innere und äußere Einflüsse Veränderungen unterworfen, die ein immer neues Justieren erforderlich machen können. Sind wir durch die überlappende Verschmelzung der drei Bereiche in unserer inneren Mitte, kann die grenzenlose Liebe ihre volle Kraft entfalten. Sobald wir uns ihr hingeben, erleichtert dies wiederum die Prozesse, um das Gleichgewicht dauerhaft zu erhalten.

In der westlichen Welt haben wir durch den Fokus auf das Materielle leider eine entsprechend verstärkte Ausrichtung auf das Körperliche mit dem Verstand. Dies ist ein Grund für viele körperliche und psychische Erkrankungen.

Disharmonie zeigt sich im Chaos auf emotionaler Ebene und im Außen sowie andererseits durch eine übertriebene Kontrolle, Zwanghaftigkeit oder extrem ausgeprägte Disziplin.

Der Körper

zu dem auch das Gehirn gehört, ist noch am besten erforscht. Er besteht aus bis zu 10 Billionen Zellen, dem Knochengerüst, den Muskeln, dem Gewebe, Blut, den Organen, den fünf Sinnesorganen etc. Die Medizin und die Hirnforschung haben hier schon sehr viel entdeckt, aber auch noch nicht alles erklären können.

Wichtige Voraussetzungen für die gute Funktionsweise des Körpers sind eine gesunde, nährstoffreiche, kohlenhydratarme Ernährung sowie viel Bewegung. Dies allein reicht jedoch noch nicht für die Gesundheit und das Wohlbefinden des Menschen in seiner Gesamtheit aus, wenn Geist und Seele vernachlässigt werden.

Der Geist

ist eher Gegenstand der Philosophie, zum Teil auch der Medizin. Hier geht es bunt durcheinander: Ist der Geist ein immaterieller Teil des Körpers oder der Seele oder von beidem? Ist der Geist die Lebenskraft oder der Verstand, die Vernunft oder das „Wollen" (der Geist ist willig) eines Menschen? Man kann alle diese Auffassungen und noch mehr finden. Ich verweise hier beispielsweise auf Wikipedia:

http://de.wikipedia.org/wiki/Geist

Das Wort (Schrift und Sprache) und das Bild (Fläche und

Form) sind jedenfalls Medien, mit denen sich der menschliche Geist mitteilt und ausdrückt. Er kommuniziert mit sich selbst durch Gedanken.

Materielle Grundlage des Geistes ist das Gehirn, als Teil des lebenden Körpers. Es ist sozusagen das Werkzeug für den Geist. Wahrnehmungen, Ideen, Gedanken, Hypothesen, Überzeugungen, Ideologien sind stets mit Gefühlen verknüpft, selbst dann, wenn diese nicht bewusst werden. Wahrnehmungen (Input) führen zu Reaktionen, dem Output. Emotionen stellen beispielsweise eine Form der Reaktion dar. Hier reagiert der Körper. Auch das Gehirn reagiert auf Wahrnehmungen, indem es denkt. Denken ist ein geistiger Vorgang.

In diesem Zusammenhang ist ebenso der „heilige Geist" zu erwähnen, der auch als „Atem" Gottes bezeichnet wird und in Form des „Schöpfergeistes" alles Leben durchdringt. Es ist der Hauch, der die gesamte Schöpfung verbindet. Wenn wir uns in unserer Mitte befinden, also im Gleichgewicht zwischen Körper, Geist und Seele, dann spüren wir die Anbindung an das Göttliche (die Schöpfung, das Universelle). Wir fühlen uns als Teil des Ganzen geborgen, sozusagen im Ur-Vertrauen. Wenn man für gewisse Momente immer wieder diese Anbindung spürt, kann man als Mensch ein ganzes Stück gelassener sein und sich mehr der Lebendigkeit des Lebens hingeben.

Das ist aus meiner Sicht der einzige Sinn des Lebens:
"sich ihm hinzugeben,
den Reichtum an Erfahrungen aufzunehmen,
daran innerlich zu wachsen und die Fülle genießen."

Je mehr wir in der Hingabe sind, um so gelassener können wir werden. Hier kommt wieder die Liebe ins Spiel. Der "heilige" Geist ist von Liebe beseelt. Wenn wir uns dieser (göttlichen) Liebe öffnen, findet inneres Wachstum in Form von mehr Bewusstsein und Klarheit statt. Ein Wachstum, das für uns Menschen im Grunde nicht erfass- oder erklärbar ist, das aber in der Anbindung an das Göttliche spürbar wird. Immer wenn wir angebunden sind, fühlen wir uns eingebunden. Es ist die Einbindung in das Ganze, die für alle anderen Lebewesen selbstverständlich ist, weil sie im immerwährenden SEINS-Zustand sind. Sie fragen nicht nach dem "Warum" oder wohin ihr Leben sie trägt. Ihre Bestimmung ist zu leben. Und wir sind mit unserem menschlichen Bewusstsein ständig damit beschäftigt das Leben zu hinterfragen, anstatt es zu leben.

Die Seele

ist der am schwierigsten zu ergründende Aspekt des "Mensch Seins".

Sie ist das verbindende Element über Zeit und Raum. Sowohl in der Theologie als auch der Philosophie hat sie schon immer die Menschen beschäftigt. Es gibt unterschiedliche Vorstellungen und bisher erfolglose Versuche, sie zu beweisen.

Seele bezeichnet etwas, das wir nach der Bibel als „den göttlichen Odem" oder „göttlichen Funken" verstehen, nicht materiell und unvergänglich. Sie ist der Träger psychischer Vorgänge und Erfahrungen, die im Körper die Identität und Persönlichkeit des Menschen ausmachen. Aristoteles beschreibt den Geist als die Kraft der Seele, welche denkt und Vorstellungen bildet.

Alle Seelen stehen - als Teil des Ganzen - miteinander in Verbindung. Während einer Inkarnation unterliegt das

"Wissen" darum einer Art Amnesie. Die Seele empfindet sich als getrennt vom Ganzen, strebt aber unbewusst danach, sich wieder mit dem Ganzen zu verbinden. Der Weg ist dabei das Ziel.

Die inkarnierte Seele kommt aus der Einheit und kehrt nach dem Tod des Körpers in die Einheit zurück. Daran kann man glauben, oder auch nicht.

Ich glaube daran und für mich gibt es den schönen Vergleich der Seele mit dem großen Meer. Die Seelen in der Einheit, sind wie die vielen zig-Billiarden einzelner Wassertropfen, die als solche im Meer nicht erkennbar und doch vorhanden sind. Sie bilden als winzige Bestandteile das Wasser. Bei der Inkarnation der Seele in einen Körper trennt sich ein Wassertropfen ab und taucht in den Körper ein, um während des Lebens Erfahrungen (Informationen) zu sammeln, die nach dem Tod wieder in das Meer einfließen und dort erhalten bleiben, um der gesamten evolutionären Entwicklung zu dienen. Es ist wie der Kreislauf des Wassers in der Natur. Wasser verdampft und kommt als einzelne Regentropfen auf die Erde zurück, wo es irgendwann wieder im Meer landet. Es ist alles Energie und nichts davon geht verloren. Nur der Aggregatzustand ändert sich.

„Die Seele hat ein vierfaches Flugvermögen:
die Sinne, das Erkennen, das Wollen und die Einsicht."

So beschreibt Hildegard von Bingen[16]

die Vielgestaltigkeit und Ausdrucksformen der Seele.

Der Mensch ist ein Wesen zwischen Himmel und Erde, zwischen dem Animalischen und Göttlichen. Die Zirbeldrüse, auch als drittes Auge und Sitz der Seele bezeichnet, stellt die Verbindung her. Sie ist ein kleines Tannenzapfen-förmiges Organ in unserem Gehirn, welches Hormone absondert wie Melatonin, Serotonin und DMT(Dimethyltryptamin), auch bekannt als das spirituelle Molekül.

Die weiteren „Organe" unseres feinstofflichen Körpers (seelische u. geistige Ebene = „Aura") sind die Chakren, die sprossenähnlich von unten nach oben verlaufen.

Die 7 Haupt-Chakren (Wurzel-, Sakral-, Solarplexus-, Herz-, Hals-, Stirn- und Kronenchakra) sind unsere großen Energiezentren. Dort erzeugen und fühlen wir u.a. die Energien und dort lagern sie sich auch ab, in Form von niedrig-schwingenden, dunklen Energien/Energieblockaden, wie Gier, Wut, Hass, Neid etc., die dann den sonst ständig fließenden Energiestrom verstopfen, wodurch Krankheiten entstehen können.

Die Energie-Meridiane sind die „Straßen" für diese Energien, auf denen sie „fließen". Die Energien verlassen unsere Aura über die unteren Fuß-Chakren und verbinden uns mit der Erdenergie.

Energien von außen (von anderen erzeugte Gefühle oder eigenständige Wesenheiten) kommen auch in unsere Aura, wenn wir gleiche bzw. ähnliche Energien in uns haben (nach dem kosmischen Gesetz: „Gleiches zieht Gleiches an").

Die drei untersten Chakren (Wurzel-, Sakral- und Solarplexuschakra) stehen für die Grundbedürfnisse sowie den Daseinskampf und sind in allen Lebewesen aktiv. In diesem Bereich unterscheidet sich die Menschheit in der Basis nicht von den Tieren. Das unterste Wurzelchakra beinhaltet die grundsätzliche Überlebensfunktion, von der Nahrungsaufnahme bis zur Ausscheidung. Es befindet sich am Beckenboden. Es verkörpert auch die Verwurzelung mit der Erde und unserer genetischen Herkunft (Eltern).

Das zweite (Sakral- oder auch Sexualchakra genannt) aktiviert die Kräfte des sexuellen Bedürfnisses und zur Vermehrung. Dieses Chakra befindet sich auf Kreuz- und Schambeinhöhe.

Im dritten, dem Solarplexus-Chakra, entwickelt sich die Durchsetzungskraft gegenüber anderen. Soziale Strukturen und Rangordnungen werden hierdurch bestimmt. Hier wird über Macht und Ohnmacht entschieden. Dort ist auch der „Sitz" von Habgier, Missgunst und Angst vor anderen Menschen.

Durch das Herzchakra wird Liebe, Mitgefühl, Freundschaft, Verbundenheit, Sinnlichkeit und Lebensfreude erweckt. Das Herzchakra transformiert mit seiner Aktivierung die drei darunter liegenden Chakren und verwandelt Essen in Genuss sowie sexuelle Lust zu einem sinnlichen und liebevollen bereichernden Akt der Verschmelzung bis hin zur Ekstase. Durch dessen Aktivierung bekommt alles einen tieferen Sinn und die Lebensqualität steigt enorm an.

Bei der gesamten Menschheit kommt es durch die momentan verlaufende Energieanhebung (u.a. aufgrund vermehrter Sonnenaktivität) zum Erwachen der Herzensenergie. Dies kann eine große Chance sein, um uns von allem Leid, Kampf, Krieg, Armut, (Selbst)-Zerstörung und Ungerechtigkeit zwischen den Menschen und somit auf dem ganzen Planeten zu befreien.

Nach dem Herzchakra verläuft das Hals- oder auch Kehlchakra. Es steht für Kommunikation, Äther und Raum,

Zeitlosigkeit und Kausalität. Hier entsteht ein tiefes Verständnis vom Gesetz der Ursache und Wirkung.

Mitten auf der Stirn etwas über den Augenbrauen befindet sich das so genannte „Dritte Auge" oder auch Stirn-Chakra. Dort ist der Sitz der Intuition, eines höheren Bewusstseins, das außerhalb von uns existiert sowie durch uns fließt und wirkt. Wir bekommen hier höhere Eigenschaften wie Hellsichtigkeit, eine Art Rundum-Röntgenblick und eine Zukunftsschau, die bis zu einer exakten Bestimmung unseres Todeszeitpunktes gehen kann.

Das oberste ist das Kronenchakra. Nach oben hin ist alles offen und fühlt sich an wie ein Kanal. Es gibt keine Trennung mehr zwischen uns und der Göttlichkeit (Schöpfung).

Wir sind an die göttliche Liebe angebunden, wenn die Energien aus der Erde über das Wurzelchakra durch die anderen Chakren hindurch hinaus aus dem Kronenchakra ins Universum und zurück fließen und sich mit glanzvollem Licht umhüllen. Das ist die vertikale Achse der Spiritualität. Die horizontale Achse ist die Querverbindung zu allem, was ist, zu allen Lebewesen. Dadurch wird die göttliche Liebe zur vollkommenen Liebe, wodurch sie für uns real spürbar ist und sich nicht nur in der Anbetung nach oben beschränkt. Legen wir gedanklich beide Achsen aufeinander, so ergibt sich ein Kreuz. Es symbolisiert das Kreuz Christi, das durch diese neue Betrachtung eine ganz andere Bedeutung erhält, als es bisher in Verbindung mit Tod, Leid und Schmerz hatte. So wird es nunmehr zum Sinnbild der Erfüllung mit unendlicher Liebe und Freude. Damit ergibt jetzt die frohe Botschaft Jesu erst einen richtigen, endlich nachvollziehbaren Sinn, der sich nun im neuen Zeitalter der Transformation endlich so richtig entfalten kann.

Du kannst eine kleine Übung machen, um bedingungslose Liebe fließen zu lassen. Dabei setzt du dich bequem an deinen Lieblingsort und schließt die Augen. Du kommst zur Ruhe und lässt alle Gedanken frei. Konzentriere dich auf dein Inneres, mache dich „leer". Stelle dir einen Lichtkegel mit weißem Licht vor. Lasse diesen Lichtkegel wandern durch deine Chakren. Beginne damit beim Wurzelchakra. Nimm die Erdenergie auf und lasse sie in den Lichtkegel fließen. Der LICHTKEGEL ist ein Tor zu den HIMMLISCHEN LICHT-EBENEN und bewirkt, dass alles, was Dich über die Fuß-Chakren oder das Kronenchakra verlässt, ins LICHT geht, wo es weiter wachsen und sich entwickeln kann. Gehe gedanklich bis über das Kronenchakra und dann zurück zum Herzchakra.

In der oberen Mitte Deiner Brust, gleich unter dem Brustbein, auf Höhe der Wirbelsäule, befindet sich unser Zentrum, das HERZ-Chakra. Wenn Du daran denkst, wird dieses Chakra aktiviert und weitet sich schon ein wenig. Das HERZ-Chakra hat die Fähigkeit, fein differenzierte Schwingungen zu spüren, so auch die reine Liebe. Fülle das Herzchakra mit dem weißen Licht deines Kegels.

Nun sage in Gedanken, während Du Dich dabei auf Dein HERZ-Chakra konzentrierst:

"Ich gehe in Resonanz zur BEDINGUNGSLOSEN LIEBE"

Sofort wird Dein HERZ-Chakra beginnen, sich ganz weit zu öffnen, denn es ist gleichzeitig mit der BEDINGUNGSLOSEN LIEBE erfüllt, die nun von Dir selbst erzeugt wird. Diese LIEBE ist eine sehr hoch schwingende Energie. Es gibt nichts, was höhere Schwingungen hat.

Nun beobachte das Gefühl, das sich jetzt in Deinem HERZEN und bis hin zum Bauchraum ausbreitet:

DIES IST DIE GRUNDFORM DER BEDINGUNGSLOSEN LIEBE.

Vielleicht stellst Du fest, dass Du nur "Weite" fühlst? Vielleicht empfindest Du dabei auch, über den Dingen zu stehen? Vielleicht fühlst Du nur eine RUHE, eine STILLE, einen tiefen FRIEDEN? Das alles gehört zur reinen WAHREN LIEBE.

Du wirst vielleicht auch feststellen, dass die GRENZENLOSE LIEBE nicht auf eine bestimmte Person bezogen ist. Du kannst sie nicht nur auf einen einzelnen Menschen, ein einzelnes Tier oder bestimmte Pflanzen beschränken. Hier gilt das Prinzip: „Ganz oder gar nicht". Es ist das Gefühl des „All-Eins-Sein". Entweder du bist in der grenzenlosen Liebe oder du bist es nicht. Aber wenn es dir mal nicht gelingt, bedingungslos zu lieben, dann sei milde und gnädig mit dir. Du kannst dich immer wieder auf den Weg dorthin begeben, denn die Liebe ist beständig in dir.

Die kosmischen Gesetze

„Wenn der Geist erkennt,
dass er die Liebe nicht herstellen kann,
sondern nur Ideen dessen, was die Liebe sein sollte,
dann wird er ruhig und die Liebe ist."

(Murdo MacDonald-Bayne)[17]

Das Wort Universum (von lateinisch universus „gesamt", von unus und versus „in eins gekehrt"), auch: der Kosmos oder das Weltall, bezeichnet in der Physik die zu einem gegebenen Zeitpunkt vorgefundene Anordnung aller Materie und Energie, angefangen bei den elementaren Teilchen bis hin zu den großräumigen Strukturen wie Galaxien und Galaxienhaufen.

Kosmos (altgriechisch κόσμος kósmos), bedeutet (Welt-)Ordnung.

Die kosmischen Gesetze bezeichnen demnach die ganzheitliche Ordnung und werden auch „hermetische Schriften" genannt.

Diese sieben Gesetze wirken, ob du daran glaubst oder nicht. Während physikalische Gesetze durch Bewusstsein oder Technik überwunden werden können, gelten die kosmischen Gesetze für jeden uneingeschränkt, ganz gleich ob man sie kennt oder nicht. Du kannst sie bewusst nutzen, um Schöpfer deines Lebens zu sein oder sie haben ihre (unkontrollierte) Wirkung, wenn du dir darüber nicht bewusst bist bzw. sie durch deine Überzeugungen innerlich ablehnst.

Diese Schriften wurden über Jahrtausende hinweg in einem kleinen Kreis von Wissenden weitergegeben. Im antiken Griechenland, im Vorderen Orient, im christlichen Mittelalter und der Renaissance bis hin zur Neuzeit.

Die Inhalte wurden von großen Denkern, Wissenschaftlern, Ärzten und Heilern aufgegriffen und angewendet. Wir finden heute in der modernen Wissenschaft (Quantenphysik, Neurowissenschaften u.a.) ähnliche Denkansätze und Nachweise wie in der hermetischen Philosophie. Damit schließt sich wieder der Kreis.

Was haben diese hermetischen Gesetze mit dem Sinn des Lebens zu tun? Wie kann uns ein so „abstrakt" erscheinendes Grundprinzip helfen, mit unserem alltäglichen Leben besser umzugehen?

Und was hat das alles mit Liebe zu tun?

Darauf werde ich im Folgenden noch näher eingehen. Doch zunächst möchte ich die Prinzipien beschreiben.

1. Prinzip des Geistes

Alles ist Geist. Die Quelle des Lebens ist unendlicher Schöpfergeist und besteht aus Licht und bedingungsloser Liebe. Diese reine Liebe ist das Göttlich – Weibliche. Die immerwährende, allgegenwärtige Gnade, die „JA" zu allem sagt und alle Gesetze transzendiert (übersteigt). Das ewig strahlende Licht ist das Göttlich – Männliche, welches Struktur, Ordnung und Gesetzmäßigkeit ist.

Beides bewirkt dieses wunderbare liebende Universum, in dem jedes Geschöpf einen freien Willen haben darf und bedingungslos angenommen wird, so wie es ist.

Das Universum ist mental, ein großes Bewusstsein. Geist herrscht über Materie. Das, was wir denken, ist Wirklichkeit und schafft durch seine Wirkung unsere jeweilige eigene Wahrheit und Realität. Dein Bewusstsein bestimmt dein SEIN.

2. Prinzip von Ursache und Wirkung = Karma

Jede Ursache hat eine Wirkung, jede Wirkung eine Ursache. Jede Aktion erzeugt eine bestimmte Energie, die mit gleicher Intensität zum Ausgangspunkt /zum Erzeuger zurückkehrt. Die Wirkung entspricht der Ursache in Qualität und Quantität. Gleiches muss Gleiches erzeugen. Aktion = Reaktion. Dabei kann die Ursache auf vielen Ebenen liegen. Alles geschieht in Übereinstimmung mit der Gesetzmäßigkeit. Jeder Mensch ist Schöpfer, Träger und Überwinder seines Schicksals. Damit kommt die Selbstverantwortung ins Spiel. Jeder Gedanke, jedes Gefühl, jede Tat ist eine Ursache, die eine Wirkung hat und damit zur WIRK-lichkeit wird. Es gibt keine Sünde, keine Schuld, kein Zufall und kein Glück (im Sinne von „Glück gehabt" als Zufall), nur Ursache und Wirkung, die viele Jahrhunderte und Existenzen auseinander liegen können. Zeit und Raum sind hierbei nicht relevant. Deshalb sind die Zusammenhänge für uns Menschen so schwer durchschaubar. Frage dich in Konfliktsituationen danach, welcher Auslöser, welche eigenen Denkmuster oder Dynamiken den Konflikt verursacht haben könnten. Beobachte dich sozusagen von außen. Dabei geht es nicht um Schuldfragen, sondern darum, Muster, Denkgewohnheiten zu erkennen, zu erforschen und sie aufzulösen.

3. Prinzip der Entsprechungen oder Analogien

Wie oben - so unten, wie unten - so oben. Wie innen - so außen, wie außen - so innen. Wie im Großen - so im Kleinen. Für alles, was es auf der Welt gibt, gibt es auf jeder Ebene des Daseins eine Entsprechung. Du kannst das Große im Kleinen und das Kleine im Großen erkennen. Schau dir mal das Blatt eines Baumes unter dem Mikroskop an. Du wirst bis ins kleinste Detail die Verästelungen und Verzweigungen wiederfinden, wie sie der Baum im Großen mit seinen Ästen und Zweigen zeigt oder in seinem Wurzelwerk unter der Erde. So ist es auch bei uns Menschen. Wie du innerlich bist, so erlebst du deine Außenwelt. Umgekehrt ist die Außenwelt dein Spiegel. Wenn du dich veränderst, verändert sich alles um dich herum. In dir steckt das, was du von anderen denkst.

4. Prinzip der Resonanz

Gleiches zieht Gleiches an und wird durch Gleiches verstärkt. Ungleiches stößt einander ab. Das persönliche Verhalten bestimmt die persönlichen Verhältnisse und die gesamten Lebensumstände. Angst zieht das Übel an. Wer mit Krankheit, Hass, Eifersucht etc. in Resonanz steht, erhöht die Wahrscheinlichkeit, dass die befürchteten Dinge geschehen. Du ziehst all das in dein Leben, was deinen täglichen Handlungen, Gedanken und Emotionen entspricht. Wir kennen das von dem bekannten Sprichwort „Wie du in den Wald hineinrufst, so schallt es wieder heraus." Die Energie folgt deiner Aufmerksamkeit. Du bist und bekommst immer das, wofür du dich entscheidest zu Sein. Deshalb sei dir bewusst darüber, wen und was du in deinem Leben anziehen möchtest.

5. Prinzip der Harmonie oder des Ausgleichs

Der Fluss allen Lebens heißt Harmonie. Alles strebt zur Harmonie, zum Ausgleich, zur Mitte. Das Stärkere bestimmt das Schwächere und gleicht es sich an. Das Leben besteht aus dem harmonischen Miteinander, dem Geben und Nehmen, der Elemente und Kräfte, die in der Schöpfung wirken. Leben ist Austausch, Bewegung. Verschiedene Wirkungen gleichen sich immer aus, sodass so schnell wie möglich wieder Harmonie und Ausgleich hergestellt wird. Das Universum lebt durch dynamischen Ausgleich in Leichtigkeit, Harmonie und Liebe. Geben und Nehmen sind verschiedene Aspekte des Kosmischen Energiestromes. Indem wir das geben, was wir suchen, lassen wir den Überfluss in unser Leben. Indem wir Harmonie, Freude und Liebe geben, erschaffen wir in unserem Leben Glück, Erfolg und Fülle. Von der Fülle des Lebens bekommt man nur so viel, wie man sich selbst der Fülle gegenüber öffnen kann. Der Mensch öffnet sich, indem er alle bewussten und unbewussten Gedanken an Mangel und Begrenzung in sich auflöst, sich von allen alten Begrenzungen trennt und Neues, Unbegrenztes wagt. Wer Fülle nicht lebt, dem bleibt sie versagt.

6. Prinzip des Rhythmus oder der Schwingung

Alles fließt hinein und wieder hinaus. Wir kennen das von unserem Atem. Alles besitzt seine Gezeiten. Diesen Kreislauf kennen wir nicht nur von den Meeren, sondern auch von den Jahreszeiten. Alles steigt und fällt. Alles ist

Schwingung. Nichts bleibt stehen. Alles bewegt und verändert sich. Es ist wie ein Pendelschwung, der sich in allem zeigt und der Ausschlag nach rechts entspricht dem nach links. Rhythmus ist ausgleichend. Bewusst mit diesen Rhythmen umzugehen, heißt in der Balance zu sein. Deshalb ist es wichtig, Starrheit zu überwinden und Flexibilität zu leben, sich dem Lebensrhythmus hinzugeben. Betrachte jede Veränderung bewusst und als Herausforderung. Alles, was starr ist, muss zerbrechen. Wir fühlen dieses Zerbrechen auch als „es zerreißt mich".

7. Prinzip der Polarität und Geschlechtlichkeit

Alles besitzt Pole. Alles besitzt ein Paar von Gegensätzen. Gleich und Ungleich sind dasselbe. Bei unseren Gefühlen erfahren wir dies durch Liebe und Hass bzw. Angst. Die Seins-Zustände des Lichts zeigen sich durch hell und dunkel. In der Mitte transformieren sich diese Pole. Jedes Paradoxon kann damit in Einklang gebracht werden. Gegensätze sind ihrem Wesen nach identisch. Sie tragen nur entgegengesetzte Vorzeichen, haben unterschiedliche Schwingungsfrequenzen. Alle Wahrheiten, die wir in dieser Dualität der Welt erleben, sind daher Illusionen, außer der ALL-Einigen Schöpfer-Wahrheit. Deshalb ist es so wichtig, im Miteinander nicht zu urteilen, verurteilen und werten. Beobachte das Geschehen und dich selbst. Erkenne auch die Gegenmeinung an. Jeder hat vom jeweiligen Standpunkt aus gesehen recht. Solange wir dazu nicht in der Lage sind, grenzen wir aus, indem wir einen Teil, den wir ablehnen einfach ausblenden wollen, obwohl er existent ist. Was wir ablehnen, wollen wir bekämpfen. Wenn wir versuchen, etwas zu ignorieren, findet ein innerer unbewusster Kampf statt. Was wir bekämpfen, gewinnt energetisch an Kraft, weil wir unsere Aufmerksamkeit darauf richten. Die Trennung in „Gut" und „Böse" entspringt nur unserer Vorstellung. In Wahrheit ist es Eins. Die Liebe nimmt alles an, was ist. Sie integriert und transformiert.

Geschlechtlichkeit ist in allem und beinhaltet männliche und weibliche Anteile. Alle Geschlechtlichkeit ist gleichzeitig Einheit durch die Verschmelzung des Weiblichen mit dem Männlichen. Dies ist auch durch das Yin-und Yang-Prinzip[18] bekannt. Lebe deshalb deine männlichen und weiblichen Aspekte gleichermaßen. Sei ausgewogen. Sei in deiner Mitte. Dann spürst du die Einheit der Liebe, aus der du kommst. Dazu gehört unbedingt die gleichmäßige Achtung und Liebe der Eltern. Denn Vater und Mutter sind unsere Wurzeln, die wir nicht verleugnen können, jedenfalls nicht ohne Folgen für unser Seelenheil. Durch die Menschheitsgeschichte haben enorm viele Zuordnungen unter dem Aspekt: „Das ist männlich, das ist weiblich" stattgefunden. Diese wurden bzw. werden mit positiven oder negativen Eigenschaften bewertet. Aus diesen Bewertungen erwachsen viele Probleme, die bewirken, dass Männer und Frauen sich nicht verstehen und teilweise sogar bekämpfen. Wenn jeder Mann heute den Mut hat, zu seiner Männlichkeit zu stehen und diese auch lebt sowie gleichzeitig seine weiblichen Anteile akzeptiert, wird er die Differenzen in seinen Beziehungen zu Frauen auflösen können. Ebenso die Frauen, die heute ihre Weiblichkeit mit Sachlichkeit, Klarheit und Autorität verbinden, ohne ihre Fähigkeit zur Empathie und Hingabe zu verlieren.

Ein weiterer problematischer Aspekt ist, dass wir in der westlichen Welt eine weitgehend vaterlose Gesellschaft geworden sind. Dies ist bedingt durch die vielen

Alleinerziehenden (vorwiegend Mütter), die Wochenendbeziehungen, bei der in der Regel die Väter unter der Woche weit weg von zuhause arbeiten sowie die Betreuung der Kinder durch überwiegend weibliches Personal in Kindergärten und Schulen. Dadurch entsteht ein Ungleichgewicht bei der Geschlechtlichkeit, wobei die Auswirkungen und der dadurch entstehende Mangel den Menschen meist nicht bewusst ist.

Wie sind die inneren Zusammenhänge der sieben Gesetze?

Die zentrale Aussage heißt: Alles ist Geist. Alles hat einen geistigen Ursprung.

Dies kann man auch zeitgenössisch und modern so ausdrücken: Alles Lebendige beruht auf einer immateriellen unsichtbaren Information, die es den Zellen ermöglichen, sich nach einem bestimmten Wachstumsprinzip zu entwickeln. Diese Informationen, in Form von Gedanken, Meinungen, Ansichten und Erfahrungen wirken auf unsere geistige Haltung, unsere seelische Verfassung und auf unsere körperliche Befindlichkeit.

Ein konkretes Beispiel dafür bietet die Placebo-Forschung wie auch die Geistheilung. Der Heileffekt entsteht durch eine gezielte geistige Fokussierung. Doch auch im Alltag wirken sich geistige Einstellungen massiv auf unsere seelische und körperliche Verfassung aus. Wer den Morgen mit konstruktiven und bejahenden Gedanken beginnt, wird einen weitaus angenehmeren Tag erleben als derjenige, der schon gleich nach dem Aufstehen stöhnt: „Oh Gott, was wird heute wieder Schreckliches auf mich zukommen!?"

Alles Materielle ist im Prinzip eine „Illusion", eine Verdichtung von Schwingungen.

Der Gedanke, dass wir von einer Energie durchdrungen sind, die alles Leben erst ermöglicht und aus der letztendlich alle anderen Energieformen sowie die Materie selbst gebildet werden, ist der Menschheit schon seit Jahrtausenden geläufig. Immer wieder ist diese Lebensenergie neu entdeckt, mit verschiedensten Namen bezeichnet und respektvoll als das "Göttliche" verehrt worden. Jede Kultur hatte ihre eigene Bezeichnung für diese "Mutter aller Energien". Die Hindus nannten sie Prana, die fernöstlichen Kulturen Chi oder Ki, die Griechen Äther, die Germanen Vril, die Russen Bioplasma oder Protoplasma. In der Bibel findet die Lebensenergie Erwähnung als Odem. Weitere Synonyme sind Pyramidenenergie, Nullpunktenergie, Vakuumenergie, Unipolarenergie, kosmische oder freie Energie. Viele Bezeichnungen für ein und dasselbe.

Die moderne Physik spricht von Tachyonenenergie. Tachyonen sind aus technischer Sicht überlichtschnelle subatomare Energieeinheiten ohne eigene Masse. Sie legen Entfernungen augenblicklich zurück und sind allgegenwärtig. Die Wirkungsweise von Tachyonen besteht darin, aus Chaos Ordnung zu schaffen und disharmonische Zustände in harmonische umzuwandeln.

Wilhelm Reich[19] war der erste, der diese Energieform mit wissenschaftlichen Methoden untersuchte. Eine breite Anerkennung seiner Ergebnisse wurde ihm aus politischen Gründen verweigert, aber er entdeckte bestimmte Gesetzmäßigkeiten, welchen die „Orgon-Energie", wie er sie nannte, folgte.

Laut Reich liegt das Universum eingebettet in einem Meer von Energie. Aufgrund von Überlagerungseffekten gehen daraus andere Energieformen und auch Materie hervor. Durch die Erkenntnis, dass organische Materie diese Orgon-Energie anzieht und anorganische Materie sie abstößt, war er in der Lage, mittels einfacher Gerätschaften, so genannter „Orgon-Akkumulatoren", Energie aus der Atmosphäre zu konzentrieren und zu bündeln.

Wann und wie bricht jemand auf, um etwas für sich zu ändern?

Was sind die Voraussetzungen dafür, dass die Einsicht in diese sieben Prinzipien wirklich hilft?

Oft ist es so, dass sich Situationen erst zuspitzen müssen, damit sich etwas verändert. Wenn die Not sehr groß wird, steigt die Chance für Menschen, umzudenken, sich helfen zu lassen oder offen für etwas Neues zu sein. Aus der Not wird dann eine Notwendigkeit zum Wandel geboren, nämlich die Einsicht, dass es an der Zeit ist, die Not zu wenden. Das ist eine große Herausforderung. Wenn man sie nicht annehmen kann, ist die Gefahr eines Zusammenbruchs allerdings sehr groß. Aber solange man noch lebt, ist es jederzeit möglich, einen neuen Weg einzuschlagen. Es ist also nie zu spät.

Es können bestimmte Bücher oder Filme sein, die einem krisengeschüttelten Menschen plötzlich zu neuen Impulsen verhelfen. Mir sind immer die richtigen Bücher zur richtigen Zeit begegnet. Auch waren es stets ausgewählte Filme, die meine Aufmerksamkeit geweckt haben. Jeder Mensch, der neu in dein Leben tritt, kann ein wichtiger Wegbegleiter sein, der dir zur Heilung verhilft. Oft sind es Menschen, die wir zunächst ablehnen oder als schwierig empfinden, die uns helfen können, eigene Schattenseiten anzuschauen und aufzulösen. Sei deshalb aufmerksam und offen. Wichtig ist auch, ehrlich mit sich selbst zu sein und die eigenen Reaktionen zu hinterfragen. Dann erkennst du die Zeichen.

Krisen sind der Schlüssel, um unhaltbare Situationen beenden zu wollen und aufzuwachen. Ortswechsel, eine neue berufliche Aufgabe, die Entscheidung, eine Partnerschaft oder unheilvolle Freundschaft zu beenden, sind konkrete Schritte der Veränderung. Deshalb ist jede Krise gleichzeitig auch Chance.

Wer sich mit diesen sieben Prinzipien im Alltag bewusst auseinandersetzt, sein Denken und Handeln daran orientiert, dem wird es ermöglicht, sinnvoll zu leben, sich an klaren Grundsätzen zu orientieren und Krisen erfolgreich zu überstehen. Inneres Wachstum findet letztlich durch Beziehungen statt, also in der Begegnung mit anderen Menschen, durch die wir uns erkennen und wahrnehmen oder an denen wir uns reiben können. Wir sind keine isolierten Subjekte, sondern soziale Wesen, die voneinander lernen und miteinander existieren. Das gilt nicht nur in privaten oder beruflichen Zusammenhängen, sondern ist ein globales Thema.

Um Beziehungen in der Tiefe zu erleben und daraus zu lernen, ist es notwendig, sich im Kern der Liebe zu begegnen. Wenn ich die kosmischen Gesetze kenne und sie anzuwenden verstehe, bietet sich auch mehr Raum für Liebe. Wenn ich beispielsweise weiß, wie Gefühle und Gedanken mein Verhalten prägen (wie innen, so außen), dann beobachte ich mich besser, achte auf meine Gedanken, meine Wortwahl und hinterfrage meine Gefühle. Wenn ich wütend bin und weiß nicht warum, dann besteht die Gefahr, dass Wut mein Leben bestimmt, weil ich ständig Situationen mit Wut anziehe (Resonanzprinzip). Sobald ich mein wahres (Höheres)

Selbst entfalte, indem ich die ganzen Hindernisse, die sich in Form eines äußeren Schutzpanzers aufgebaut haben, abarbeite, kann Liebe stärker und freier fließen. Dann entsteht Tiefe in Beziehungen. Beziehungen, die oberflächlich bestehen, wie das insbesondere in den westlichen Gesellschaften häufig der Fall ist, dienen nicht der eigenen Entwicklung. Man umgibt sich mit Menschen, die einem unser bisheriges Verhalten bestätigen, mit denen man sich unverbindlich vergnügt oder die ein gemeinsames Hobby mit uns teilen. Dabei findet in der Regel keine tiefe Auseinandersetzung, keine „Reibung" statt. Spannend wird es erst, wenn ich mich auf Menschen einlasse, von denen ich lernen kann, um an mir zu arbeiten.

Die blockierende Wirkung

von Verhaltensmustern auf Handlungen

und Möglichkeiten zur Auflösung

„Deine Aufgabe ist es nicht, nach Liebe zu suchen,
sondern einfach alle Hindernisse aufzuspüren,
die Du der Liebe in den Weg gestellt hast."

(Rumi)

Wer kennt es nicht? Wir wollen Dinge in Angriff nehmen, die wir so gerne tun möchten. Unser Inneres ruft danach, doch irgendetwas hindert uns an der Umsetzung.

Warum begehen wir immer wieder die gleichen „Fehler" und bewegen uns oft reflexartig im Kreis, obwohl uns in wachen und klaren Momenten der Bewusstheit deutlich wird, was uns diese Verhaltensweisen und Entscheidungen an Zeit, Geld und Lebensqualität kosten?

Dieses Phänomen nur mit „Faulheit" oder „Dummheit" erklären zu wollen, wäre zu einfach und wenig schmeichelhaft. Tröstlich ist, dass diese Eigenschaften mehr oder weniger bei allen Menschen vorhanden sind.

Ursache ist eine menschliche Programmierung in den neuronalen Netzwerken des Gehirns, der man sich jederzeit bewusst werden kann. Diese Erkenntnis ermöglicht eine Umprogrammierung durch neue gedankliche Ausrichtung und entsprechendes Handeln.

Zu diesem Thema gibt es viele Motivationsseminare, die leider oftmals nur an der Oberfläche arbeiten, weil sie „kopfgesteuerte" Phrasen eintrichtern nach dem Prinzip: „Du kannst alles schaffen, wenn du nur willst" oder „denke positiv." Nur darüber reden, lesen oder sich berieseln lassen in Form von Vorträgen und Hypnose-CDs, bringt langfristig überhaupt nichts, weil es nicht dein tiefstes Inneres berührt. Erst wenn du emotional berührt bist, kommt etwas in Bewegung.

Es ist von Bedeutung, die ursächlichen Zusammenhänge für Blockaden zu erkennen, um sie zu verstehen sowie die gewonnenen Erkenntnisse mit Herz UND Verstand auf sich wirken zu lassen.

EINSICHTEN treten nur dann auf, wenn wir unsere Aufmerksamkeit auf eine höhere, umfassendere Ebene lenken und aus dieser Perspektive unsere Sicht- und Handlungsweisen betrachten. Wenn mehr in Sicht ist, wird der Überblick größer, wodurch wir mehr Ein-Sicht erhalten. Je mehr wir dadurch erkennen, desto mehr Erkenntnis gewinnen wir. Erst dann kann man die Motivation entwickeln, seine bisherigen Handlungsmuster dem neuen Wissen und den entsprechenden Erkenntnissen kontinuierlich anzupassen. So wird dies zur reflektierten Handlung und die Handlung zum „Automatismus", geht also „in Fleisch und Blut" über, wie man so schön sagt. Voraussetzung für die eigene Motivation ist die Eigenverantwortung. Sobald ich mich für mein Leben und meine Entscheidungen selbst verantwortlich fühle, bin ich gewillt und motiviert, etwas zu ändern. Aus meiner eigenen Motivation heraus komme ich dann aus der viel beklagten Fremdbestimmung hinein in ein selbstbestimmtes, aktives Leben. Ansonsten mache ich mich zum Spielball anderer Menschen oder externer Verhältnisse. Diese Ergebnisse zeigt uns die Welt täglich.

Der Weg zum eigenverantwortlichen Handeln:

FÜHLEN => TRÄUMEN => LÖSUNGSORIENTIERT DENKEN => FÜHLEN => MACHEN

Von Natur aus beherrscht uns der „innere Schweinehund", wie ihn der Volksmund so bildhaft bezeichnet. Er setzt sich aus verschiedenen typisch menschlichen Verhaltensweisen zusammen, die nachfolgend beschrieben werden, deren Aufzählung jedoch nicht den Anspruch auf Vollständigkeit erhebt.

Hinzu kommen Glaubenssätze, an denen wir manchmal ein Leben lang festhalten, die uns in einer sich ständig verändernden Welt auf Dauer nicht dienlich sind und darüber hinaus eine persönliche Entwicklung und Entfaltung zum „wahrhaftigen SEIN" verhindern.

1. Vermeidung

Die meisten getroffenen Entscheidungen entstehen aus der Vermeidungs- und nicht aus der Zielmotivation heraus. Psychologen und Hirnforscher erklären das so: In 70% aller Entscheidungen fällt es uns leichter, Gründe zu finden etwas NICHT zu tun, weil dies vordergründig bequemer ist oder einfacher erscheint. Da wir gerne den Weg des geringsten Widerstands gehen, wird also in den meisten Entscheidungen (bewusst oder unbewusst) die Vermeidung gewählt. Umgangssprachlich bezeichnen wir das als Bequemlichkeit oder Verharren in der vermeintlichen Komfortzone (bequemes Elend).

Einige Wissenschaftler sprechen auch von einer Art Energiesparmodus. Der Mensch versucht möglichst viel Energie für „magere" Zeiten zu sparen. Das scheint ein Überbleibsel aus einer Zeit zu sein, als Nahrung noch knapp und das Verlassen der Höhle mit großen Gefahren verbunden war.

2. Flucht

Menschen nehmen sich viele Dinge vor, weil sie sich in der jetzigen Situation unwohl fühlen. Wir wollen weg von stressigen Umgebungen, von der Firma oder raus aus der Beziehung. Ein Ziel, das aus einem tiefen inneren Wunsch heraus angestrebt wird, ist damit meist nicht verbunden oder bleibt tief verborgen.

Dies führt oft zu Situationen, die zwar anders, aber nicht wirklich besser sind. Fluchtziele führen dazu, dass man das Erstbeste nimmt, das einem die Flucht ermöglicht. Das ist aber nur kurzfristig gut genug. Sobald sich die erste Blindheit gelegt hat und wir die Mängel erkennen, wollen wir auch dort wieder weg. Das nächste Fluchtziel ist definiert und wir machen wiederholt ähnliche Erfahrungen. Zu beobachten ist dies bei Menschen, die von einer Beziehung in die nächste flüchten und im Grunde nie wirklich ankommen.

Dieses Verhalten entsteht, weil der Mensch „das Negative" fokussiert, nämlich das, was er NICHT mehr haben will, anstatt sich auf das zu konzentrieren, was er will. Dies führt zu Richtungslosigkeit und raubt wertvolle Energie. Dieses Phänomen ist beispielsweise auch bei vielen politischen Organisationen zu beobachten, die sich darauf konzentrieren, gegen bestehende Verhältnisse, wie Hartz IV, Atomkraft, Bankenmacht etc. zu kämpfen, ohne gleichzeitig alternative Lösungen im Blickfeld zu haben.

3. Leidensfähigkeit (Opferhaltung)

Ständiges Leiden führt zur Gewohnheit und kann sogar süchtig machen. Man kann nach allen Emotionen süchtig werden – auch nach negativen, wie Trauer, Zorn, Frustration, Traurigkeit etc. Je länger diese Emotion gelebt wird, desto mehr verstärkt sie sich. Es ist eine Energie, die der Aufmerksamkeit folgt und je stärker diese Energie wird, desto mehr wird die Aufmerksamkeit darauf ausgerichtet. Das führt zu immer wiederkehrenden aussichtslosen Kreisläufen, die manche ein Leben lang zelebrieren und zu solchen Ergebnissen, wie z.b. bei der Flucht.

Nicht nur Bewegungsabläufe werden durch ständiges Wiederholen gelernt und automatisiert, auch Gedankenabläufe vertiefen und verstärken sich durch diese Art der Konditionierung, die insbesondere aus der Erziehung, aber auch durch einseitige Fokussierung aus bisher Erlebtem resultiert. Wenn wir erst gewohnt sind zu leiden, hängen wir in dieser Spur fest und sind nicht mehr bereit, etwas zu ändern. Wir „suhlen" uns im Leid, wie man so schön sagt und jammern anderen Menschen etwas vor, wollen Mitleid erwecken, um damit „gesehen" zu werden. Statt Auswege zu suchen, finden wir Gründe, getarnt als Sachargumente, um uns nicht bewegen zu müssen. Dies äußert sich in der so genannten „Schwarz-Weiß-Malerei", bei der dieses trennende Denken zu einfachen Unterscheidungen wie „Täter-Opfer", „Gut-Böse" oder „Richtig-Falsch" führt und die eigenen Handlungsmöglichkeiten entsprechend selbst beschränkt. Will man diesen Menschen Handlungsalternativen aufzeigen, kommt zumeist ein „Ja, aber..." Damit bleibt dann alles beim Alten und man hat außerdem noch eine Bestätigung für sein Selbstmitleid. Diese Menschen werden oft als „Energieräuber" wahrgenommen, weil sie mit ihrem mitleidigen Verhalten andere energetisch herunterziehen.

4. Erhaltung des Status Quo

Unser Verstand versucht immer den Ist-Zustand zu erhalten. Auch dann, wenn er unangenehm ist. Die Angst vor dem Neuen, dem Unbekannten ist größer als die Angst vor dem wohlbekannten Unangenehmen. Jedes Ziel setzt die Bereitschaft zur Veränderung voraus. Genau davor haben viele Menschen Angst, da die Ergebnisse ungewiss sind.

Den aktuellen Zustand kennen wir und glauben ihn unter Kontrolle zu haben. Diese so genannte Komfortzone gibt uns vermeintlich Sicherheit, auch wenn sie tatsächlich nicht komfortabel ist. Doch das Leben bedeutet Veränderung und zwingt uns immer wieder zur Bewegung. Das kann dann richtig schmerzhaft werden, wenn man sich dem ständig widersetzt. Und je länger dies dauert, um so größer der Schmerz. Um den Schmerz zu ertragen oder zu verdrängen, flüchten Menschen oder neigen gerne dazu, sich in die Opferrolle zu begeben (siehe Nr. 2 und 3).

5. Angst vor Fehlentscheidungen

Der Mensch fürchtet sich vor (vermeintlichen) Fehlentscheidungen. Deshalb treffen Menschen oftmals lieber keine Entscheidung, um „Fehler" zu vermeiden oder sitzen Probleme aus, wodurch sie sich allerdings meist verstärken. Entsprechende Beispiele hierfür finden wir in der Politik und im Management, aber auch im täglichen Leben. Das Einschalten von Beraterfirmen dient den Unternehmen dazu, unliebsame Entscheidungen nicht selbst treffen zu müssen (in der Politik bestehen die Berater bekanntlich aus Lobbyisten). Damit wird die Verantwortung an andere abgegeben, um sich selbst aus der Eigenverantwortung zu stehlen. Das hat außerdem den vermeintlichen Vorteil, dass man erst einmal Zeit gewonnen hat, um Entscheidungen zu verschieben. Aber schon eine alte Volksweisheit sagt uns: „Aufgeschoben ist nicht Aufgehoben."

6. Leugnung (Verdrängung)

Der Mensch ist ein Spezialist für Ausreden. Führt eine Entscheidung nicht zu dem beabsichtigten Ziel, blendet man dies oftmals aus und sucht krampfhaft nach Ausreden bzw. Argumenten zur Rechtfertigung. Dadurch verstrickt man sich immer mehr in weitere (Fehl)-Entscheidungen, die sich zunehmend von einer sachgerechten Lösung entfernen.

Diese Situationen werden aber nicht nur schöngeredet, um vor seinen Mitmenschen das Gesicht zu wahren, sondern auch, um vor sich selbst weiter bestehen zu können. Schließlich war man ja immer gerne bereit, andere für ihr Fehlverhalten zu kritisieren. Wer will da schon zugeben, dass er selbst nicht unfehlbar ist? Außerdem werden Menschen gesellschaftlich oder medial als wankelmütig bzw. opportunistisch und wenig zielstrebig verurteilt, wenn sie ihre Meinung ändern. Dabei erfordert es mehr Mut, zu einer neuen Auffassung zu gelangen und diese zu vertreten, als an der alten festzuhalten. Jede neue Sichtweise erweitert den Blickwinkel, trägt zur eigenen Persönlichkeitsentwicklung bei und erhöht die Alternativen für bessere Lösungen.

7. Projektion

In der Psychoanalyse versteht man unter Projektion einen Abwehrmechanismus, bei dem eigene, unerwünschte Impulse z.b. im Sinne von Gefühlen und Wünschen einem anderen Menschen (oder Gegenstand) zugeschrieben werden.

„Projektion ist das Verfolgen eigener Wünsche in anderen."
(Sigmund Freud)[20]

Beispiel:

Eine Frau fühlt sich durch einen Kollegen sexuell bedrängt, obwohl dieser den Kontakt meidet. Lässt das Verhalten des Kollegen von außen betrachtet eher die Wahrscheinlichkeit zu, dass er keinen Kontakt wünscht, so kann davon ausgegangen werden, dass die Frau *ihr* Begehren in den Kollegen projiziert hat.

Bei der Projektion werden andere unbewusst verantwortlich gemacht für eigene Defizite und Gefühle, beispielsweise aufgrund eigener Ängste oder unbewältigter Konflikte.

Dies führt zu Schuldzuweisungen, Vorurteilen und Bewertungen. Interessant und paradox an urteilenden und (ab)wertenden Menschen ist, dass sie exakt das, was sie anderen vorwerfen, selbst tun, häufig im selben Satz oder Atemzug.

Ein klassisches Feld der Projektion ist unser gesellschaftliches Verhältnis zur Politik. Politik wird gerne als schmutziges Geschäft bezeichnet und deshalb abgelehnt, so als gäbe es keinen Betrug, keine Selbstdarstellung, Inkompetenz etc. innerhalb der Bevölkerung in Beruf, Familie und unter Freunden oder im sonstigen Miteinander. Tatsächlich ist die Politik allerdings nur ein großer Spiegel der Gesellschaft, so wie wir Menschen untereinander jeweils dem anderen den Spiegel vorhalten.

Ein Ausweg aus der Projektion besteht in der Selbstreflexion und Bewusstseinsarbeit.

8. Selbstüberschätzung

Die meisten Menschen neigen zur Selbstüberschätzung. Bei Umfragen und entsprechenden Tests stellte man fest, dass der Mensch seine eigene Leistungsfähigkeit und sein Wissen höher einschätzt, als sie tatsächlich sind. Besonders die inkompetenten Menschen schätzen ihr Wissen hoch ein. Aber Vorsicht vor Pauschalurteilen: Ein selbstsicherer Mensch ist nicht unbedingt inkompetent. Denn wenn dieser Mensch sich seiner Selbst bewusst ist, also über ein „gesundes" Selbst-Bewusstsein verfügt, kann er sich auch realistisch einschätzen.

Inkompetenz sorgt allerdings nicht nur dafür, dass es zu Fehlentscheidungen kommt, sondern auch, dass man diese nicht erkennen kann. Wenn jemand beispielsweise mit der Rechtschreibung auf Kriegsfuß steht, kann er auch die gemachten Fehler nicht erkennen und hält sein Schreiben für gut und fehlerfrei. Wird er kritisiert, ist er in der Regel schnell beleidigt und fühlt sich ungerecht behandelt, da er seine Fehler nicht als solche wahrnimmt. Er glaubt, er sei im Recht und beharrt darauf. Daher sind die inkompetentesten Menschen oftmals auch die uneinsichtigsten.

Da man fest daran glaubt, es sei alles in Ordnung, ändert

man nichts. Diese Haltung wirkt der Motivation für neue Ziele und Veränderungen entgegen. Wichtig ist daher, für ständiges „Lernen" bereit und aufgeschlossen zu sein.

9. Unverwundbarkeitsglaube

Der Glaube an die eigene Unverwundbarkeit bzw. das eigene Glück ist anscheinend tief im menschlichen Denken verwurzelt und kann natürlich in bestimmten Situationen auch hilfreich sein.

Befragungen ergaben, dass Jungvermählte zwar das Scheitern ANDERER Ehen in 50% der Fälle für wahrscheinlich hielten, aber das Scheitern der eigenen Ehe für unmöglich. Auch Raucher sind offenbar der Meinung, dass Lungenkrebs nur die anderen bekommen können. Sie finden viele Argumente, warum ausgerechnet sie NICHT an Krebs erkranken. Zu ganz ähnlichen Ergebnissen kamen Untersuchungen, die sich mit den Themen „Unfälle", „Betrug" etc. befassten. „Das Negative" passiert immer nur den anderen, selbst wenn man selbst zur gefährdeten Gruppe gehört.

Wer sich dieser Naivität hingibt, kann natürlich keine Motivation aufbauen, um etwas an sich und seinem Leben zu ändern. Es ist ja aus eigener Sicht alles in bester Ordnung.

10. Selbstbild und Fremdbild

Dieses Phänomen korrespondiert mit den Auswirkungen, die unter 9. beschrieben sind. Die Tatsache, dass man beispielsweise glaubt, die eigene Ehe würde im Gegensatz zu den vielen anderen gescheiterten Ehen ein Leben lang halten, hängt nicht nur mit dem Glauben an die eigene

Unverwundbarkeit zusammen. Es ist vielmehr auch Resultat eines unterschiedlichen Selbst- und Fremdbildes. Das, was wir von uns denken, setzen wir nicht immer gleichzeitig bei anderen voraus bzw. ordnen wir nicht automatisch den übrigen Menschen zu. Die fehlende Übereinstimmung kann sich auch dadurch äußern, dass andere uns nicht so einschätzen, wie wir uns selbst sehen.

So ist es beispielsweise nicht verwunderlich, dass auf die Frage, ob man noch arbeiten würde, wenn durch ein Bedingungsloses Grundeinkommen die Existenz gesichert wäre, die meisten mit der Antwort reagieren: „Selbstverständlich, schließlich bereitet mir meine Arbeit Freude" Stellt man dieselbe Frage im Hinblick auf das Verhalten der anderen Menschen, kommt meist die Antwort: „Warum sollten die dann noch arbeiten, wenn sie ohne Bedingungen Geld geschenkt bekommen?"

11. Der Herdentrieb (Gruppenzwang)

Das bedeutet, ich glaube mich richtig zu verhalten, wenn ich mich wie die anderen verhalte. Dies führt dazu, dass eine Idee oder Aussage für den Einzelnen umso korrekter wird, je mehr Menschen sie richtig finden. Wir kennen dieses Übel von den so genannten Blasen und Panikkäufen bzw. -verkäufen an der Finanzbörse oder im Freizeitbereich bei Mode- oder Sporttrends.

Auch in der Politik ist immer wieder festzustellen, dass gebetsmühlenartig die gleichen falschen Aussagen wiederholt werden, die dann von anderen unreflektiert nachgeplappert werden, bis sie von der Masse für „Wahr" gehalten und anerkannt werden.

Dieses Verhalten hat sich in der Evolutionsgeschichte des Menschen zwar als gute Überlebensstrategie erwiesen. Es hindert uns heutzutage jedoch daran, sinnvolle, tragfähige Lösungen und Wege für die eigene sowie die gesellschaftliche Entwicklung bzw. Entfaltung zu finden. Dies führt bei den heutigen komplexen Sachverhalten zwangsläufig in eine Sackgasse.

12. Glaubensmuster

Glaubensmuster sind eine Ursache für entstandene Verhaltensmuster, die wiederum zu Handlungsmustern und damit verbundenen Blockaden, Verkrustungen und Beschränkungen führen können.

Bei den Glaubensmustern gibt es Überschneidungen zu den hier genannten Verhaltensmustern. So resultieren beispielsweise die Opferhaltung, Leugnung, Selbstüberschätzung oder die eigene vermeintliche Unverwundbarkeit und die Unterscheidung zwischen Selbst- und Fremdbild aus fest verankerten Glaubenssätzen.

Auch die Angst, die uns in unserem Leben am meisten blockiert und zu oft unerklärlichen Aktionen oder Reaktionen führt, entspringt bestimmten Glaubenssätzen. Die eigene Fantasie verstärkt dies noch. Wer kennt beispielsweise nicht die irrationale Angst vor der Angst?

Es sind solche Glaubenssätze wie „Ich schaffe das nicht", „Ich bin nicht gut genug bzw. bin es nicht wert" oder „Ich kann als kleiner, hilfloser und machtloser Bürger nichts gegen die große mächtige Politik ausrichten", die uns persönlich und gesellschaftlich stagnieren lassen. Sie stellen quasi „Selbsterfüllende Prophezeiungen" dar.

Wie bereits ausgeführt: Das alles ist menschliches Verhalten und betrifft uns alle mehr oder weniger. Es besteht daher kein Grund zur Verzweiflung, sondern vielmehr zur Freude. Sobald wir uns nämlich dieses Wissen um das Zustandekommen unserer Emotionen und Handlungen immer wieder vor Augen führen, verbessern wir in der Anwendung ständig uns selbst sowie das gesellschaftliche Miteinander.

Die Frage ist, wie kommen wir aus diesen Glaubenssätzen und Verhaltensmustern heraus?

Wie können wir uns darüber bewusst werden und zu veränderten Erkenntnissen gelangen?

Nun, eine wichtige Möglichkeit ist, möglichst immer im „Hier und Jetzt" angebunden und präsent zu sein. Dies erfordert u.a. dass man sich weniger von Massenmedien berieseln lässt und das Konsumieren von passiven Spiel-, Spaß- und Unterhaltungsangeboten reduziert. Wir lassen uns nämlich allzu gerne von diesen modernen Medien ablenken, um vom stressigen Alltag abzuschalten.

Meine Erfahrung zeigt, dass erst die innere Einkehr und Stille uns wirklich erkennen lässt, was wichtig für uns ist. Das „Hineinfühlen" und Ergründen unserer wahren menschlichen Bedürfnisse dient vor allem auch der „Entschleunigung", die der zunehmenden unheilvollen Beschleunigung im Außen entgegenwirkt. Wenn wir dadurch Körper, Geist und Seele in Einklang bringen, kann Liebe stärker fließen. So erkennen wir neue Wege und gewinnen wichtige Einsichten für unser Leben. Insbesondere in der „westlichen Welt" sind wir sehr „kopfgesteuert" und lassen uns durch den Verstand immer wieder in die Irre führen und begrenzen.

Wir sollten uns aus meiner Sicht deshalb wieder mehr auf unsere Intuition, unser Bauchgefühl bzw. unsere Herzensebene verlassen, weil dadurch die Anbindung unseres Organismus zur Welt, und somit zur gesamten Schöpfung besser berücksichtigt wird.

Aus eigener Erfahrung kann ich nur sagen: Meistens ist der erste spontane Gedanke aus der Intuition heraus, der Richtige.

Wie kann man das feststellen?

Eckhard Tolle[21] (Bestsellerautor spiritueller Bücher) beschreibt das mit der Beobachterrolle. Man betrachtet quasi seine Gedanken von außen.

Mit einer besseren Vernetzung unserer Intuition können wir eine kollektive Intelligenz (Schwarmintelligenz) und ein entsprechendes Bewusstsein entwickeln, sozusagen ein neues Wir-Gefühl kreieren. Dadurch entstehende gegenseitig befruchtende Kooperation führt zur Fülle, weil wir uns untereinander bereichern bzw. unterstützen und damit das Individuum sowie die Gesellschaft jeweils einen Nutzen voneinander haben.

In unserer Zeit der verstärkten Individualisierung ist allerdings der Fokus auf das Individuum gerichtet, weniger auf die Gemeinschaft. Für das, was wir abgrenzend „Ich" nennen, müssen unzählige Zellen ein ständiges Zusammenspiel koordinieren, alle Organe zusammenarbeiten. Würde sich die Lunge mit dem Herzen vergleichen oder die Galle von der Niere abgrenzen, gäbe es einen sofortigen Zusammenbruch des gesamten Systems. Jedes Organ nimmt seinen exakten Platz ein und arbeitet für die Gemeinschaft, die sich Leben nennt, ohne sich irgendwie hervorzuheben. Dieser Organismus kann nur funktionieren, weil er ständig an das Ganze angeschlossen ist. Es ist dieselbe Luft, die wir alle atmen, dasselbe Wasser, das wir trinken, dieselbe Sonne und auch derselbe Mond, die über uns alle scheinen. Wir bewohnen als Gäste gleichermaßen diese eine Erde, sind energetisch vernetzt und damit aufeinander angewiesen. Eine egoistische Haltung nach dem Motto: „Nach mir die Sintflut" ist daher kontraproduktiv.

Deshalb halte ich es für äußerst bedeutsam, der Gemeinschaft wieder mehr Beachtung zu schenken. Wie „Innen so Außen", wie „im Kleinen so im Großen."

Damit die Intuition und das Wir-Gefühl frei fließen können, ist es erforderlich, uns der negativen Emotionen, wie Angst, Neid, Wut und Hass, die unser Ego-Dasein nähren, bewusst zu werden, sich ihnen zu stellen, sie zu fühlen, in Liebe anzunehmen, um diese danach loslassen zu können. Es geht nicht darum, Emotionen zu vermeiden. Sie sind wichtig, um unser innerstes Befinden in der Begegnung auszudrücken. Gemeint sind hier Emotionen, die aufgrund von Blockaden immer wieder reflexartig durch traumatische oder schmerzhafte Erlebnisse aus der Vergangenheit hochkommen , weil sie nicht aufgearbeitet wurden.

Loslassen heißt nicht wegdrücken, sondern erst einmal liebevoll annehmen, anschauen und zulassen, um es dann frei zu lassen. Um diese „negativen" Emotionen loslassen zu können, bedarf es als Grundvoraussetzung der Selbstliebe. Sie ist gleichzeitig Bedingung für einen liebevollen Umgang miteinander.

Selbstliebe ist nicht zu verwechseln mit Egoismus. Sie ist eindeutig abgegrenzt von Überheblichkeit und Narzissmus. Es ist die Wertschätzung sich selbst gegenüber und der wahrhaftige Weg zu sich selbst. Selbstliebe führt zur wahren Authentizität. Sie stärkt die Fähigkeit, sich mit Menschen zu umgeben, die einem gut tun sowie die

Fähigkeit auch einmal „Nein" sagen zu können, sich nicht zu verbiegen und sich selbst treu zu bleiben. Das ist ein Stück innere Befreiung und setzt dadurch sehr viel positive Energie frei.

Durch Erziehung und gesellschaftliche Einflüsse haben wir in der Regel gelernt, nicht gut genug zu sein und es irgendjemanden recht machen zu müssen. Das spiegelt sich dann auch im Umgang mit unseren Mitmenschen wider, äußert sich z.B. in Neid, Eifersucht, Rechthaberei oder Wut. Eine gesellschaftliche Vernetzung ist nicht fruchtbar, wenn sie von solchen „negativen" Emotionen beeinflusst ist. Wir können immer Menschen finden, die das haben, wonach wir uns sehnen. Für uns gibt es dann zwei Möglichkeiten zu reagieren: Wir lassen Eifersucht, Neid und Missgunst walten oder uns von diesen Menschen inspirieren, lassen Taten folgen und die frei gewordene Energie für unsere eigenen Träume einsetzen. Die Realisierung unserer Träume ist gleichzeitig ein sinnvoller Beitrag für die Gesellschaft.

Wichtig ist daher zunächst, sich nicht von anderen ablenken zu lassen, auf sich zu schauen und sich selbst als eigenständige Persönlichkeit anzunehmen, mit allen Stärken und Schwächen. Jeder Mensch ist wertvoll und gut, so wie er ist und er hat seinen wichtigen Platz in dem gesamten Organismus des Lebens. Erst wenn wir das für uns selbst jeweils akzeptieren, sind wir ausbalanciert in unserer inneren Mitte. Dann haben wir keine Angst mehr vor Veränderungen, weil wir in uns gefestigt sind. Dadurch sind wir eher bereit zu lernen und können zunehmend bedingungslose Liebe ausstrahlen als auch empfangen. Wer in Liebe handelt, stärkt ebenfalls die Fähigkeit, zu verzeihen. Dies ist eine wichtige Voraussetzung, um Gier, Wut, Hass und Neid sowie Eifersucht aufzulösen. Mit der Vergebung lasse ich eine leidvolle Vergangenheit los. Wichtig ist auch die Fähigkeit, sich selbst verzeihen zu können.

Über die Kraft der Liebe sind sich die meisten Menschen bewusst. Aber wie schwer fällt es vielen, dies in die Praxis umzusetzen. Es bedarf deshalb immer neuer Übung. Aus privaten Beziehungen wissen wir, welche positive Wirkung die Liebe hat. Jeder hat aber auch schon erfahren, wie es sich anfühlt, wenn eine Liebesbeziehung zu Ende geht. Ent-täuschungen sind enttarnte Täuschungen, die immer dann entstehen, wenn wir dem Partner oder der Partnerin mit Vorwürfen, Vorbehalten oder Erwartungen begegnet sind.

Die Kunst des Liebens besteht darin, sich immer wieder - auch bei wiederholten Enttäuschungen - zu öffnen, sich erneut einzulassen, um die Liebe allgegenwärtig in unserem Leben werden zu lassen. Aus Liebe handeln sowie in Liebe unsere Fähigkeiten und Fertigkeiten für die Gemeinschaft ohne Erwartungen einzubringen, ist ein wertvolles gesellschaftliches Ziel, das sich anzustreben lohnt.

Wenn wir ohne Erwartungen sind und unsere Anspruchshaltung reduzieren, können wir auch dankbar sein, für das, was ist!

Die Fähigkeit zur Dankbarkeit wirkt befreiend und heilend und ist wichtige Voraussetzung, um verzeihen zu können.

Lassen wir die Macht der Liebe auch in unserem gesellschaftlichen Handeln wirken. Dann können wir auf ehrliche, offenherzige Weise positive Änderungen zum Wohle der Allgemeinheit erreichen. Jeder, der sich für die Liebe entscheidet, verstärkt die Macht der Liebe und trägt zur gesamten Heilung bei.

„Die Liebe,
die in der Vielfalt allen Seins
eine Einheit bildet,
ist die uns verbindende gemeinsame
EINE WAHRHEIT."

(Martin Exner)

Die Macht der Gewohnheiten

„Die schlimmste Herrschaft ist die der Gewohnheit."
(Publilius Syrus)[22]

Eine Gewohnheit ist ein immer wiederkehrendes, verinnerlichtes Verhaltens- oder Handlungsmuster, das tief verankert in unserem Unterbewusstsein schlummert und uns quasi automatisch steuert.
Kannst du dich noch daran erinnern, wie du Fahrradfahren oder Autofahren gelernt hast? Wahrscheinlich, wie die meisten von uns sehr konzentriert und bewusst, mit einigen Schweißperlen, Fehlversuchen und Abstürzen (vom Fahrrad). Dieses bewusste Lernen ist dann irgendwann in „Fleisch und Blut" übergegangen. Die einzelnen Handlungen, Abläufe und Körperhaltungen wurden also zunehmend unbewusster. Das ist in diesen Fällen auch gut so, denn dadurch können wir unsere Aufmerksamkeit dem Verkehr widmen. An diese Stelle möchte ich erwähnen, dass mir seit einiger Zeit auffällt, wie sich insbesondere Fußgänger immer weniger auf den Verkehr konzentrieren, sondern unkontrolliert einfach die Straße überqueren, während Autos ihnen schon gefährlich nahe kommen. Meist ist ihr Blick auf ihr Smartphone gerichtet, so dass sie sich in anderen Sphären befinden und deshalb vom „Hier und Jetzt" abgerückt sind. Manchmal denke ich, dass diese Menschen nicht besonders an ihrem Leben hängen oder sich durch die unbewusste Fremdsteuerung der Todesgefahr gar nicht im

Klaren sind. Möglicherweise vertrauen sie aber auch einfach auf die kommenden Reinkarnationen.

Abgesehen von diesen lebensmüden oder unbewussten Menschen, gibt es etliche Abläufe in unserem Leben, bei denen es gut ist, dass sie unbewusst und gewohnheitsmäßig ablaufen, weil sie beispielsweise der Lebenserhaltung dienen.

Für die Lebendigkeit und Erlebnisfülle sowie einen reichhaltigen Erfahrungsschatz unseres Lebens sind bestimmte unbewusste Abläufe oder Gewohnheiten jedoch hinderlich, weil sie uns begrenzen oder wie in den Fällen der unachtsamen Fußgänger tödlich enden können.

Man muss auch wissen, dass die Grenzen zwischen An-Gewohnheit und Sucht sehr fließend sind. Und Süchte schränken uns noch mehr in unserer persönlichen Freiheit ein, als Gewohnheiten.

Zu lange am Computer spielen, Rauchen, zu viel Fernsehen, Schokolade oder Chips. Alles Gewohnheiten, die viele Menschen haben und gerne ablegen würden, weil sie auf Dauer zur Sucht werden können.

Wissenschaftler haben herausgefunden, dass es in unserem Gehirn ein Areal gibt, in dem Gewohnheiten abgespeichert werden, die so genannten Basalganglien. Dieser Bereich in unserem Gehirn ist dafür verantwortlich, dass wir uns bei gewohnheitsmäßigen Handlungen nicht mehr bewusst überlegen müssen, was wir nun genau machen müssen. Wie wir die Zahnbürste halten oder wie wir genau vorgehen müssen, um unser Auto von 0 auf 50 km/h zu beschleunigen. Das Problem mit den Basalganglien ist, dass wir mit unseren Absichten kaum auf sie zugreifen können, weil dieser Bereich unseres Gehirns unserem bewussten Willen nur schwer zugänglich ist. Wir können also kaum eingreifen, wenn eine Gewohnheit erst einmal in Gang gesetzt ist. Dieses Areal im Gehirn reagiert auf bestimmte Auslösereize und sorgt dafür, dass unser gewohnheitsmäßiges Handeln in Gang gesetzt wird. Zum Beispiel kann der Anblick einer Zigarettenschachtel der Auslöser für das Rauchen sein. Oder die menschenleere Wohnung am Abend kann der Auslöser sein, sich an den Computer zu setzen, um stundenlang zu spielen oder chatten. Der Auslösereiz ist allerdings nicht alleine für unser gewohnheitsmäßiges Handeln verantwortlich. Hinzu kommt noch, dass wir mit jeder gewohnheitsmäßigen Handlung ein Verlangen stillen. Jedes Mal, wenn wir unsere Gewohnheit ausführen, erhalten wir eine Belohnung, z.B. die Entspannung beim Rauchen einer Zigarette oder dass wir beim Computerspielen nicht mehr merken, wie alleine wir uns fühlen. Die Routine einer Handlung ist also immer eingebettet zwischen Auslöser und Belohnung. Irgendwann haben wir das Verhalten der Gewohnheit gelernt.

Wie können wir uns das Erlernte wieder abgewöhnen?

Eine Methode ist die Überlagerung durch neue Gewohnheiten. Dazu muss ein neues Verhalten mit dem alten Auslöser verknüpft werden, das möglichst gut das gleiche Bedürfnis erfüllt, welches bisher mit der alten Gewohnheit befriedigt wurde. Zum Beispiel ruft man einen Freund an, um sich nicht alleine zu fühlen, statt am Computer zu spielen. Oder sobald man zur Zigarettenschachtel greifen will, nimmt man einen Kaugummi.

So wie es Handlungsgewohnheiten gibt, existieren auch Denk-, Gefühls- und Verhaltensgewohnheiten. Auch Rituale zählen zu Gewohnheiten, die allerdings eine gewisse Sicherheit und Geborgenheit vermitteln können, wie beispielsweise die alltägliche Gute-Nacht-Geschichte für Kinder oder der alljährlich geschmückte Weihnachtsbaum.

Aber auch andere Gewohnheiten können uns ein Gerüst der Sicherheit vermitteln.

Manche von uns geraten bei Wut aus der Fassung und schreien andere an, anderen wiederum verschlägt es die Sprache. Andere Menschen reagieren eher mit Trauer und Verzweiflung.

Manche sehen immer nur das Negative oder die Fehler, während andere die Chancen und Erfolge sehen. Wer kennt nicht den Vergleich zwischen einem halbleeren Glas, das ebenso als halbvoll beschrieben werden kann?

All diese Gewohnheiten sind entstanden, indem wir immer wieder in ein und derselben Weise gedacht und gehandelt haben.

So kann ich mich unglücklich oder ängstlich denken, aber auch glücklich und voller Liebe. Was zählt, ist die jeweilige Überzeugung, die durch den Glauben an bestimmte Gedanken entstanden ist.

Du kannst dich erst ändern, wenn du dein altes Gefühl einfach nur zur Kenntnis nimmst, als Irrtum oder nicht mehr dienlich ansiehst und dich in ständiger Wiederholung nach deiner neu erarbeiteten Einstellung verhältst. Es ist wie mit einem Eisenbahngleis. Sobald du eine Ausweichspur eingerichtet hast, mit einer Weiche, die du umstellst, kannst du auf dem neuen Gleis fahren.

Wichtig ist, dich für dein bisheriges Verhalten nicht zu verurteilen bzw. dich dafür zu schämen. Denn es ist ein Teil deines Lebens und hat dir mal gedient.

Warum ist es nicht immer einfach, neue Gedanken und Verhaltensweisen zu etablieren?

Aus der modernen Hirnforschung weiß man, dass jede Reaktion eine synaptische Verschaltung der betreffenden Neuronen nach sich zieht. Mit jeder Wiederholung der Reaktion wird diese neuronale Verschaltung stärker gebahnt. Schließlich wird aus dem Trampelpfad an Nervenzellen eine neuronale Autobahn. Und diese Autobahn ist so breit und bequem, dass wir sie irgendwann automatisch benutzen. Ehe wir uns versehen, reagieren oder handeln wir wiederholt nach altem Muster, ohne dass es uns bewusst ist.

Diese neuronalen Verknüpfungen werden in hohem Maße in der Kindheit gebildet, in der wir schutzlos unseren Eltern oder sonstigen „Betreuern" ausgeliefert sind. Wenn uns Eltern aufgrund ihrer eigenen verschalteten Nervenbahnen vermitteln, wir seien nicht gut genug, nicht erwünscht, zu laut etc., prägen sie uns entsprechend einschränkend. Dadurch sind unsere Glaubens- und Verhaltensstrategien, die wir entwickeln, um Liebe und Nähe zu erhaschen, fest verankert.

Einmal geknüpfte synaptische Verbindungen bleiben ein Leben lang bestehen. Um eine alte Verhaltensweise oder ein altes Muster - z.B. eine Angstreaktion - aufzugeben, muss man daher die alte Verschaltung hemmen. Dies geschieht durch die Herstellung neuer Bahnen, damit ein neues Verhalten entstehen kann. Das funktioniert allerdings nur, sobald der am Ende stehende Zustand intensiver ist, als das alte Muster. Denn eine hohe Intensität im Erleben bedeutet eine hohe Ausschüttung von Botenstoffen und eine quantitativ hohe Beteiligung von Neuronen. Dies passiert, wenn etwas Begeisterung bei uns auslöst. Auf diese Weise entsteht eine starke neue neuronale Verbindung, die bald breiter ist als die alte. Bei Verliebten ist beispielsweise zu beobachten, dass durch die große Begeisterung füreinander alte Gewohnheiten schnell über Bord geworfen werden können. Deshalb fühlt sich in diesem schwebenden Zustand der „Schmetterlinge im Bauch" alles so leicht an.

Damit die neue neuronale Verknüpfung stabil wird, ist jedoch eines nötig: Wiederholung, Wiederholung, Wiederholung des neuen Verhaltens. Denn je öfter wir eine bestimmte Reaktion wiederholen und dadurch einüben, desto mehr entsprechende Neuronen verbinden sich und desto selbstständiger läuft die Reaktion schließlich ab.

Ungefähr drei Wochen dauert mindestens der Prozess, bei dem sich die Synapsen des Gehirns neu verschalten. In diesem Zeitrahmen werden mit neuen Handlungen neue Gedanken integriert und verankert.

Dazu bedarf es allerdings praktischer Übungen und Anleitungen, beispielsweise durch Coaching, Theta-Healing etc., um dein wahres Potenzial in dir zu entfalten, womit du gleichzeitig der Liebe mehr Raum gibst und die Gelegenheit stärker zu fließen.

Während Gewohnheiten zum Teil harmlose Wiederholungen bestimmter Muster sind, ist die Sucht eine zwanghafte, krankhafte Abhängigkeit, das unabweisbare, nicht mehr steuerbare innere Verlangen nach einem bestimmten Erlebniszustand. Durch einen Abnutzungs- und Gewöhnungsprozess besteht die Gefahr, die Dosis immer weiter zu erhöhen, um weiterhin die gewünschte Wirkung zu erzielen. Süchtige Personen vernachlässigen beispielsweise die Körperpflege, ihr soziales Umfeld, ihren Beruf und bisherige andere Interessen. Sucht kann auch mit körperlichen und psychischen Schäden einhergehen.

Psychotherapeutische Behandlungen und Entziehungskuren wegen Suchterkrankungen nehmen tendenziell in den letzten Jahren ständig zu. Es lässt sich ein Zusammenhang erkennen zwischen steigendem Wohlstand und wachsendem Suchtpotenzial. Offensichtlich macht uns materielles Wachstum nicht wirklich glücklich, weil es uns zu sehr von unseren inneren Bedürfnissen entfernt.

Viele Ausprägungen von Sucht werden in der Öffentlichkeit teilweise noch gar nicht so wahrgenommen und diskutiert. Sucht leitet sich von Suche ab, der ständigen Suche nach dem schnellen (materiellen) Glück, die immer wieder zur Enttäuschung führt. Ob Fernseh-, Computer-, Spiel-, Sex-, Geld-, Arbeits-, Tabletten-, Kauf(Hab)sucht oder Eifersucht. Die Liste lässt sich beliebig verlängern. Selbst Genuss kann zur Sucht werden. Ist es denn überhaupt noch Genuss, wenn er zur Gewohnheit wird?

Mir stellt sich die Frage, ob es uns materiell zu gut geht, uns zu langweilig ist, oder ob wir mit dem Leben in der Konsumgesellschaft nicht mehr klarkommen, weil es sich immer mehr von unseren wahren menschlichen Bedürfnissen entfernt und trennt. Meine Einschätzung ist, dass unser Dasein in ständiger Hetze sowie Suche nach Befriedigung in Konsumgütern die Disharmonie zwischen Körper, Geist und Seele verstärkt. Dadurch fühlen wir uns innerlich leer, verloren und verlassen. Suchtverhalten stellt immer eine Art von Flucht aus dem Alltag dar, der offenbar immer unerträglicher für viele Menschen wird. Es bildet sich dadurch eine Schein-Parallelwelt. Im übertragenen Sinne ist es eine Flucht in die Bewusstlosigkeit, also eine Abkehr von Bewusstsein, weil der Verstand keine Lösung der Probleme bietet. Nach einer Studie der Deutschen Hauptstelle für Suchtfragen (DHS) aus dem Jahr 2006 sind bereits 1,9 Millionen Deutsche Medikamentenabhängig. Allen voran stehen Aufputsch-, Beruhigungs- und Schlafmittel, um den Alltag bzw. die Nächte zu bewältigen. Der volkswirtschaftliche Schaden durch Arbeitsausfall und Therapien beträgt rund 14 Milliarden Euro jährlich.

Woher kommt diese verzweifelte Suche?

Es ist die tiefe Sehn-Sucht nach den eigenen Wurzeln, nach der Liebe von Vater und Mutter.

Der Ursprung des Wortes stammt aus dem mittelhochdeutschen: „sensuht" und bezeichnet ursprünglich eine peinigende, schmerzliche Krankheit (Sucht). Und tatsächlich stellt Sehnsucht ein unstillbares, unerreichbares Verlangen dar. So verzehrt man sich beispielsweise nach seiner Geliebten, weil sie nicht erreichbar ist. Ich gehe sogar so weit, zu sagen, dass alle Sehnsüchte auf einen Mangel an eigener Liebe zurückgehen. Unerfüllte Sehnsucht führt dazu, an irgendwelchen Suchtmitteln hängen zu bleiben. Wir suchen etwas im Außen, weil Liebe in uns verschlossen ist, obwohl die Quelle sprudelt. Allerdings unter dem Deckel, den wir verschlossen halten. So kommt es zu vielen Ersatzhandlungen in unserem Leben, bis wir endlich erkennen, dass wir unsere Liebesquelle nur freilegen müssen, um erlöst zu werden.

Auch materieller Wohlstand kann ungelebte Liebe nicht ersetzen. Glücksforscher haben das seit langem bewiesen. Ich weiß von meiner Arbeit in Familienaufstellungen, dass wir alle mehr oder weniger tiefe Verletzungen in uns tragen, weil wir von Vater und/oder Mutter Ablehnung erfahren haben bzw. durch sehr frühen Tod einer oder beider Elternteile tatsächlich verlassen wurden. Diese Ablehnung, dieses Verlassensein in welcher Ausprägung auch immer, ist neben den Kindern auch den Eltern nicht bewusst, denn sie haben es selbst als Kinder erlebt. Somit wird dieser Mangel an Liebe über Generationen hinweg weitergegeben, ohne den Teufelskreis zu durchbrechen. Familienaufstellungen können hier heilend auf der Seelenebene wirken.

Auf gesellschaftlicher Ebene hat die Finanzkrise in besonders krasser Weise deutlich gemacht, welche Auswirkungen Raffsucht und Habgier Einzelner auf eine ganze Gesellschaft haben können und wie hoch der wirtschaftliche Schaden ist, der hierdurch entsteht.

Eine neue Form der Sucht im Informationszeitalter stellt die Daten-Sucht dar, in die wir mehr oder weniger alle geraten, weil uns die Arbeitswelt mittlerweile in diese Rahmenbedingungen hineinpresst.

Allen Süchten liegt ein innerer Mangel zugrunde, der über Suchtmittel kompensiert werden soll. Diese vermeintliche Kompensation ist allerdings ein Trugschluss, weil mit den Suchtmitteln natürlich nicht die Ursache bearbeitet wird. Im Gegenteil, sie wird damit zugeschüttet. Die innere Leere bleibt oder verstärkt sich.

Der Kommunikationswahn im elektronischen Netz durch E-Mail-Fluten sowie grenzenlose Online-Informationen hat verhaltensauffällige und hochnervöse Individuen hervorgebracht, die immer mehr erfahren, aber immer weniger wissen, weil sie sich immer weniger merken können. Die Angst, möglicherweise wichtige Informationen zu verpassen und nicht „up to date" zu sein, hält uns in dieser Abhängigkeit gefangen und führt zu ununterbrochener Rastlosigkeit. Auf der Strecke bleiben dabei Konzentrationsfähigkeit und Sozialverhalten. Genau diese beiden Faktoren sind aber wichtige Voraussetzungen für ein funktionierendes, harmonisches Zusammenleben der Menschen. Wie kein anderes Medium hat das Internet das Leben der Menschen verändert und den ständigen Anpassungsdruck mit rasender Geschwindigkeit erhöht.

Die Gefahr in dieser Informationsgesellschaft ist, dass Menschen dazu neigen, kaum noch nachzudenken, weil das Netz alles liefert. Die Fülle von Informationen führt zu immer größerer Oberflächlichkeit. Mittlerweile wird schon die Verblödung durch das Internet diskutiert. Ein von Daten überflutetes Gehirn läuft Gefahr, die Fähigkeit zu verlieren, Prioritäten zu setzen und Probleme zu lösen. Und es ist wissenschaftlich nachgewiesen, dass die Qualität unserer Entscheidungen mit zunehmenden Auswahlmöglichkeiten schlechter wird. Damit steigt auch noch das Risiko der Unzufriedenheit.

Wenn wir „fremdgedacht" werden, werden wir auch „fremdgelebt". Nur wenn ich mein Leben mit Herz und Verstand selbst gestalte, dann hinterfrage ich bestimmte Informationen, Verhaltensweisen und Reaktionen. Nur durch diese Selbstreflexion kann ich auch wieder richtig innig lieben. Im Grunde ist es ganz einfach, aber nicht immer leicht, dorthin zu kommen. Während Naturvölker tief verwurzelt sind mit ihrem Lebensraum und damit nicht aus der Liebe „herausfallen", müssen wir in unserer zunehmend virtuellen Welt in aller Regel wieder zu unserer inneren Quelle zurückfinden, um die Liebe von ihren äußeren Fesseln zu befreien.

Die Macht der Gedanken

*„Auf die Dauer der Zeit nimmt die Seele
die Farbe der Gedanken an"*

(Marc Aurel)[23]

Du kennst sicher die Weisheit: „Du bist, was Du isst". Die viel entscheidendere Wahrheit ist jedoch: „Du bist, was Du denkst und fühlst". Aus unseren Gedanken im Zusammenspiel mit den Gefühlen ergibt sich nämlich alles, was unser Leben ausmacht.

Diese Erkenntnis ist nicht neu, denn sie steht bereits in der Bibel mit der Formulierung: „Am Anfang war das Wort" (aus dem Griechischen übersetzt steht der Begriff „Wort" für „logos" und bedeutet Gedanke). Die Buddhisten sagen, am Anfang war der Ton, der Urlaut AUM.

Wir sind uns heute über die elementare Bedeutung der Wirkung unserer Gedanken und Gefühle vielfach leider nicht mehr bewusst.

Es gilt aber der Grundsatz:

„Nichts ist unmöglich, was man sich vorstellen kann"

*„Die Vorstellungskraft ist der Anfang der Schöpfung.
Man stellt sich vor, was man will,
man will, was man sich vorstellt,
und am Ende erschafft man, was man will."*
(George Bernhard Shaw)[24]

Am Anfang steht dafür immer ein erster Gedanke. Im künstlerischen Bereich kann man sich das noch gut vorstellen, aber wie sieht es im täglichen Leben aus?

Tausende Gedanken, die täglich vorüberziehen, sind zunächst einmal harmlos. Leiden verursachen Gedanken erst dann, wenn wir ihnen anhaften. Dann glauben wir, dass sie wahr sind, ohne sie zu hinterfragen. Eine Überzeugung ist ein Gedanke, dem wir dauerhaft anhaften. Da im (modernen) menschlichen Leben Angst und andere niedrig schwingende Energien einen großen Raum einnehmen, haften wir oftmals Gedanken an, die uns herunterziehen, uns Lebensenergie rauben. Aber wir können jederzeit Überzeugungen ändern, wenn wir ergründen, woher unsere „negativen" Gedanken kommen. Dabei hilft es auch, Gedanken, die einen gefangen halten, aufzuschreiben und zu prüfen, in welchen Situationen oder bei welchen Personen sie auftauchen. Damit kann man leidvolle, verurteilende Gedanken besser beobachten und erkennt somit leichter Zusammenhänge. Wichtig beim Notieren ist, ehrlich zu sich selbst zu sein. Man muss sich für nichts schämen!

Grundsätzlich gilt:

„Achte stets auf deine Gedanken, sie werden zu Worten.

Achte auf deine Worte, sie werden zu Handlungen.

Achte auf deine Handlungen, sie werden zu Gewohnheiten.

Achte auf deine Gewohnheiten, sie werden zu Charaktereigenschaften.

Achte auf deinen Charakter, er wird zu deinem Schicksal."

(Talmud)[25]

Wir verstärken das, worauf wir unsere Aufmerksamkeit richten.

Fazit:
Das, was wir gedanklich in die Welt aussenden, erhalten wir auf der materiellen Ebene zurück, mit all den Freuden, aber auch Problemen und Krisen auf privater und gesellschaftlicher Ebene. (Resonanzprinzip).

Unsere Gedanken haben demnach einen großen Einfluss auf unser Erleben und somit auf unsere Lebensqualität. Habe ich Angst zu kurz zu kommen, bin getrieben von Neid, dann erlebe ich meine Mitmenschen wahrscheinlich als Kontrahenten. Bin ich misstrauisch, werden meine Reaktionen oft abwartend und skeptisch sein. Was ich durch meine Haltung erlebe, bestätigt dann wiederum meine Gedanken. Das nennt man „selbsterfüllende Prophezeiung." Dies verstärkt entsprechend meine Haltung und Gefühle, wodurch eine fest eingebrannte Bahn entsteht, die mein Gedankenmuster verfestigt. Auf diese Weise entstehen auf gesellschaftlicher Ebene auch Kriege.

Alles Geistige – also Gedanken, Gefühle, Befürchtungen und Wünsche – erzeugt „Schwingungen". Diese Schwingungen übertragen sich von der Person, die sie erzeugt, auf die Außenwelt und dort werden entsprechende Wirkungen hervorgerufen, unabhängig davon, ob diese Person sich dessen bewusst ist oder nicht. Durch bewusste und gezielte Ausrichtung meiner Aufmerksamkeit können eigene Wünsche wahr werden.

Die Quantenphysik[26] bestätigt das mittlerweile. Neueste wissenschaftliche Untersuchungen haben gezeigt, dass sogar unsere Gene durch unsere Wahrnehmungen gesteuert werden. Das bedeutet: Verändern wir unsere Wahrnehmungen, ändert sich gleichermaßen die Genstruktur.

Auch in der Medizin gibt es heute wissenschaftliche Beweise dafür, dass Gedanken die Selbstheilungskräfte so sehr aktivieren können, dass sich der Mensch von seiner Krankheit befreien kann. Studien beweisen ebenfalls, dass zur dauerhaften Erhaltung der Gesundheit die innere Balance eine wichtige Voraussetzung ist. Wenn Gedanken beispielsweise mit positiven Emotionen verbunden sind, wird unser Belohnungszentrum aktiviert. Negative Emotionen verstärken hingegen den Mandelkern im Gehirn. Es ist das Areal, welches für Alarm- und Angstempfinden zuständig ist.

Dieses Wissen trugen bereits Heiler aus Urzeiten in sich, ohne es nachweisen zu müssen. Für sie zählte der Erfolg.

Jeder erschafft sich aus seiner jeweiligen Erkenntnis heraus sowie den entsprechenden Gedanken, im Austausch mit seinen Gefühlen, die eigene Realität und hält diese oftmals für ausschließlich richtig. Das Wechselspiel zwischen Gedanken und Gefühlen ist nicht zu unterschätzen. So können angstvolle Gedanken, in die ich mich hineinsteigere, obwohl keine reale Gefahr vorliegt, dazu führen, dass ich ganz real Angst spüre. Damit ist die Angst Realität geworden, ohne einen direkten Zusammenhang zu äußeren lebensbedrohlichen Faktoren. Dies führt wiederum zur Rückkopplung an die Gedankenwelt und verstärkt das Dilemma. Angst kann somit zu einer schrecklichen Gewohnheit werden. Diese Gewohnheit kann sogar als Schutz und Sicherheit empfunden werden. Diese Mechanismen gelten für andere Gefühle gleichermaßen.

Dadurch hat jeder Mensch seine eigene Wahrheit und alle Wahrheiten zusammengenommen sind jeweils für sich betrachtet richtig. Man kann sich aber durchaus die Wahrheiten anderer Menschen anschauen, hinterfragen und den neuen Wahrheiten (Erkenntnissen) öffnen, wenn man dies will und sich hineinfühlen kann.

Unsere Gesellschaft ist im Denken allerdings noch von Trennung, Abgrenzung und Spaltung geprägt sowie von anerzogenen Glaubenssätzen. Dies verengt unseren Blickwinkel und blockiert unser Handeln, genauso wie starre Überzeugungen sowie religiöse Dogmen. Wer sich dadurch abschottet, kann keine neuen Erfahrungen sammeln und damit seinen geistigen Horizont nicht erweitern. Dies beeinträchtigt auch die eigene Liebesfähigkeit.

Woher kommt diese Haltung?

Wir leben als Menschen in der Dualität, obwohl wir aus der Einheit kommen. Wir können Dinge nur über Gegensätze einordnen und gehen gerne den bequemen, breiten Weg. Das Licht erkennen wir über das vermeintliche Gegenteil Dunkelheit. Gut definieren wir über die Abwesenheit von Böse etc. Dies wird auch Polaritätsprinzip genannt. Unsere menschliche Wahrnehmung erfolgt über unsere individuelle Persönlichkeit, die wir durch unser Bewusstsein von Geburt an über die Sozialisation entwickeln. Das unterscheidet uns von der Pflanzen- und Tierwelt. Evolutionsgeschichtlich ist das eine Riesen Errungenschaft, die unser Zusammenleben andererseits aber auch erschwert, weil das „Ich" in der Abgrenzung zum „Du" erfolgt. Hinzu kommt, dass die zunehmende Individualisierung in unserer Gesellschaft die Abgrenzung noch fördert. Single-Haushalte nehmen ständig zu. Die entstehende Einsamkeit wird mit Aktivitäten überlagert bzw. kompensiert und sich selbst gegenüber als notwendiges Freiheitsbedürfnis verkauft. Andererseits tummeln sich viele in Singles-Börsen, weil sie eine tiefe Sehnsucht nach Zweisamkeit verspüren.

Man muss ebenfalls wissen, dass unser Verhalten geprägt ist von über 80% unbewusster Abläufe. Vor allem sind dies auch Abläufe, die von unserem Kleinhirn gesteuert werden, das mit Verhaltensweisen reagiert, die noch aus Urzeiten stammen.

Menschen, die sich sehr intensiv mit ihrem inneren Selbst beschäftigen, können trotzdem immer wieder Konflikte, Missverständnisse und emotionale Ausbrüche erleben. Die innere Einkehr allein bewirkt vielleicht, dass man zur "Besinnung" kommt, aber Veränderungen finden nur statt, wenn man aktiv an sich arbeitet und Veränderungen in seinem Leben zulässt. Das ist mitunter ein sehr langer, manchmal auch schmerzhafter Prozess. Es ist natürlich schon eine entscheidende Bewusstseinsentwicklung, diesen Weg überhaupt zu beschreiten. Die Auseinandersetzung mit sich selbst führt allerdings erst dann zum Erfolg, wenn man auch bestimmte Zusammenhänge erkennt und daraus die richtigen Schlüsse ziehen kann.

Deshalb sind in diesem Buch auch universelle Zusammenhänge dargestellt, wie die kosmischen Gesetze, die Funktionsweise des Gehirns, Entstehung von Gefühlen, Emotionen und Empfindungen, das Zusammenspiel von Körper, Geist und Seele etc., welche zu eigenen Erkenntnissen beitragen können. Diese Umwandlungen unbewusster Prozesse in bewusste Erfahrungen können wiederum dazu führen, eigene Verhaltensweisen so zu verändern, dass die Liebe wieder stärker fließen kann, weil sie von Behinderungen befreit wird.

Was sind in Bezug auf Gedanken die richtigen Schlüsse?

Dazu gehört vor allem, dass man seine eigenen Gedanken und Gewohnheiten hinterfragt. Gibt es da welche, die mich in meiner Entfaltung und Entwicklung behindern oder blockieren? Halte ich trotzdem an ihnen fest, weil es bequem ist? Benutze ich Gewohnheiten, die aus bestimmten Gedanken und Gefühlen resultieren, möglicherweise als Schutzschild? Wenn ja, bin ich bereit, liebgewordene Gewohnheiten aufzugeben und meine Gedanken neu auszurichten? Kann ich meine Gedanken so verändern, dass sie der Liebe wieder genügend Raum geben? Warum hege ich Gedanken, die mich herunterziehen? Warum vertraue ich nicht? Wo liegen die Ursachen?

Man kann dies durchaus als Gedankenhygiene bezeichnen. In westlichen Kulturen wird Körperhygiene und Körpertraining recht groß geschrieben, manchmal sogar übertrieben. Der entscheidende Einfluss von geistigem Training auf das Seelenheil durch Klarheit der Gedanken und Gefühle, ist manchen Menschen nach meiner Beobachtung leider nicht bewusst genug, oder sie geben dem zu wenig Bedeutung.

Viele Menschen beschäftigen sich gedanklich allzu oft mit Angelegenheiten ihrer Mitmenschen und versuchen diese zu ändern, mit Sätzen wie „Du solltest/nicht..., du könntest doch..., willst du nicht endlich?..." Besonders Frauen sind dafür anfällig, in der Tradition der meisten Mütter.

Je mehr du dich damit auseinandersetzt, was andere Menschen tun oder nicht tun sollten, desto weniger bist du bei dir selbst.

Wir benutzen die Menschen unseres Umfelds häufig als Ablenkung, um nicht bei uns selbst hinzuschauen. Diejenigen, welche die äußeren Verhältnisse für ihr Wohlempfinden verantwortlich machen, glauben, dass es ihnen besser ginge, wenn der andere sich ändere. Das ist ein fataler Irrtum. Denn dadurch verhindern wir, dass wir selbst etwas in uns verändern. Und so kann auch nicht unsere eigene Liebe wachsen.

Wenn wir uns gedanklich ständig mit den Angelegenheiten anderer Menschen beschäftigen, sind wir nicht bei uns und leben quasi das Leben der anderen. Abgesehen davon, dass dadurch wertvolle eigene Lebenszeit vergeudet wird, erzeugt dies innere Leere, weil wir uns sozusagen selbst verlassen.

Fangen wir deshalb damit an, den Anderen mit seinen Eigenarten, Macken oder Gewohnheiten zu respektieren und fragen uns lieber: „Was lehne ich an mir selbst ab? Wo bin ich das vielleicht auch, was der Andere mir zeigt? Wen kenne ich aus meiner Kindheit, der genau so war?". Das ist der Beginn, liebevoll seine eigenen Baustellen bzw. „blinden Flecken" (Schatten bzw. Verdrängungen) zu klären und Verantwortung für sich zu übernehmen.

Übrigens habe ich in meinem Leben erfahren dürfen, dass man nicht alles allein bewältigen muss. Man darf sich durchaus helfen lassen. Dazu gibt es vielfältige Möglichkeiten: Ein klärender Erfahrungsaustausch innerhalb der Familie, Gespräche mit Freunden und in Gemeinschaften, Therapien etc. Ich gehe im hinteren Teil des Buches darauf noch etwas näher ein.

Das menschliche Gehirn ist ein evolutionäres Produkt. Eines der ältesten Gehirnteile stellt das Emotionalgehirn dar. Emotionen oder Gefühle entstehen in der Amygdala. Die Amygdala, als Teil des limbischen Systems, ist äußerst einfach gestrickt. Denn sie unterscheidet lediglich zwischen zwei Zuständen: Gefahr oder keine Gefahr. Bei drohender Gefahr gibt es grundsätzlich drei mögliche Handlungsweisen:

Kampf, Flucht oder Totstellen.
Oberstes Ziel des Emotionalhirns ist die Sicherung des Überlebens. Dabei hat es 7 Ziele (nach Ella Kensingten)[27]:

- Schutz vor Gewalt und Kälte
- Nahrung
- mit Menschen zusammen sein, die zu uns passen
- von diesen Menschen gemocht oder sogar geliebt zu werden
- Entscheidungsfreiheit über unser Handeln
- sich mit seinen Fähigkeiten oder Meinungen bei anderen Menschen einbringen können
- Sex

Die Masslowsche Bedürfnispyramide[28] sagt im Grunde das Gleiche aus, strukturiert die Bedürfnisse jedoch hierarchisch.

Der evolutionär jüngste Gehirnteil ist das Großhirn, auch Neocortex genannt. Es ist beim Menschen am weitesten entwickelt und beheimatet den Verstand, der auch sämtliche Informationen speichert (Gedächtnis). Ziel des Großhirns ist das Streben nach Glück. Im Zusammenspiel von Emotionalgehirn[29] und Großhirn ergeben sich nun auf Grund der unterschiedlichen Ziele häufig Missverständnisse. So stellt zum Beispiel der drohende Verlust der Arbeitsstelle für das Großhirn eine Gefahr für das persönliche Glück dar. Auf diese Bedrohung springt nun das Emotionalhirn an, obwohl gar keine echte Bedrohung für das Leben besteht. Die Intelligenz des Großhirns macht es möglich, gedanklich Gefahren zu kreieren, worauf das Emotionalhirn reagiert und diese indirekt aufs Überleben bezieht, wodurch dann Kampf- oder Fluchtreaktionen in unterschiedlichen Varianten ausgelöst werden.

So kommt es ständig zu Missverständnissen, die unser Denken, Fühlen und Handeln beeinflussen sowie Ängste auslösen, die man nur loslassen kann, wenn man diese Zusammenhänge durchschaut. Doch selbst die Erkenntnis reicht oft noch nicht aus, weil alte Muster in den Zellstrukturen fest verankert sind und von früheren Generationen stammen können. Solange die noch nicht aufgelöst sind, bleibt man hilflos in den Mustern gefangen.

Die Konzentration auf die innere Einkehr reicht zwar nicht aus, um Änderungen zu bewirken, aber sie ist eine wichtige Voraussetzung. Da wir als soziale Wesen auch im Außen leben, haben diese Missverständnisse, die wir in uns tragen, ebenfalls Auswirkungen auf unser Umfeld. Die Erkenntnis über unser Sein ist in der Theorie noch relativ einfach, aber die praktische Umsetzung des Wissens ist manchmal ein schwieriger Weg.

Die Reflexe von „Angriff - Flucht - Totstellen" spielen uns bei den Handlungen immer wieder einen Streich, weil sie mit den heutigen Anforderungen des Lebens nicht mehr kompatibel sind. Interessant ist dabei auch, dass durch das Wechselspiel zwischen Groß- und Kleinhirn Reflexreaktionen oftmals so versteckt bzw. ausgeklügelt ablaufen, dass sie für einen Laien gar nicht erkennbar sind. Während in der Steinzeit situationsbedingt bestimmte Körperreaktionen vom Kleinhirn ausgelöst wurden, sind diese Ur-Reflexe heute quasi verpackt und können über eine konkrete Situation hinaus - manchmal sogar dauerhaft - auftreten. Angriff zeigt sich in unserer Gesellschaft häufig durch Verbalattacken, während der Körper nach außen oftmals nur durch Gestikulieren reagiert. Flucht zeigt sich in der Regel nicht mehr im Wegrennen, sondern beispielsweise in Depressionen oder

Demenz. Totstellen kann sich heute in Form von Ignoranz oder gedanklicher Unbeweglichkeit (Starre) äußern. Da uns die natürlichen Feinde ausgegangen sind, konzentrieren sich unsere reflexgesteuerten Verhaltensweisen auf unsere Artgenossen.

Das Zusammenspiel von Großhirn, Kleinhirn und Emotionen führt leider auch immer wieder zu fehlgesteuerten Denk- und Handlungsprozessen.

Hinzu kommt, dass wir in den westlichen Staaten von einem mechanistischen Weltbild geprägt sind und gesellschaftlich noch nicht ausreichend begriffen haben, dass das Leben ein natürlicher Organismus ist. Wir lassen uns in dieser Struktur immer wieder dazu zwingen, unsere wahre Natur und unseren wahren Lebenssinn zu verleugnen, wodurch wir uns letzlich auch von der Liebe entfernen.

Stammesgeschichtlich wurde dem Neocortex immer mehr Raum gegeben. Dadurch sind wir zunehmend von analytischem Denken geprägt worden, das bei den Wissenschaften, insbesondere der Rechtswissenschaft, ganz stark auch im Bereich Informatik vertreten ist.

Ergebnisse hieraus: Die Bürokratie, Computertechnologie, sonstige technische Errungenschaften sowie unser Gesellschafts-, Rechts-, Wirtschafts- und Geldsystem.

Was ist die Folge?

Wir verhalten uns bei Lösungsentwicklungen auf gesellschaftlicher Ebene überwiegend noch wie die Schulmedizin bei der Heilung des erkrankten menschlichen Körpers.

Es wird überwiegend an Symptomen herumgedoktert,

anstatt den Ursachen durch ganzheitliche, synthetische Betrachtung auf den Grund zu gehen. Wir haben uns gesellschaftlich festgefahren in Beurteilungen und Rechthaberei.

Ganzheitliche Betrachtung heißt synthetisches Denken und fördert lösungsorientiertes Denken sowie entsprechendes Handeln.

Die Synthese, also die Anbindung an das große Ganze findet im Zusammenhang mit dem limbischen System statt. Dort werden Emotionen verarbeitet. Diese gilt es wieder mehr in unser Handeln einzubeziehen. Lösungsorientiertes Denken schließt natürlich Analyse nicht aus. Es schützt auch nicht vor der Gefahr, Symptome, Ursachen und Folgen zu verwechseln sowie mit moralischen bzw. ideologischen Vorstellungen zu durchmischen. Unsere christliche Tradition hat uns nämlich gesellschaftlich hinsichtlich Schuld und Sühne über zwei Jahrtausende geprägt und das beeinflusst unser Denken, Fühlen und Handeln.

Außerdem unterliegen viele Menschen dem Ohnmachtsgefühl, dass man als Opfer seinem Schicksal hilflos ausgeliefert ist. Sie glauben deshalb unerschütterlich daran, in ihrem Leben nichts ändern zu können.

Aus den jeweiligen Erfahrungen und Prägungen entstehen Wahrheiten, die für den Einzelnen aus seiner eigenen Ebene heraus immer richtig sind. Es gibt also keine <u>objektive</u> Wahrheit, sondern viele subjektive Wahrheiten.

Diesen Spiegel erleben wir tagtäglich bei jeder Begegnung. Immer wenn uns bei einem anderen Menschen etwas antriggert, er also bei uns eine Reaktion auslöst, gibt er uns auf der unbewussten Ebene die

Möglichkeit zur eigenen Entwicklung. Und das sind dann auch Situationen, in denen wir uns Unbewusstes bewusst machen können, indem wir uns selbst reflektieren sowie Ursachen unserer Reaktionen hinterfragen.

Das bedeutet:

Wenn wir unsere inneren Einstellungen, Gefühle und Denkstrukturen ändern, dann ändert sich die Welt.

Ursache für alles, was wir in der materiellen Welt vorfinden, ist also unser Denken, das in uns selbst entsteht. Für unser daraus folgendes Handeln bzw. unsere Unterlassungen sollten wir auch die Verantwortung tragen, weil es nun mal in unsere eigene Verantwortung fällt.

All das, was uns in der Sozialisation unbewusst geprägt hat, tragen wir nach Außen. Das ist das Fatale. Aber wir können diese Prägungen jederzeit ändern, indem wir seelische Verletzungen und Kränkungen auflösen. Das ist die beruhigende Nachricht.

Und noch etwas ganz Entscheidendes:

Das Unterbewusstsein unterscheidet nicht zwischen Vergangenheit und Gegenwart. Das heißt, alles was ich als Kind erlebt habe, ist beim Erwachsenen präsent, so als würde es gerade geschehen.

Bewusstseinsprozess bedeutet deshalb Aufarbeitung unseres bisherigen Lebens. Das kann nur jeder für sich selbst leisten. Und das bedeutet im eigentlichen Sinne, „Eigenverantwortung" wahrnehmen.

Versuchen wir deshalb nicht, andere zu ändern, sondern

akzeptieren sie, wie sie nun mal sind. Das können wir allerdings erst dann, wenn wir uns selbst akzeptieren. (Liebe deinen Nächsten, wie dich selbst)

Es scheint auf den ersten Blick bequem zu sein, immer einen Schuldigen zu suchen, denn dann brauchen wir uns nicht bewegen.

Die Folge:

OHNE BEWEGUNG GIBT ES AUCH KEINE ENTWICKLUNG !

"Wer etwas ändern will, findet Wege.
Wer nichts ändern will, findet Gründe".
(Willy Meurer)[30]

Welche Denk-Begrenzungen und Muster gibt es?

1. Täter-Opfer-Bewusstsein

Wenn wir uns als Opfer der Erziehung unserer Eltern sehen und diese Sichtweise nicht ändern, handeln wir auch als Erwachsene entsprechend.

Unser Handeln ist in diesem Zusammenhang geprägt von der ständigen Suche nach Anerkennung und Liebe.

Aus dieser Suche heraus (die zur Sucht werden kann) resultieren Handlungsweisen, die teilweise rational nicht nachvollziehbar sind und verheerende Folgen haben können.

Beispiel für die Täter-Opfer-Haltung:

Politiker werden als Täter oder Marionetten betrachtet, die Bürger als Opfer.

Die Philosophin Hanna Ahrendt[31] hat in ihrer ganzheitlichen Betrachtung jedoch gesagt:

"Politik ist die angewandte Liebe zum Leben"

Das klingt für die meisten vielleicht provokativ, weil die gesellschaftliche Vorstellung von Politik eine andere ist. Tatsächlich zeigt sich in der herrschenden Politik allerdings nur die gleiche Lieblosigkeit, wie in der übrigen Gesellschaft. Denn alles ist mit allem verbunden. Wir trennen nur in unseren Köpfen und die gedankliche Abspaltung der Politik von unserem Leben ist hierzulande besonders extrem. Sie führt dazu, uns Bürger als „gut" zu betrachten und die Politik als „Übel". Hanna Ahrendt geht mit ihrer Aussage allerdings vom ursprünglichen Wortsinn aus. Und das bedeutet, wir sind als gesamte Gesellschaft verantwortlich für unsere politischen Zustände. Jeder Einzelne von uns. Der Ursprung des Wortes „Politik" stammt nämlich von „Polis" und heißt nichts anderes als „Gemeinschaft". Somit wird klar, dass Liebe und Leben zusammengehören, weil sie das verbindende Element der Gemeinschaft und der gesamten Schöpfung darstellen. Die Liebe macht vor keinem Bereich halt. Es sei denn, wir verhindern dies durch unser Denken. Dann schließen wir sie auch aus unserem Handeln und Fühlen aus. Diejenigen, die sich in der Opferhaltung befinden, fragen sich zuweilen, warum Gott das Leid zulässt. Aber es ist nicht Gott, der das Leid zulässt, sondern wir Menschen tragen das Leid in die Welt, wenn wir die Liebe, also Gott ausschließen. Dies zeigt sich in allen Bereichen, in denen wir uns so verhalten. Folglich auch in der „großen" Politik, die durch unser unbewusstes

Verhalten entsprechend geprägt und bestätigt wird.

Gott ist mit seiner Liebe immer da. Es ist unsere Wahl, diese allumfassende Liebe anzunehmen und in unser Leben zu integrieren.

2. Das Schuldbewusstsein

Die Suche bzw. die Zuweisung von Schuldigen verhindert das Streben nach Veränderung sowie Entwicklung und zementiert damit Vorurteile, die diesen Prozess verstärken.

Die Ursachen für das was ist, können so nie ergründet werden, weil wir uns nur an der Oberfläche bewegen und lediglich Folgen bzw. Wirkungen betrachten oder ganz wegschauen, indem einmal festgelegte Vorurteile dauerhaft bedient werden.

Beispielhafte Aussagen:

Die Staaten sind schuld an der Verschuldung, weil sie nicht mit Geld umgehen können. Die Beamten sind schuld, weil sie den Steuerzahler mit hohen Pensionsansprüchen belasten. Die Arbeitslosen sind schuld, weil sie faul sind etc.

Mit diesem Denken fördern wir außerdem die Ausgrenzung untereinander in der Gesellschaft, weil wir damit die Unterteilung in Gut und Böse vornehmen. Diese Spaltung wird von den Machthabern durch das Prinzip „Teile und Herrsche" zusätzlich gefördert.

3. Auch das Wechselspiel zwischen Gefühlen und Gedanken prägen unsere Entscheidungen. „Negative" Emotionen „verknoten" unsere

Gedanken!

4. **Insbesondere die Angst trübt unser Bewusstsein und blockiert unser Handeln.**

Geschürt von Medien und Machthabern gewinnt sie an Kraft, vor allem dann, wenn sie zum Massenphänomen wird.

In der Urgeschichte hat uns die Angst vor einer konkreten Bedrohung bewahrt. Die Reaktion bei Situationen, in denen man sich unterlegen gefühlt hat, war Flucht oder Tot stellen. Diese Reaktion hilft uns heute allerdings nur noch äußerst selten.

In den meisten Fällen, in denen keine lebensbedrohlichen Gefahren vorliegen, hindert sie uns bei wichtigen Entscheidungen, lässt uns innerlich erstarren und verhindert lösungsorientiertes Denken, weil sich der Blick auf Probleme fixiert.

Dauerhafte Angst lähmt, nimmt uns Kraft und macht krank.

In diesem Zusammenhang möchte ich noch aufzeigen, dass wir uns heute bestimmte Handlungsmuster angewöhnt haben, um unsere Welt zu verstehen:

-**Ausprobieren**
  (Versuch und Irrtum) resultiert aus
  dem Angriffsmodus
-**Nachahmung**
  (Lemminge-Effekt, Beispiel Börse)
-**Ausblenden**
  resultiert aus dem Flucht- bzw. Totstellmodus
-**Rationales Verstehen**
  (bei der heutigen Komplexität sind wir damit

oft überfordert)

Deshalb weichen wir gerne aus auf:

-Konzentrieren auf einzelne Faktoren
 (Trivialisieren des Systems)
-Emotionales Agieren (Intuition)

Wie können wir unsere Blockaden lösen und angemessen handeln?

Wir sollten uns aus meiner Sicht mehr auf unsere Intuition verlassen, die den Verstand leitet, weil dadurch die natürliche Anbindung unseres Organismus zur Schöpfung (Welt) besser berücksichtigt wird.

„Am wichtigsten ist es, dass Sie den Mut haben, Ihrem Herzen und Ihrer Intuition zu folgen. Alles andere ist nebensächlich."
(Steve Jobs)[32]

Die Macht unserer Worte, der Stille und Berührungen

„Güte in Worten schafft Vertrauen.
Güte im Denken schafft Tiefe.
Güte im Geben bringt Liebe hervor."
(Lao Tzu)[33]

"Stille ist eine Quelle großer Stärke."
(Lao Tse)[33]

„Zärtlichkeit ist auch Aufmerksamkeit."
(Anton Haller)

Eine wichtige Voraussetzung für achtsamen Umgang ist die Art der Kommunikation. Wenn zwei Menschen das Gleiche sagen, heißt das noch lange nicht, dass sie dasselbe meinen. Es sind nicht nur die Worte, sondern auch der Tonfall, die Mimik und Gestik verantwortlich dafür, was der Empfänger einer Botschaft versteht.

Kommunikation findet grundsätzlich auf zwei Ebenen statt. Die eine ist die Sachebene, bei der es um die Mitteilung von reinen Informationen geht. Die andere ist die Beziehungsebene, auf der Gefühle und Empfindungen im Spiel sind. Häufig werden - insbesondere bei schon etwas länger bestehenden Beziehungen - die beiden Ebenen verwechselt. Der eine will auf der Sachebene etwas mitteilen. Der andere empfängt die Botschaft aber auf der Beziehungsebene. Und schon ist ein Missverständnis entstanden. Darum gilt es bei Meinungsverschiedenheiten darauf zu achten, welche Ebenen sich gerade begegnen, und sich das gegenseitig im ehrlichen Austausch bewusst zu machen.

Beispielsweise entstehen auch Erwartungen in dem Glauben, der andere müsse wissen, welche Bedürfnisse man habe. Deshalb sind Erklärungen bzw. Äußerungen besser als Erwartungen. Nichts beeinträchtigt die Liebe mehr als Unausgesprochenes, das zwischen den Gesprächspartnern - manchmal über Jahre hinweg - im Raum steht. Liebe braucht Klarheit. Wenn du jemanden vermisst, ruf ihn an oder schreibe ihm. Du willst verstanden werden? Dann erkläre es. Dir missfällt etwas? Dann rede darüber. Du brauchst etwas? Dann frage danach. Seitdem ich das beherzige, fühle ich mich besser, verstandener und daher freier.

Mit Worten kann man andere Menschen bewusst oder unbewusst verletzen. Das hat sicher jeder schon mal erfahren. Insbesondere mein Vater hatte mich während meiner Kindheit und Pubertät nicht nur mit Worten verletzt, sondern auch durch Mimik und Gestik. Damals hatte ich verschiedene „Techniken" entwickelt, um mich zu „wehren." Ich habe gleiches mit gleichem vergolten und ihn ganz bewusst auch mit Worten verletzt. Gewürzt hatte ich das Ganze mit Ironie und Sarkasmus. Das hat unser Verhältnis verhärten lassen. Entscheidend ist deshalb, zu erkennen, dass an einer Situation immer beide Parteien beteiligt sind und man sich gegenseitig wie in einer verhängnisvollen Spirale hochschaukeln kann. Hat man das erst erkannt, erfordert es immer noch großen Mut, dieses zerstörerische Spielfeld zu verlassen, um einen anderen Blickwinkel zu bekommen, sich aber nicht als Verlierer zu fühlen.

Nach dem Gesetz der Resonanz habe ich dann meine erste Frau geheiratet, die mir mein Verhalten gespiegelt hat. Sie konnte – so wie ich - gut mit Worten verletzen und sprach immer davon, mir etwas „heimzuzahlen". Mir geht es hier nicht um Schuldfragen, sondern um die Wirkung der Worte. Ich habe übrigens beiden vergeben und damit meinen inneren Frieden gefunden.

Es gibt Strömungen, die eine so genannte gewaltfreie Kommunikation (GFK) üben und umsetzen wollen. Dem liegt ein Konzept zugrunde, das von Marshall B. Rosenberg[34] entwickelt wurde. Es soll Menschen ermöglichen, so miteinander umzugehen, dass der Kommunikationsfluss zu mehr Vertrauen und Freude am Leben führt. GFK kann in diesem Sinne sowohl bei der Kommunikation im Alltag als auch bei der friedlichen Konfliktlösung im persönlichen, beruflichen oder politischen Bereich hilfreich sein. Im Vordergrund steht nicht, andere Menschen durch Überzeugungsrhetorik zu einem bestimmten Handeln zu bewegen. Absicht ist vielmehr, eine wertschätzende Beziehung durch einfühlsame Sprache zu entwickeln, die mehr Kooperation sowie gemeinsame Kreativität im Zusammenleben ermöglicht. Das verbindende Element ist somit das zentrale Anliegen. Hilfreich ist dabei auch, von sich zu sprechen, seinen eigenen Gefühlen.

Dieses sinnvolle Unterfangen birgt allerdings auch einige Fallen bei der Umsetzung. Mit seiner Überschrift ist Rosenberg über seine eigene Intention gestolpert. Einerseits wollte er "Gewalt" in der Sprache verbannen, hat das Wort aber in der Konzeptbezeichnung verwendet. Denn in der Formulierung „Gewaltfrei" steckt offensichtlich das Wort „Gewalt". Dies steht im Widerspruch zu seinem gut gemeinten Ansatz. Daran ist zu erkennen, wie komplex das Thema „Kommunikation und Sprache" ist und wie es manchmal an der praktischen Implementierung hapert. Sinnvoller wäre für diese positive Idee daher aus meiner Sicht beispielsweise die Überschrift: "Bewusste, achtsame, wertschätzende und friedvolle Kommunikation". Entscheidend ist dabei, FÜR was ich eintrete, nicht WOGEGEN ich bin. Das ist wie bei öffentlichen Demonstrationen oder politischen Bewegungen. Es macht einen Unterschied, ob ich im Kampfmodus bin und z.B. gegen Atomkraftwerke agiere oder ob ich kraftvoll für Alternativen eintrete. Dementsprechend wähle ich meine Sprache und stärke energetisch das, was ich will und nicht wogegen ich bin. Wenn ich die Begriffe aus meiner inneren Haltung der Liebe wähle, sind sie nicht gegen etwas gerichtet, sondern einladend, ermutigend, inspirierend und haben einen verbindenden, begeisternden Charakter.

Die Missverständnisse, die zwischen "Sender" und "Empfänger" einer Botschaft entstehen können, resultieren auch aus unterschiedlichen Begriffsdefinitionen aufgrund eigener (Werte)-Vorstellungen, Glaubensmuster und Konditionierungen. Da ist das persönliche Gespräch von Angesicht zu Angesicht sehr hilfreich, weil Tonfall, Mimik, Gestik und Körperhaltung einbezogen werden können und unmittelbare Rückfragen oder Erläuterungen zur besseren Klärung beitragen können.

Für das **Sprechen** gibt es mittlerweile allgemein anerkannte Regeln, die auch in Firmen vermittelt werden:

1. Sprich offen und direkt. Sage offen, was dich bewegt, womit du dich unwohl fühlst. Schaue dein Gegenüber direkt an, damit er merkt, dass du ihn meinst. Vermeide Vorwürfe! Nicht werten! Formuliere deine Gefühle als Wunsch statt als Vorwurf.

2. „Ich" statt „Man", „Wir" oder „Du" - Botschaften. So bleibst du bei deinen eigenen Gefühlen, übernimmst persönliche Verantwortung und vertrittst nur deine eigene Sichtweise. Verstecke dich nicht hinter anderen oder scheinbaren Naturgesetzlichkeiten.

3. Warte auf deinen inneren Impuls, bevor du sprichst. Damit vermeidest du einen ständigen Redefluss, der zum unreflektierten Plappern führen kann.

4. Bleibe bei konkreten Situationen. Dein Gegenüber versteht so besser, was du meinst. Wenn du Verallgemeinerungen wie "nie" und "immer" oder „schon wieder" verwendest, wird es kompliziert und Gegenbeispiele werden provoziert. Verallgemeinerungen sind Killerphrasen.

5. Sprich konkretes Verhalten an. So vermeidest du es, dein Gegenüber zu beurteilen und auf eine Verhaltensweise dauerhaft festzulegen. Über ein einzelnes Verhalten wird er mit sich reden lassen.

6. Bleibe beim Thema. Ein Thema ist genug. Die

Vermischung mit anderen (alten und neuen) Themen verwirrt und erschwert die Lösung der gegenwärtigen Schwierigkeiten.

Regeln für das **Zuhören**:

1. Zeige, dass du zuhörst. Wende dich deinem Gegenüber zu und halte wachen Blickkontakt. Du kannst durch Nicken signalisieren, dass du folgst. Tauche ein, in die Welt des anderen und lausche.

2. Fasse zusammen, aber warte, bis der andere dir signalisiert, dass er mit seinen Ausführungen fertig ist. Wiederhole mit eigenen Worten, was dein Gegenüber gesagt hat. So kann er merken, ob alles richtig bei dir angekommen ist, um eventuelle Missverständnisse zu korrigieren. Frage so lange nach, bis du sicher bist, alles genau verstanden zu haben

3. Frage offen. Der andere muss so antworten können, wie er will. Vermeide Interpretationen, Unterstellungen und Bewertungen, die nur Gegenwehr hervorrufen.

4. Lobe gutes Gesprächsverhalten. Wenn sich dein Gegenüber an die Regeln hält, kannst du das ruhig erwähnen. Beispiel.: "Es freut mich, dass du das so offen gesagt hast."

5. Sage, wie du seine Worte empfindest. Schildere, wie es dir mit Äußerungen geht, mit denen du nicht einverstanden bist. Du kannst sagen "Ich bin verblüfft, dass du das so siehst." Sage nicht: "Das

ist ja völlig falsch".

„Hör' mir bitte zu!"

(Hinweise für eine Kultur des achtsamen Zuhörens in der Partnerschaft):

„Wenn ich dich bitte, mir einfach zuzuhören und du fängst an, mir Ratschläge zu erteilen, mag das von dir gut gemeint sein, aber es ist nicht, worum ich dich gebeten habe.

Wenn ich Ratschläge brauche, werde ich dich oder jemanden anderen darum bitten. Ich bin nicht hilflos, manchmal entmutigt und schwankend, aber nicht hilflos.

Wenn du anfängst mir mitzuteilen, dass meine Gefühle falsch sind, trampelst du auf meinen Gefühlen herum.

Dies ist auch dann der Fall, wenn du mich unterbrichst und meine Worte mit deinen zuschüttest. Dann geht es um dich und nicht mehr um mich, da du nicht getan hast, worum ich dich gebeten habe.

Wenn du meinst, meine Probleme lösen zu müssen, hast du mich im Stich gelassen. So seltsam dies auch klingen mag.

Alles, worum ich dich gebeten habe, ist, mir zuzuhören, nicht zu reden, oder etwas zu tun. Sondern ausschließlich mich anzuhören.

Einfach in der achtsamen Stille sein.

Sobald du die einfache Tatsache akzeptierst, dass ich fühle, was ich fühle, gleichgültig wie irrational es auch sein mag, wirst du vielleicht anfangen zu verstehen, was hinter dem irrationalen Gefühl liegt und ich auch.

Sobald das klar ist, liegen die Antworten auf der Hand, so dass ich verstehe. Irrationale Gefühle werden verständlich, wenn wir verstehen, was dahinter steckt.

Dies ist der Grund, warum Gebete helfen, denn Gott gibt keine Ratschläge oder versucht, Dinge zu reparieren. Er hört nur zu und lässt dich dann selber machen.

Wenn ich gefragt werde, wie es mir geht, dann ist dies eine bittende Frage von dir an mich, dass ich mich dir mitteile. Wenn ich dann anfange zu erzählen, dann möchte ich auch nichts anderes, als dass du mir zuhörst. Denn dies wolltest du doch, oder nicht?

Wenn ich deine Meinung dazu wissen möchte, werde ich selbst in der Lage sein, danach zu fragen. Denn wenn du mir ungefragt deine Meinung mitteilst, machst du mich nieder, weil du wohl glaubst, ich könne nicht selbst eine Lösung finden. Damit nimmst du mir die Möglichkeit, meinen eigenen Weg zu finden.

Darum:

Bitte hör' mir zu, wenn du mich liebst, wie du sagst. Und – wenn du kannst - nicht nur mit deinen Ohren, sondern bitte mit deinem ganzen Herzen.

Wenn du reden möchtest, warte bitte, bis du dran bist.

Und dann werde ich dir zuhören.

Ich danke dir, dass du mir jetzt zugehört hast."

(unbekannter Verfasser, von mir bearbeitet)

Es gibt im Volksmund bekanntlich die Aussage:

„Reden ist Silber, Schweigen ist Gold"
In unserem Kommunikations- und Informationszeitalter wird der Fokus allerdings sehr stark auf Reden und Lesen gerichtet. Manchmal wird viel geredet und wenig gesagt. Vor allem im Geschäftsleben und in der Politik geht es oftmals nur darum, mit rhetorisch geschliffenen Reden Menschen zu manipulieren, um etwas zu verkaufen.

Wenn wir faire Regeln zum Reden und Zuhören im privaten und beruflichen Umfeld beherzigen, verbessert sich auch unser konstruktives Miteinander. Bei gegenseitiger Wertschätzung und Achtsamkeit gibt es keinen Grund mehr, gegeneinander zu kämpfen und man ist dadurch eher zur Kooperation bereit. Entscheidend ist aber auch der ehrliche Umgang miteinander. Wenn man offen zueinander ist, darf man auch ehrliche Worte wählen, denn es geht ja auch darum, sich gegenseitig zu befruchten, voneinander zu lernen und an der achtsamen Auseinandersetzung zu wachsen.

Schon Laotse hat gesagt:
„Wahre Worte sind nicht immer schön.
Schöne Worte sind nicht immer wahr."

Wenn man respektvoll miteinander umgeht, kann man auch wahre Worte ertragen, die nicht so schmeichelhaft sind, aber zur persönlichen Entwicklung und Bereicherung beitragen. Es ist immer die Frage, wie ich die Worte auf mich wirken lasse: Verletzend, als persönlichen Angriff oder fördernd, inspirierend und einladend.

Insbesondere die Kunst des Zuhörens ist von besonderer Bedeutung. Wir Menschen neigen gerne dazu, im Moment des Hörens innerlich schon Antworten zu formulieren und sind dadurch abgelenkt. Beim Zuhören geht es aber darum, sich auf den anderen völlig einzulassen, in seine Welt zu tauchen und wirklich zu lauschen, um zu verstehen. Es ist eine große Herausforderung, das Gesagte einfach stehen zu lassen, hineinzufühlen und nicht zu kommentieren.

Stille, Alleinsein und Schweigen passen auf den ersten Blick nicht in unseren geschäftigen Alltag. Dabei können sie machtvolle Instrumente der Selbsterfahrung und Veränderung sein. In vielen spirituellen Traditionen etabliert, erkennen zunehmend auch Psychologen und Coaches ihr großes Potenzial.

Stille hat auch auf die uns umgebende Welt einen beruhigenden Effekt. Es geht in dieser schnelllebigen Zeit um Entschleunigung. Indem wir still werden, laden wir auch andere ein, herunterzuschalten und aufmerksam zu werden. Unsere Ruhe beruhigt auch unsere Mitwelt. So, wie sich im Umkehrschluss Stress in unserem Umfeld auch auf uns selbst übertragen kann.

Wir setzen mit unserer Ausstrahlung den Rahmen für jene, die mit uns arbeiten und so möglicherweise auf andere Art mit uns in Kontakt treten.

Stille verlangsamt die Welt, erlaubt uns zu fokussieren und Prioritäten zu setzen. Sie lädt uns zu den wesentlichen Dingen im Leben ein. Es braucht Stärke, innezuhalten, wenn andere um uns herum eilen. Es braucht Mut, anders zu sein, sich gegen die Strömung zu stellen. Doch wenn andere uns zunächst einmal seltsam finden, ist das völlig in Ordnung. Und bald schon, indem unsere Stille andere inspiriert, in ihre eigene Stille zu finden, werden wir nicht mehr länger die Seltsamen sein, denn es liegt Weisheit in unserem Handeln. Paradoxerweise ist es gerade die Stille, die es uns ermöglicht, innere Stärke zu finden.

Wann warst du zuletzt wirklich in der Stille? Manchmal nehmen wir gar nicht mehr richtig wahr, dass unsere Gedanken kreisen, wir ständig auf unser Smartphone schauen und auf jede Bewegung reagieren, nebenher das Radio läuft und vielleicht sogar noch der Fernseher. In meiner Kindheit war ein Telefon, das damals noch durch eine Schnur verbunden war und somit nicht mobil, in einem Familienhaushalt noch die Ausnahme. Heimcomputer gab es nicht. Die einzige Ablenkung bestand durch Radio, Plattenspieler oder einen Fernseher, der im Wohnzimmer stand, in dem sich dann die Familienangehörigen versammelten, um zu schauen. Allerdings begann das Programm erst um 16 Uhr und endete gegen 23 Uhr.

Gehe einfach mal in die Natur ohne Smartphone, ohne Uhr, sonstige elektronische Geräte etc. Nur du und deine Umgebung. Wähle einen Ort fernab von Auto-, Bahn- und Fluglärm. Setze dich einfach hin und lausche. Wie lange hältst du es aus, ohne an etwas zu denken, ohne zu reden oder innerlich unruhig zu werden?

Um in die Stille zu kommen, ist es erforderlich, der Seele mehr Raum zu geben. Das „Ego" hält uns von der Stille, vom „Nichtstun" ab. Es will ständig in Aktion sein, ist ungeduldig aufgrund unserer sterblichen Existenz als Körper. Auf der Seelenebene „weiß" das spirituelle Selbst, dass es ewig ist und deshalb fällt es ihm leicht, geduldig zu sein.

Ich gehöre nicht zu den Menschen, die es für erstrebenswert halten, aus diesen Gründen das Ego zu transformieren, also quasi aufzulösen. Ich bin außerdem der Auffassung, dass wir das Ego als Menschen in der Dualität brauchen, um machtvoll Entscheidungen treffen zu können. Dies gilt gleichermaßen für die Entscheidung, der

Seele in der Stille den nötigen Raum zu geben. Dies geht allerdings nur, wenn ich mir der Zusammenhänge des Zusammenspiels von Körper, Geist und Seele bewusst bin.

Probiere es, wenn du möchtest, in Alltagssituationen zu meditieren und so oft wie möglich voll und ganz Herr deiner eigenen Gedanken zu sein. Wenn du lernst, deine Gedanken zu steuern oder einfach vorüberziehen zu lassen, ohne von ihnen gefangen zu sein und dadurch eine Stille (Leere) in dir erzeugst, wirst du sehr bald fast wie von selbst auch deine Emotionen besser verstehen. Damit kannst du viel liebevoller mit ihnen umgehen. Du wirst merken, dass du deinen Gedanken und Gefühlen keineswegs hilflos ausgeliefert bist. Ganz im Gegenteil, du kannst sie immerzu beherrschen, was dir die Kraft geben wird, vieles viel besser zu können, harmonischer zu leben und glücklicher zu sein.

So paradox es klingen mag: Erst wenn du lernst mit dir in Stille allein zu sein, kannst du „richtig" aus vollem Herzen lieben. Das bedeutet nicht im Umkehrschluss, dass man liebesunfähig ist, wenn man nicht meditiert. Allerdings beeinflusst dies den Liebesfluss und die Qualität der Liebe.

Justiere dich in das Zentrum deines Selbst, spüre deine Kräfte als Schöpfer deines Lebens. Sei geduldig mit dir und konzentriere dich wie ein Kind, das Laufen lernt und trotz ständigen Hinfallens nicht aufgibt. Beobachte aufmerksam, was mit dir geschieht. Am besten ist es, diese Übungen jeweils zwanzig Minuten am Morgen und vor dem Schlafengehen zu praktizieren. Genieße jeden Augenblick in der übrigen Zeit eines Tages. Konzentriere dich mit allen Sinnen darauf. Esse bewusst, trinke bewusst, lebe bewusst und du wirst feststellen, dass sich dir eine ganz neue Welt präsentieren wird.

Eine ganz besondere Form der nonverbalen Kommunikation ist die Umarmung. Sie setzt so viel Energie frei, wenn sie in liebevoller Zuwendung ganz offen von Herzen erfolgt und sich der andere annehmend und vorbehaltlos darauf einlässt. Die Umarmung gibt den umarmten Personen eine emotionale Anhebung. Mit dieser körperlichen Verbindung können wir so viele Dinge ausdrücken, die nicht in Worte zu fassen sind. Jeder hat sicher schon mal die Erfahrung gemacht, wie viel Trost eine Umarmung in einer Trauersituation spendet. Aber wer umarmt sich schon in Alltagssituationen, z.B. nach einem anstrengenden Gespräch oder einem Streit? Allenfalls noch innerhalb der Familie. Das Schönste an der Umarmung ist, dass niemand eine Umarmung geben kann, ohne eine zu bekommen. Es ist der unmittelbare Austausch gegenseitigen Gebens und Annehmens ohne Bedingungen oder Erwartungen, also der energetische Kreislauf einer überschwappenden Liebesspende in der persönlichen körperlichen Begegnung.

Wissenschaftlichen Untersuchungen zufolge braucht man vier Umarmungen täglich, um zu überleben, acht, um die Energie zu halten und zwölf Umarmungen, um sich innerlich weiterzuentwickeln.

Liebevolle Berührungen führen zu einer direkten Entspannung und zur Ausschüttung des Hormons Oxytocin, welches Stresshormone abbaut. Dieses Erleben wird mit Gefühlen wie Liebe, Vertrauen und Ruhe in Verbindung gebracht. Das Gehirn interpretiert dies als Zeichen der Verbundenheit und Erleichterung von Sorgen und Problemen. Diese wissenschaftlichen Erkenntnisse sind nicht verwunderlich, denn die Haut ist unser größtes Organ. Millionen von sensiblen Nervenzellen registrieren selbst kleinste Reize.

Da unsere „emotionale Mangel-Gesellschaft" immer berührungsärmer wird, verstärkt sich bei vielen Menschen das Gefühl von Einsamkeit, Entfremdung und Hilflosigkeit. Diese Entwicklung dürfte auch für einen nicht unwesentlichen Teil körperlicher sowie psychischer Probleme mitverantwortlich sein. Für die psychische und körperliche Gesundheit braucht der Mensch scheinbar fast ebenso Berührung wie Nahrung. Mit fortschreitendem Alter wird Berührung in der Regel immer mehr auf den Kontext von Liebesbeziehungen beschränkt und damit meist auch seltener. Kinder folgen diesem Bedürfnis noch auf eine natürliche Weise, während Erwachsene mit demselben Bedürfnis sich dieses nicht mehr gönnen.

Der Kuss, der oftmals mit einer Umarmung sowie sanften Berührungen verbunden wird, gilt in vielen Kulturen als Ausdruck von Liebe, Freundschaft und Ehrerbietung. Die Bedeutung des Kusses, insbesondere des in der Öffentlichkeit ausgetauschten Kusses, ist jedoch kulturell unterschiedlich. Die alte christliche Kirche kannte beispielsweise den Friedenskuss als Zeichen einer vollständigen Versöhnung.

In vielen nichteuropäischen Ländern werden Küsse in der Öffentlichkeit als Bestandteil des sexuellen Vorspiels gesehen. Insbesondere gelten intensive Zungenküsse als sexuelle Handlung. Der Kuss ist Ausdruck der zärtlichen, oft partnerschaftlichen Liebe zwischen Menschen, da das Berühren der Lippen, möglicherweise unter Einsatz der Zunge, die körperliche Distanz zwischen Menschen nahezu vollständig aufhebt. Das Küssen ist für viele Menschen das Erotischste, was es gibt. Dazu gehört auch das sanfte Berühren der Stirn. Der Kuss auf die Stirn ist nicht nur im Sinne einer väterlich beschützenden

Zuwendung zu deuten, sondern zeigt auch die Achtung vor dem anderen Menschen.

Ein Kuss kann nicht nur liebevoll, erotisch und sexuell anregend wirken, sondern ist nach Auffassung einiger Mediziner auch gesundheitsfördernd, da er das Herz und das Immunsystem stärken soll. Je nach Kussintensität bewegen sich bis zu 34 Gesichtsmuskeln. Der Körper bildet mehr Hormone, der Herzschlag beschleunigt sich und der Blutdruck steigt.

Der erste Kuss ist ein besonderer Moment. Er ist aufregend, hoffnungsvoll und drückt aus, was man füreinander empfindet.

Für mich hat der Kuss als Ausdruck inniger Zuneigung eine elementare Bedeutung innerhalb einer Beziehung und ist in seiner ständigen Wiederholung ein Zeichen der Erneuerung sowie Bestätigung gegenseitiger Liebe.

Du bist, was du glaubst

„Glaubt den Schriften nicht,
glaubt den Lehrern nicht, glaubt auch mir nicht.
Glaubt nur das, was ihr selbst sorgfältig geprüft und als
euch selbst und zum Wohle dienend anerkannt habt."

(Buddha)[35]

„Wahr ist an einer Geschichte immer nur das,
was der Zuhörer glaubt."

(Hermann Hesse)[36]

Moment mal. Hatten wir nicht weiter vorne gelesen, du bist, was du denkst?

Stimmt. Aber hast du dir mal überlegt, woher deine Gedanken kommen? Sie resultieren aus eigenem und fremdem Glauben. Manchmal, vielleicht sogar meistens, lässt es sich gar nicht klar erkennen, ob bestimmte Glaubenssätze aus eigener Überzeugung stammen oder übernommen wurden. Glaubensmuster werden von Generation zu Generation weitergegeben und insbesondere in den ersten Lebensjahren unserer Erziehung unreflektiert als eigene Wahrheit verinnerlicht und deshalb nicht mehr hinterfragt.

Jedenfalls sind deine Gedanken vom Glauben gefärbt und begrenzen diese auch. Was du glaubst, formt deine Gedanken, die sich mit deinen Gefühlen vermischen, deine

Worte beeinflussen und diese wiederum deine Taten sowie Verhaltensweisen.

Kraftvoll Glauben heißt überzeugt sein, ohne jeden Zweifel. Das ist dann der Fall, wenn du fühlst, was du glaubst. Gelingt etwas nicht, dann war der Zweifel stärker und der Glaube konnte sich nicht manifestieren, weil es letztlich nur eine vage Hoffnung war.

Unser Lebensweg gestaltet sich also aus unseren Überzeugungen. Sind Zweifel dabei hinderlich oder können sie auch neue, glücklichere Wege eröffnen? Du wirst es herausfinden, wenn du öfter auf dein Herz, deine innere Stimme oder Intuition hörst.

Die Arten von Glaubensmustern, denen wir ausgesetzt werden, sind in der heutigen Gesellschaft sehr vielfältig und beschränken sich nicht nur auf den originären Bereich der Religion. In unserer abendländischen Kultur ist der Glaube sehr stark mit Schuld und Sühne verbunden. Das Schuldprinzip ist zudem tief verankert durch das bis heute angewandte römische Recht. Es spiegelt sich in Verträgen, Gesetzen und in Urteilen der Gerichtsbarkeit wider. Ja sogar bei unserem Geldsystem geht es immer darum, Schulden zu begleichen.

Wir leben heute in einer Wissens- und Informationsgesellschaft, in der sich die Informationen exponentiell vervielfachen. Wenn Buddha zu Recht fordert: „Glaubt nur das, was ihr selbst sorgfältig geprüft habt", dann scheitert dies allein schon daran, dass ein einzelner Mensch niemals den Wahrheitsgehalt dieser Fülle von angehäuftem Wissen prüfen kann. So haben sich in unserer Gesellschaft Heerscharen von Spezialisten herausgebildet, denen wir im Prinzip glauben müssen, weil die meisten Menschen weder die Zeit noch die Lust oder Kompetenz haben, sich selbst mit diesen unzähligen

Informationen auseinanderzusetzen. Damit geben wir zwangsläufig die Verantwortung für unser Handeln ab. Dadurch betreten wir in unserem Leben ständig irgendwelche Glaubenstempel, ohne dass es uns bewusst ist. Somit werden wir auch manipulierbarer, trotz des ständig steigenden, für alle verfügbaren Wissens. Das ist eine paradoxe Situation. Ich beobachte in letzter Zeit eine ausgeprägte Google-Gläubigkeit. Insbesondere die junge Generation schenkt dieser Suchmaschine mehr Glauben, ohne diese anonyme Informationssammlung auf ihren Wahrheitsgehalt hin zu prüfen, als einem lebenserfahrenen Menschen mit seinem erlebten Wissen. Deshalb ist es aus meiner Sicht um so wichtiger, seinem eigenen Bauchgefühl zu folgen, das allerdings durch unsere Prägungen sozusagen „verschmutzt" ist. Für Klarheit sorgt hier intensive Bewusstseinsarbeit.

Und hier kommen nun die Vermischungen unserer Gefühle mit entsprechenden Glaubensmustern ins Spiel, die oftmals so viel Verwirrungen stiften. Wer kennt sie nicht, die Schuld- und Schamgefühle, die uns ein Leben lang plagen können und unser Handeln lenken bzw. einschränken. Es gibt zwar für Christen das Ritual der persönlichen Beichte vor dem Priester und die Möglichkeit „finanzieller" Abgeltung bei den Katholiken, das der vordergründigen Befreiung dient. Man hat auch den Eindruck, als seien Menschen in katholischen Ländern, insbesondere in Südamerika lebenslustiger. Doch letztlich werden die Gläubigen in der institutionellen Spirale gefangen gehalten, weil die Kirche bestimmt, was „Sünde" ist und was nicht. Für mich stellt sich auch die Frage, ob die Beichte als „Freibrief" nicht unbewusst dazu verführt, unachtsamer und oberflächlicher miteinander umzugehen, wodurch man nicht an die tiefe Liebe herankommt. Nicht von ungefähr hat die Gesellschaft in diesem Zusammenhang den Begriff der „Scheinheiligkeit" geprägt.

Aber es gibt noch etliche weitere Gefühle, die zusammen mit unserem Glauben unsere Gedanken beeinflussen. Das Gefühl, das uns am meisten begrenzt, lähmt sowie erstarren lässt und damit die meisten Fehlentscheidungen auslöst, ist die Angst.

Gier, Eifersucht, Neid, Hass und Minderwertigkeitsgefühle engen unser Tun ebenfalls ein und machen uns einsam, weil sie trennende Wirkung haben. Hass ist übrigens eine äußerst radikale Form einer Schuldzuweisung aus tiefstem Mangel an Liebe.

Gefühle oder Erlebnisse beeinflussen unsere Überzeugungen und diese können unseren Handlungsspielraum enorm einschränken, ohne dass wir uns dessen bewusst sind.

Das erinnert mich an das Verhalten von Elefanten in Gefangenschaft.

Jedes Mal, wenn ich mit meinem Vater in den Tierpark ging, besuchten wir auch das Elefantenhaus mit seinem großen Gehege. Dort gab es für mich als Kind stets ein merkwürdiges Rätsel zu betrachten. Obwohl die Elefanten so mächtige Tiere waren, genügte ein dünner Strick, um sie am Weglaufen zu hindern.

Wie war das möglich? Ein kleiner, für sie unbedeutender Ruck und sie wären frei. Aber kein Einziges dieser großen Tiere kam auf diese Idee. So standen wir oft vor diesen imposanten Tieren und mein Vater erklärte mir immer aufs Neue, dass die Elefanten einfach nicht wüssten, dass sie stärker als das dünne Seil sind. Mir war das völlig unverständlich. Wie konnte der große starke Elefant das nicht spüren?!

Daraufhin erzählte mir mein Vater, auf welche Weise Elefanten erzogen würden. In Indien setzt man Elefanten gerne als Arbeitstiere ein. Um sie am Weglaufen zu hindern, bindet man den Fuß des noch ganz jungen Elefanten mit einer Stahlkette an einen Pfahl. Selbstverständlich versucht sich jeder kleine Elefant anfangs loszureißen. Aber alle Mühe ist vergebens. Er ist nicht kräftig genug und schafft es deshalb nicht. Auf diese Weise hat der Elefant bereits früh gelernt, dass er sich nicht befreien kann. Später, während der Elefant zu einem mächtigen, starken Tier heranwächst, wäre es ein Leichtes für ihn, die Kette zu zerreißen. Aber er tut es nicht, weil er gelernt hat, dass er nicht gegen die Fußfessel ankommen kann. Wissenschaftlich nennt man das Konditionierung.

In seinem Kopf existiert noch immer die feste Überzeugung, dass die Kette stärker ist, als er. Die Erfahrung als kleiner Elefant hat ihn gelehrt, dass es keinen Zweck hat, sich gegen die Kette aufzulehnen. Diese Überzeugung ist so stark, dass man schließlich nur noch ein dünnes Seil benötigt, um den großen Elefanten am Weglaufen zu hindern.

Die Überzeugung des Elefanten hat nichts mehr mit den tatsächlichen Umständen zu tun. Er erkennt diese neue Wahrheit einfach nicht. Das ist erstaunlich. Der gleiche Elefant, der für schwere Arbeiten im Wald eingesetzt wird, lässt sich durch ein dünnes Seil seiner Freiheit berauben. Die Erinnerung an diese damalige Erfahrung seiner Schwäche ist stärker, als seine tatsächliche Leistungsfähigkeit. Dieses einmal Erlernte nimmt er als feststehende Tatsache hin, weshalb er sie nicht mehr hinterfragt. Er ist in seiner inneren „alten" Wahrheit verhaftet und blockiert.

Das kommt dir vielleicht bekannt vor. Auch wir haben

Bereiche in unserem Leben, von denen wir glauben, dass wir es niemals schaffen könnten. Und alleine weil wir es glauben, probieren wir es gar nicht mehr. Auch wenn wir uns noch so sehr nach der Erfüllung sehnen. Wir sehen nur unendlich viele Gründe, warum es uns nicht möglich ist. Aber was wäre, wenn diese Gründe nur in unserem Kopf existierten?!

Möglicherweise hält uns auch nur ein dünnes Seil alter Überzeugungen fest. Vielleicht müssten wir nur einmal ein bisschen daran ziehen und wären erstaunt, wie groß und mächtig wir in Wahrheit sind.

Könnte es nicht auch sein, dass diese wirksame Konditionierung der Elefanten bei uns Menschen gleichermaßen dafür verantwortlich ist, dass wir nicht gegen die Herrschaft von Machthabern, Großkonzernen, Banken, Bürokratie sowie Bespitzelung im Internet rebellieren und dies für unabänderlich oder selbstverständlich halten?

Weisheitslehrer aller Zeiten wussten es schon und die moderne Hirnforschung kann es mittlerweile auch beweisen:

Unsere Gefühle fallen nicht nebulös vom Himmel. Sie haben immer einen Auslöser und eine Ursache. Die Ursache dafür, was immer ich auch fühle, sind meine Glaubensmuster.

Glaube ich etwas Positives oder Nützliches, werde ich ein optimistisches Gefühl haben.

Glaube ich etwas Belastendes, wird auch mein Gefühl dazu mich belasten.

Solange wir die Ursachen im Außen suchen und finden, versuchen wir die äußere Umgebung und Wirklichkeit zu ändern. Wir wollen beispielsweise, dass unsere Partnerin aufmerksamer und liebevoller sein sollte, mäkeln an ihren Verhaltensweisen herum etc.

Der Auslöser für meine Traurigkeit kann in der Außenwelt liegen. Zum Beispiel bei meiner Freundin. Aber die Ursache der Traurigkeit liegt in dem, was ich über sie glaube.

Leichter, als meine Freundin ändern zu wollen (was bekanntlich nicht geht) ist es, meine Glaubenssätze zu hinterfragen, wenn ich nicht mehr traurig, wütend, ängstlich oder unzufrieden sein möchte. Das sind die ersten Schritte zur wahren Liebe.

Das Loslassen kann beginnen, sobald ich meine Glaubensmuster in mir erkenne, die mich behindern. Die daraus resultierenden einschränkenden Gedanken kann ich überprüfen. Vielleicht sind sie für mich gar nicht wahr? Eventuell hafte ich ihnen an, weil sie von meinen Eltern, Großeltern oder Freunden und Bekannten übernommen wurden?

Möglicherweise haben das Fernsehen, Zeitschriften oder andere Medien diese Konzepte bei mir eingepflanzt? Manchmal genügt es schon, zehn Mal die gleiche Aussage zu hören, um sie für wahr zu halten.

Solange ich mir nicht bewusst genug bin, meine Erkenntnisse nicht oder unzureichend umsetze und die Liebe aus meinem Leben verbanne, bin ich besonders anfällig für Manipulationen.

Ungeprüfte stressige, wirre Gedanken sind die Ursache für sehr viel Leid, Chaos und Stress auf dieser Erde, die das innere Loslassen verhindern. Die meisten Menschen fragen in ihnen ausweglos erscheinenden Situationen nach dem „**Warum**". Dies führt allerdings nicht zu befreienden Lösungen, sondern manifestiert die hilflose Opferrolle.

Stelle dir deshalb in Situationen, die dich stressen, herunterziehen oder gefangen halten, **fünf elementare Fragen**, um aus dem fatalen Teufelskreis herauszukommen. Sich mit diesen Fragen eingehend zu beschäftigen, dient zunächst einmal auch dazu, inne zu halten, um nicht sofort reflexartig zu reagieren.

1. **Ist es wahr, was ich gerade wahrnehme?**
2. **Kann ich wirklich absolut sicher sein, dass es wahr ist?**
3. **Wie fühle ich mich bei meinem Gedanken und wie verhalte ich mich dadurch?**
4. **Wie würde ich mich ohne diesen Gedanken sowie meinen Glauben daran fühlen und verhalten?**
5. **Welcher neue positive Gedanke kann ihn ersetzen und wie kann ich ihn dauerhaft zur Überzeugung werden lassen?**

Solange ich etwas ganz fest glaube, schließe ich normalerweise andere Möglichkeiten aus und enge damit meine Wahrnehmung ein. Das allein kann schon weh tun. Durch einen Perspektivenwechsel verlieren die stressigen Glaubenssätze ihre Macht und das Loslassen nimmt seinen Lauf. Im ehrlichen sowie vertrauensvollen Miteinander kann man sich die behindernden Gedanken wechselseitig am besten aufzeigen, indem man sich auf die perspektivische Sicht des anderen einlässt und dessen Wahrheit als weitere Option zur eigenen Befreiung anerkennt. Mit dem Verlassen des bedrückenden, stressigen Gedankenkarussells verschwinden auch die einengenden, stressigen Gefühle. Damit öffnet sich auch der Raum für die Liebe, wodurch sie wachsen und stärker fließen kann. Grundvoraussetzung hierfür ist allerdings, dass ich aus tiefstem Herzen an die wahre Liebe glaube, ohne jeden Zweifel von ihr überzeugt bin, weil ich sie fühle.

Glaube versetzt Berge!

Bist du bereit dazu, dich für die grenzenlose Liebe, frei von Ideologien, voll und ganz zu öffnen, für eine neue, ganzheitliche Sichtweise des Lebens?

Willst du die Berge der Zweifel und des Misstrauens überwinden, um dich vollkommen dieser allumfassenden Liebe hinzugeben?

Dann erlaube es dir! Nichts und niemand kann dich daran hindern, außer du selbst.

Von der Ware Liebe zur Wahren Liebe

Über Geld:

„Mit Geld kannst du dir ein Haus kaufen,
aber nicht ein Heim
Mit Geld kannst du eine Uhr kaufen,
aber keine Zeit
Mit Geld kannst du dir ein Bett kaufen,
aber keinen Schlaf
Mit Geld kannst du dir ein Buch kaufen,
aber keine Bildung
Mit Geld kannst du dir einen Arzt kaufen,
aber keine gute Gesundheit
Mit Geld kannst du dir eine Position kaufen,
aber keinen Respekt
Mit Geld kannst du Blut kaufen,
aber kein Leben
Mit Geld kannst du Sex kaufen,
aber keine Liebe."

(Chinesisches Sprichwort)

Ich will hier keinen großen Exkurs in die Vergangenheit unternehmen. Das könnte ich auch gar nicht, weil das Bild durch meine gegenwärtige Betrachtung verfälscht würde.

Die Ausprägungen der Liebe und was wir dafür halten, sind von vielen Faktoren, wie Kultur, gesellschaftlicher

Wandel, Religionen und anderen Glaubensmustern sowie Ideologien beeinflusst.

Seit der Industrialisierung im 19. und 20. Jahrhundert spielt Geld und Konsum eine zunehmende sowie gesellschaftlich verändernde Rolle. Konsumgüter sind immer günstiger herstellbar und werden in Massen auf den Markt geworfen. Damit sinkt zum Teil auch die Wertschätzung gegenüber den Produkten. Alte Gegenstände werden heutzutage viel schneller durch neue ersetzt. Diese Wegwerf-Mentalität spiegelt sich auch im menschlichen Miteinander sowie in unseren privaten Beziehungen wider.

Die Arbeitswelt hat sich massiv verändert. Die Abhängigkeit von Technologie, insbesondere den Informations- und digitalen Kommunikationstechniken wird immer größer. Gleichzeitig wird dadurch mehr Flexibilität erwartet und erreicht.

Großfamilien sind den Kleinfamilien und den Single-Haushalten gewichen. Vereinsamungen haben durch die verstärkte Individualisierung zugenommen. Das ist offenbar der Preis für angestrebte Unabhängigkeit. Der familiäre Zusammenhalt und die Versorgung innerhalb der Großfamilien sind durch staatlich organisierte soziale Sicherungssysteme ersetzt worden.

Die Medien und die Werbung vermitteln den Eindruck, als könne man sich alles mit Geld kaufen. So auch die Liebe. Doch die Liebe ist nicht käuflich, obwohl es die „käufliche Liebe" gibt. Die Vereinsamung in der Gesellschaft hat sicher auch den Zuwachs in der Prostitution mit verursacht. Zum einen können sich heute viele den schnellen Sex leisten, als Kompensation für unglückliche oder fehlende Beziehungen, zum anderen ist der käufliche Sex nicht nur eine Befriedigung der Triebe, sondern auch der klägliche Versuch, die tiefe Sehnsucht nach Liebe und Geborgenheit zu befriedigen. Allerdings hat Sex ohne Liebe einen schalen Bei- bzw. Nachgeschmack und so hinterlässt diese Form von Sex auf Dauer eine innere Leere, nach einem kurzen Glücksgefühl durch den Orgasmus.

Was Sexualität Dir vorübergehend schenkt, ist die völlige Preisgabe Deiner selbst. Dann aber fällst Du zurück in Deine innere Unruhe und wünschst eine ständige Wiederholung jenes Zustandes, in dem es keinen Kummer, kein Problem, kein Selbst gibt. Die Erhaltung dieses Gefühls kann dann zur Sexsucht werden, die aber mit Liebe nichts zu tun hat. Es wirkt wie eine Droge und ist letztlich die Folge unserer emotionalen Mangelgesellschaft. Selbstverständlich kann Sex auch einen Genuss darstellen, aber wenn er zur reinen Gewohnheit wird oder der Kompensation eines inneren Mangels dient, dann brauche ich einen immer größeren Kick, um überhaupt noch Genuss wahrnehmen zu können. Damit beginnt die Teufelsspirale, beispielsweise in Form ständig wechselnder Geschlechtspartner oder extremer Sexspiele wie im Sado-Maso-Bereich.

„Wo sie lieben, begehren sie nicht, und wo sie begehren, können sie nicht lieben",

schrieb Sigmund Freud[79] vor hundert Jahren. Er hat damals bereits beobachtet, dass sexueller Trieb und sinnliche, zärtliche Liebe auseinanderfallen. Nach vier bis sieben Jahren sinkt in festen Beziehungen das sexuelle Begehren. Dieses Dilemma lässt sich oft nicht lösen. Viele lösen es durch Auflösung der Beziehung oder Fremdgehen.

Die Prostitution und die Pornoindustrie sind der größte Wirtschaftszweig und ständig am wachsen. Jede achte

Internetseite, die aus Deutschland aufgerufen wird, ist eine Pornoseite. Damit spielt Pornografie im Netz eine größere Rolle als beispielsweise Nachrichten. Die ständige Zugriffsmöglichkeit auf sexuelle Reize stimuliert den Trieb und lässt ihn gleichzeitig abstumpfen. Wir ahnen nicht mehr, wie es sich in einer Welt der Sinnlichkeit anfühlt, in der man auf etwas Erotisches stößt, das einen emotional gefangen nimmt und umwirft. Vor fünfzig Jahren genügte eine Andeutung oder ein Wort wie „Schenkel" in einem Roman, um junge Menschen aufs Äußerste zu erregen. Heute wachsen die Jugendlichen ganz normal mit öffentlicher Pornografie und sexualisierter Werbung auf. Wir leben in einer Zeit der Ent-Erotisierung.

Warum besteht eine so hohe Affinität zu Prostitution und Pornografie?

Ist es die freizügige Gesellschaft, die uns erlaubt, ständig unsere Triebe auszuleben?

Haben die Triebe zugenommen?

Ist die Unzufriedenheit gestiegen, die sich darüber ein Ventil sucht oder resultiert der Fokus darauf einfach nur aus Langeweile?

Ist es den Männern zu kompliziert geworden, auf „normalem" Weg um eine Frau oder einen Partner zu werben oder sind es Bindungsängste?

Selbstverständlich kann man dieses Thema auch mit Plattitüden abschließen, indem man die Männer als „schwanzgesteuert" und die Frauen, die sich verkaufen, als „eiskalt berechnend" und „geldgeil" aburteilt. Das würde dem Erscheinungsbild allerdings nicht gerecht werden, denn es gibt sicher vielerlei Gründe und Ursachen dafür. Es verbirgt sich mehr hinter dem, was im

Zusammenhang mit Prostitution nüchtern als „Dienstleistung" bezeichnet wird. Für einen Teil der Männer ist damit die tiefe Sehnsucht nach Geborgenheit, Zärtlichkeit und körperlicher Nähe verbunden, die sich in der Illusion der käuflichen Liebe für einen kurzen Moment zu verwirklichen scheint und zur Sucht werden kann. Neulich habe ich ein Video gesehen, in dem ein verheirateter Mann berichtete, dass er viermal in der Woche zu Prostituierten geht. Wohlgemerkt, kein Single, sondern ein Mann, der in einer Partnerschaft lebt und diese Handlung damit begründet, seine Lust ausleben zu wollen.

Bei Männern spielt beim Geschlechtsakt sicher auch der unbewusste tiefe innere Wunsch, in den warmen Schoß der Mutter zurückzukehren, eine Rolle.

Einen Vaterersatz könnte man bei jungen Frauen vermuten, die sich auf ältere Männer einlassen, welche ihre Väter oder sogar Großväter sein könnten. Dieser neue Dienstleistungstrend aus den USA nennt sich „Sugarbabe" und „Sugar-Daddy". Der Sugar-Daddy soll ein reicher Gönner sein, der sein Sugarbaby finanziell langfristig aushält. Sugarbabys suchen üblicherweise nach einem glamourösen Lifestyle und teuren Geschenken. Der Sugar-Daddy zahlt für diese Affäre, wobei er sich nicht nur die reine Anwesenheit des Sugarbabys erhofft, sondern auch der Sprung ins Bett obligatorisch sein sollte. Letztlich handelt es sich auch bei dieser besonderen Form der Escort-Dienstleistung um Prostitution.

Auch Frauen bedienen sich so genannter Callboys, um zunehmend auf diesem Wege ihre sexuellen Wünsche erfüllt zu bekommen, allerdings läuft dies viel verborgener ab, als bei den Männern. Auch die Medien berichten darüber fast nichts. In der Öffentlichkeit wird über diese Kundinnen selten diskutiert. Für viele Menschen wird es zur Abhängigkeit und Sucht. Es ist die Suche nach Erfüllung und Befriedigung, aus einem inneren emotionalen Mangel heraus.

Wie ist es mit den Frauen, die ihre Dienste gegen Geld anbieten?

Ist es wirklich ein ganz normaler Beruf, wie es von vielen gerne dargestellt wird?

Gibt es nicht Ursachen, warum sich Frauen oder Männer prostituieren?

Verbirgt sich nicht auch bei ihnen dahinter oft die Sehnsucht nach Liebe und Geborgenheit?

Eine große Rolle spielt auch die Gewalt. Untersuchungen belegen, dass sich Frauen meistens dann prostituieren, wenn sie als Kinder oder Jugendliche Opfer von Gewalt wurden und sexuell benutzt bzw. missbraucht wurden. Oftmals ist der Vater nicht präsent und fehlt als Bezugsperson, manchmal sogar auch die Mutter. Viele Frauen hatten ihr „Zuhause" in einem Heim. Ein geringes Selbstwertgefühl verstärkt dann das Risiko, sich als Erwachsene weiterhin, dann halt gegen Geld, benutzen zu lassen und die fehlende Liebe durch schnellen Sex zu ersetzen. Möglicherweise spielt in diesen Fällen auch unbewusst das Verlangen eine Rolle, Männer genauso gefügig zu machen, wie sie es selbst durch diese erlebt haben. Allerdings muss man an dieser Stelle auch erwähnen, dass nicht jede Frau, die ähnliche Erfahrungen gemacht hat, zur Prostituierten wird.

Warum nimmt der käufliche Sex zu?

In den vergangenen Jahrhunderten wurden Ehepartner in der Regel von den Eltern zugewiesen, wie es aktuell immer noch in den orientalischen Ländern durchaus üblich ist. Hätte das nicht eher dafür gesprochen, solche Dienste in Anspruch zu nehmen? War damals eventuell die Schamgrenze bei den Menschen höher?

In der heutigen „offenen" Gesellschaft sind wir hingegen völlig frei, Beziehungen einzugehen oder können mühelos One-Night-Stands finden. Würde das im Grunde den käuflichen Sex nicht entbehrlicher machen?

Außerdem sind heutzutage die Kommunikations- und Kontaktmöglichkeiten über Internet etc. weitaus größer, als früher. Man kann als sexuell selbstbestimmtes Wesen immer und überall jemanden kennenlernen. Aus dieser Perspektive heraus betrachtet, hätte es damals mehr Gründe für die Hinwendung zum käuflichen Sex gegeben, als heute.

Sind wir etwa beziehungsmüde geworden?

Lieben wir mittlerweile das Unverbindliche, Oberflächliche ohne weitere Verpflichtungen, Konflikte oder Auseinandersetzungen?

Lassen wir uns etwa in diesem Marktsegment gleichermaßen von Marketingstrategien beeinflussen, wie das bei der „künstlichen" Bedarfsweckung für andere Produkte gilt?

Oder sind wir vielleicht deshalb oberflächlich, unverbindlich und scheuen tiefgründige Klärungen, weil wir nicht mehr wahrhaftig lieben können?

Trotz vieler Begegnungsmöglichkeiten innerhalb und außerhalb des Internets fühlen sich viele einsam. Befragungen haben ergeben, dass es nicht wenige Männer gibt, die bei Prostituierten ihre Einsamkeit überwinden wollen, sich dort verstanden und geborgen fühlen, wenn sie nur reden können. Manche wollen noch nicht mal Sex. Menschen sind soziale Wesen, die auch Berührung, Umarmungen, menschliche Nähe brauchen. Aber in einer Gesellschaft des Misstrauens ist es schwer, dies zulassen zu können. Bei der Inanspruchnahme einer Dienstleistung ist das wohl einfacher.

Vor allem in den westlichen Ländern erfahren Jungen und Mädchen sehr früh die emotionale Trennung von den Eltern. Das Gefühl von Nähe und Geborgenheit im elterlichen „Nest" wird vielfach ersetzt durch staatliche Betreuungsanstalten. Wir sind eine bindungslose Gesellschaft geworden, in der die Familie als ursprünglicher Hort des Vertrauens und der Geborgenheit immer mehr in den Hintergrund rückt.

Ich habe in meinem Buch „Ausgeklinkt" auf die Ökonomisierung unseres Lebens hingewiesen, die bis in die Privatsphäre hinein Einzug hält. Wir sind als Menschen zur Ware geworden und so ist es nicht verwunderlich bzw. sogar selbstverständlich geworden, sich dieser Ware zu bedienen. Mann und Frau als (lieblose) Objekte, die sich wechselseitig benutzen.

Demzufolge gibt es für Singles entsprechende Börsen, an denen man handelt. Anstelle von Aktien treten Profilbeschreibungen und Anforderungen. Diese führen dann zu einem „Deal" oder auch nicht. Es ist wie eine Bestellung aus dem Katalog. Man erstellt ein Raster und danach erfolgt schematisch die Auswahl des Partners.

Singles sind ständig auf der Suche nach dem richtigen Partner und oft enttäuscht. Eine Umfrage der Agentur „Parship" unter 13.000 Internetnutzern ergab, dass deutsche Singles pro Jahr nur 2,3 Verabredungen haben und das, obwohl das Angebot an Single-Börsen riesig ist und ständig wächst. Als schlimmste negative Erfahrungen bei den „Dates" wurde genannt:

Schlechter Atem, schlechte Zähne, Übergewicht, Kinder aus früherer Partnerschaft, gefärbte Haare, große Brüste, kleine Brüste, Brille.

Alles Äußerlichkeiten, die nichts über die inneren Werte und Qualitäten eines Menschen aussagen. Hinzu kommt, dass all diese äußerlichen Anforderungen an den Partner bzw. die Partnerin die Menschen bei ihrer Suche einschränken. Sie begeben sich ungewollt in einen selbstverschuldeten Mangel und wundern sich dann, warum sie den passenden Partner nicht finden.

Interessant ist übrigens, dass die meisten Singles auf Ehrlichkeit, Treue und Humor stehen. Das sind allerdings Eigenschaften, die sich erst feststellen lassen, wenn ich mich auf jemanden einlasse. Genau darin liegt das Problem. Es scheitert nämlich bereits daran, dass die hohen Erwartungen an die Äußerlichkeiten nicht erfüllt werden und deshalb weitere Treffen gar nicht mehr stattfinden. Beziehungen werden heute genauso konsumiert, wie Verbrauchsgüter. Kein Wunder, dass Beziehungen mittlerweile oftmals kurzlebig sind, so wie alles in unserer Konsum- und Wegwerfgesellschaft.

Unser gesamtes Leben ist auf Konsum und Benutzung ausgerichtet. Wir konsumieren Essen, Getränke, Fernsehprogramme, Songs, Comedy, Urlaub, Pornografie im Internet, Sex, Freunde, Partner etc.. Wir leben im absoluten Überfluss und doch sind wir ständig im inneren, emotionalen Mangel und unglücklich.

Woran liegt das?

Weil wir überwiegend in der „materiellen Außenwelt" und

damit im „Schein" leben. Wir achten auf unsere äußere Erscheinung, pflegen das Körperliche (was den Jugendwahn fördert), richten unsere Wirkung auf gesellschaftliche Vorgaben aus etc.

Materielle Güter dienen als Ersatz für nicht gelebte Emotionen. Wahres Glück kommt aber von Innen. Wir sollten deshalb unsere Herzen wieder mehr öffnen. Nach meiner Beobachtung sind viele Menschen nicht mehr fähig, wahrhaftig zu lieben, ihren tiefen Gefühlen zu folgen. Wenn wir hingegen in Harmonie mit Körper, Geist und Seele sind, spüren wir Kraft, Zuversicht und Freude.

Mancher, der glaubt zu lieben, konsumiert bzw. benutzt in Wirklichkeit oft nur. Dabei wird Liebe nicht selten durch schnellen Sex ersetzt. Wahre Liebe ist bedingungslos und erwartet nichts. Menschen erwarten aber ständig irgendetwas, stellen Ansprüche oder Bedingungen an den Partner und wundern sich dann, wenn die positiven Gefühle nachlassen. Schaut Euch die Single-Börsen im Internet an. Die Profile wimmeln nur so vor Bedingungen, Ansprüchen und Erwartungen.

Liebe ist mehr. Sie ist eine universelle, alles verbindende Energie. Sie ist Fülle. Liebe wertet nicht, sie fordert nicht. Sie ist nicht wirklich in Worte zu fassen. **Liebe ist.**

Liebe lässt sich nur fühlen und erleben, indem man von ganzem Herzen liebt. Liebe das Leben, dann lebst du die Liebe. Das ist zwar vereinfacht ausgedrückt, aber im Grunde ist es wirklich so, dass alle Voraussetzungen für die Liebe geschaffen sind, wenn du dich ohne Wenn und Aber vorbehaltlos auf das Leben einlässt. Das bedeutet, alles anzunehmen, was ist. Dorthin zu kommen, kann allerdings ein langer Weg sein und jeder darf sich seine eigene Zeit dafür nehmen. Es gibt außerdem keinen Zwang dazu. Du kannst dich auch dagegen entscheiden, solltest dann aber auch die Verantwortung dafür tragen und die Konsequenzen akzeptieren.

Die Schwierigkeit besteht darin, dass Menschen ganz unterschiedliche Vorstellungen von der Liebe in ihren Köpfen haben. Nur aus dieser eigenen Vorstellung heraus kann man das, was man für Liebe hält, leben. Selbstverständlich kann man seine Vorstellungen im intensiven emotionalen Austausch mit anderen Menschen auch verändern und dadurch sein eigenes Leben noch bunter werden lassen.

Wer um Liebe bittet, begibt sich in den Mangel. Wir haben in der Kindheit gelernt, auf bestimmte Situationen zu re-agieren. Das vermittelt uns den Eindruck, als ob wir das Geschehen nicht selbst in der Hand hätten. Es bedarf einer Neuorientierung des Denkens, nämlich, dass wir Schöpfer unseres Lebens sind. Das bedeutet, wir können uns umpolen von der fremdgesteuerten, manchmal reflexartigen Re-Aktion zur aktiv gesteuerten bewussten Aktion. Aktion bedeutet in diesem Zusammenhang Klärung durch Auseinandersetzung mit sich und der Welt. Dies umfasst auch die Bewältigung und Auflösung von Konflikten. Daran kann man innerlich wachsen und sich entwickeln.

Auch die Liebe ist ein aktiver Prozess. Wenn wir uns ganz bewusst darauf einlassen, kommt die Liebe in ihre Kraft. Warten wir allerdings, bis sie uns begegnet, verkümmern wir, fühlen uns einsam und leer. Nur im aktiven, selbstlosen Geben ohne Erwartungen, erfährst du die Fülle der Liebe. Geben bedeutet gleichzeitig empfangen. Alles was ich gebe, wird mir gegeben. Das lässt sich bei einer Umarmung gut beobachten.

Die meisten Menschen haben jedoch gelernt, Liebe zu geben, mit dem Hintergedanken, Liebe zurückzubekommen. Es ist wie ein Tauschhandel. Sie verströmen sich nicht, sie verschenken sich nicht freigiebig. Sie teilen aus, aber nicht vorbehaltlos. Aus dem Augenwinkel beobachten sie, ob es erwidert wird oder nicht. Doch das Naturgesetz der Liebe entspricht dem Naturgesetz der Anziehung (Resonanz). Wer Liebe verströmt, zu dem wird sie zurückkommen. Egal wann, wo und von wem.

Und wenn sie nicht kommt, macht euch keine Sorgen. Ein Liebender weiß, dass Lieben glücklich macht. Wenn es erwidert wird – gut, dann vervielfacht sich das Glück. Doch selbst wenn es nicht erwidert werden sollte, macht der Akt des Liebens euch so glücklich und ekstatisch – wen kümmert es da, ob die Liebe erwidert wird?

Die Liebe hat ihre eigene, ihr innewohnende Glückseligkeit. Sie stellt sich ein, wenn man liebt. Man braucht nicht auf das Ergebnis zu warten. Fange einfach an zu lieben, und allmählich wirst du sehen, wie viel Liebe zu dir zurückkommt.

MAN KANN NUR ERLEBEN UND ERFAHREN, WAS LIEBE IST, INDEM MAN LIEBT.

Genau wie man schwimmen lernt, indem man sich dem Wasser anvertraut und losschwimmt, so lernt man lieben, indem man sich dem Leben anvertraut und losliebt.

Aber manche Menschen sind sehr knauserig. Heutzutage ist bekanntlich „Geiz geil". Sie warten auf die große Liebe. Und erst dann, wenn sie glauben diese gefunden zu haben, ja dann werden sie lieben! Aber nur nicht zu viel, denn man könnte ja verletzt und enttäuscht werden.

Sie bleiben verschlossen und in sich gekehrt. Und sie warten. Irgendwann, irgendwo wird die Traumprinzessin oder der Traumprinz auftauchen und dann werden sie ihr Herz öffnen. Aber bis es soweit ist, haben sie völlig verlernt, wie es geht. Und sie wundern sich, dass niemand auftaucht. Lasse keine Gelegenheit vorbeigehen, um zu lieben! Selbst auf der Straße, im Vorbeigehen, kann man liebevoll sein. Auch zu einem Bettler kann man liebevoll sein. Es ist nicht nötig, ihm etwas zu geben, aber lächeln kann man. Es kostet nichts. Im Gegenteil, du bekommst sogar noch etwas, nämlich Wärme. Denn dein Lächeln öffnet dein Herz. Es bringt Leben in dein Herz und lässt die Herzen der Angelächelten öffnen. Ein Lächeln ist die kürzeste Verbindung zwischen zwei Menschen und wird von jedem gleich verstanden. Es ist eine nonverbale Sprache, die keiner Übersetzung bedarf. Der Flirt, der auch mit Lächeln einhergeht, ist die kleine Schwester der Liebe.

Nimm jemanden bei der Hand: Einen Freund, einen Fremden. Warte nicht solange, bis der Richtige kommt, den du lieben kannst. So wird der Richtige nie kommen. Liebe einfach. Und je mehr du liebst, um so größer ist die Wahrscheinlichkeit, dass der oder die Richtige zu dir findet, weil dein Herz anfängt zu blühen und deine liebevolle Ausstrahlung eine anziehende Wirkung hat. Ein Herz in voller Blüte lockt viele Bienen an, viele Liebende. Hast du schon mal beobachtet, wie Menschen strahlen, wenn sie in Liebe sind? Ist das nicht erstrebenswert?

Manche setzen die wahre Liebe mit Erleuchtung gleich. Nun, das mag für die universelle Liebe gelten und trifft womöglich für alle Lebewesen zu, die in die Natur eingebunden sind und sich deshalb nicht gegen die Liebe entscheiden können. Der Mensch kann das, weil er sich als abgetrenntes Individuum wahrnimmt. Natürlich kann der Mensch Erleuchtung anstreben, um wieder das vollständige Gefühl der All-Einheit zu spüren. Möglicherweise gibt es erleuchtete Menschen. Aber können und wollen diese Menschen mit dieser Vollendung dann überhaupt noch weitere Erfahrungen sammeln? Ist nicht mit der Erleuchtung das Ziel und der Zweck des irdischen Daseins bereits erfüllt und ein weiteres Verbleiben auf der Erde überflüssig?

Ich bin der Meinung, dass wir Menschen auf die Erde kommen, um Erfahrungen zu sammeln. Dies geschieht durch Begegnungen. Ich finde es wunderbar, sich auf den Weg zu machen, um die wahre Liebe zu erfahren. Deshalb gehe ich diesen Lebensweg und es kommt dabei nicht darauf an, irgendein Ziel zu erreichen. Ich strebe deshalb auch nicht (mehr) an, perfekt zu sein. Perfektion ist eine Illusion auf der Grundlage einer begrenzten Vorstellung von „Richtig" oder „Falsch". Wenn du diesen einengenden Anspruch loslässt, entdeckst du deine natürliche Vollkommenheit und Fülle.

In der spirituellen Szene gibt es Menschen, die sich für erleuchtet halten. Aber wie vieles im Leben kann auch das lediglich eine Illusion sein. Meine Erfahrung ist, dass diejenigen die viel über Erleuchtung reden, in der Regel noch einiges zu bearbeiten haben.

So ist es mit der Liebe gleichermaßen. Wer Liebe lebt, muss nicht mehr großartig darüber reden. Er trägt sie in sich und verbreitet sie in der Welt.

Echte Liebe ist nicht an Bewertungen und Vorlieben gebunden, sondern völlig frei. Sie ist das, was man als rein bezeichnet, voller Klarheit, unveränderlich und allumfassend. Es ist die bedingungslose Fülle in universeller Harmonie, die in ihr wohnt.

„Bedingungslose Liebe aus menschlicher Sicht:

- *Ich respektiere deine Entscheidungen, auf welche Weise auch immer du deine Lektionen lernen möchtest.*
- *Ich weiß, wie wichtig es ist, dass du genau der Mensch bist, der du sein möchtest, und nicht der, den andere von dir erwarten.*
- *Ich weiß nicht wirklich, was für dich das Beste ist, obwohl ich vielleicht manchmal meine, es zu wissen.*
- *In Demut beuge ich mich der Erkenntnis, dass jenes, was ich für mich als das Beste empfinde, nicht auch für dich das Richtige sein muss.*
- *Ich war nicht dort, wo du warst und habe das Leben nicht aus deinem Blickwinkel gesehen.*
- *Ich weiß weder ‚welche Lernaufgaben du dir ausgesucht hast, noch wie oder mit wem du sie lösen möchtest, noch welche Zeitspanne du dir dafür vorgenommen hast.*
- *Ich habe nicht aus deinen Augen geblickt. Wie könnte ich also wissen, was du benötigst?*
- *Ich lasse dich durch die Welt gehen, ohne deine Handlungen zu beurteilen.*
- *Ich sehe, dass es viele Möglichkeiten gibt, unsere Welt zu betrachten und zu erfahren.*
- *Ich fälle keinerlei Urteil. Denn wenn ich dein Recht auf deine Entwicklung abspräche, so würde ich dasselbe auch für mich und alle anderen tun.*

- *Jenen, die einen anderen Weg wählen, als ich, werde ich doch niemals die Liebe verweigern, die Gott mir geschenkt hat, damit ich sie der ganzen Schöpfung schenke.*
- *Wie ich dich liebe, so werde auch ich geliebt. Was ich säe, das werde ich ernten.*
- *Es könnte sein, dass ich dich tatenlos sehe und dies für wertlos halte, und doch könnte es sein, dass du großen Balsam in die Welt bringst, wie du so da stehst, gesegnet vom Licht Gottes.*
- *Ich weiß, dass du genauso geleitet wirst, wie ich und deinem inneren Pfad folgst.*
- *Ich weiß, dass die vielen Rassen, Religionen, Sitten, Nationalitäten und Glaubenssysteme unserer Welt Reichtum bescheren und wir großen Nutzen und viele Lehren aus ihnen ziehen können.*
- *Ich weiß, dass wir jeder für sich auf einmalige Weise lernen, wie wir Liebe und Weisheit zu dem großen Ganzen zurück bringen können.*
- *Ich liebe dich nicht nur dann, wenn du dich so verhältst, wie es meiner Vorstellung entspricht und wenn du an die gleichen Dinge glaubst, wie ich.*
- *Ich begreife, dass du meine Schwester oder mein Bruder bist, auch wenn du an einem anderen Ort geboren wurdest und an einen anderen Gott glaubst, wie ich.*
- *Die Liebe, die ich fühle, gilt der ganzen Welt Gottes. Ich weiß, dass alles Lebendige ein Teil*

Gottes ist und tief im Herzen hege ich Liebe für jeden Menschen, jedes Tier, jede Pflanze, für die gesamte Natur und alle Geschöpfe der Welt.

- *Ich verbringe mein Leben im liebenden Dienst, verstehe die Vollkommenheit göttlicher Wahrheit immer ein bisschen mehr und werde immer glücklicher in der Heiterkeit bedingungsloser Liebe."*

(Sandy Stevenson)[37]

Und hier noch eine Ergänzung von mir:

„Ich nehme mich auch selbst so an, wie ich bin. Alles ist gut wie es gerade ist. Gleichwohl gestatte ich mir, innerlich zu wachsen und zu reifen.

Ich verurteile mich nicht dafür, wenn es mir nicht immer gelingt. Denn ich muss mich zu nichts zwingen, will auch nicht perfekt werden, weil ich bereits vollkommen bin. Das Bewusstsein über diese Gnade bringt die nötige Gelassenheit. Dies bietet die Möglichkeit, bei allen Veränderungsprozessen, zu denen ich mich freiwillig entschließe, liebevoll und achtsam mit mir umzugehen.

Ich bleibe meiner Haltung zur bedingungslosen Liebe treu, auch wenn mir gegenüber Erwartungen, Unverständnis, Bewertungen oder Verurteilungen entgegengebracht werden."

Viel Freude und Kraft beim Üben! Nur die Übung macht den Meister!

Ohne Selbstliebe keine Nächstenliebe

„Alle Liebe dieser Welt ist auf Eigenliebe gebaut."
(*Meister Eckhart, Mystische Schriften*)[38]

„Wer sich selbst nicht auf die rechte Art liebt,
kann auch andere nicht lieben.
Denn die rechte Liebe zu sich
ist auch das natürliche Gutsein zu anderen.
Selbstliebe ist also nicht Ichsucht, sondern Gutsein."
(Robert Musil)[39]

„Liebe lebt und wächst
in der Begegnung auf Augenhöhe"

(Martin Exner)

Ich glaube, Robert Musil meinte mit Gutsein nicht den meist verächtlich genannten „Gutmenschen." Jeder Mensch trägt auch das so genannte „Böse" in sich. Wir sind nicht perfekt und das sollte man aus meiner Sicht auch nicht anstreben. Es geht vielmehr darum, dass man mit anderen so umgeht wie man mit sich selbst umgeht bzw. wie man möchte, dass man uns begegnet. Es gibt bekanntlich die Volksweisheit: „Was du nicht willst, das man dir tu`, das füge keinem anderen zu." Nun ist das leichter gesagt, als getan. Denn wir fügen anderen Menschen meist unbewusst Leid zu, weil wir auch aus den eigenen Verletzungen bzw. Kränkungen heraus handeln und darin gefangen sind. Hinzu kommt, dass wir aufgrund unserer Prägungen und Erfahrungen mit uns selbst zumeist mehr oder weniger unzufrieden sind. Aus dieser eigenen Unzufriedenheit heraus kritisieren wir dann auch andere Menschen, erwarten aber gleichzeitig, dass man uns so akzeptiert, wie wir sind. Deshalb ist es enorm wichtig, dies nicht von anderen Menschen zu erwarten. Denn der Fokus darauf führt zu einem inneren Mangel, sobald die Erwartungen nicht erfüllt werden. Sinnvoller ist es, daran zu arbeiten, sich bewusst zu machen, dass wir vollkommen sind und uns deshalb selbst bedingungslos lieben, achten und annehmen dürfen. Sind wir insoweit gestärkt, machen wir uns von dem Urteil anderer Menschen unabhängiger.

Selbstliebe ist nicht zu verwechseln mit Egoismus. Dieser entsteht nämlich gerade aus Mangel an Selbstliebe. Weil ich mich selbst für wertlos, minderwertig oder schlecht halte, fühle ich mich ständig zu kurz gekommen und suche dann im Außen einen Ausgleich zu Lasten anderer.

Die Selbstliebe hingegen ist eindeutig abgegrenzt von Überheblichkeit, Selbstsucht bzw. Narzissmus. Die narzisstische Selbstgefälligkeit resultiert aus einer inneren Leere, einem Mangel an Selbstwertgefühl, das durch Eitelkeit, Arroganz und Selbstverliebtheit kompensiert wird. Diese Menschen haben in der Regel ein geringes Einfühlungsvermögen, weil sie nur auf sich fixiert sind. Sie sind auf ein hohes Maß an Bewunderung und Anerkennung von Außen angewiesen. Das Umfeld wird jedoch nur für das eigene Ego benutzt.

Selbstliebe bzw. Selbstachtung ist im Gegensatz dazu gekennzeichnet von einem gesunden Selbstvertrauen, einer inneren Balance. Es ist die Wertschätzung sich selbst gegenüber aus dem Bewusstsein der Einzigartigkeit heraus und der innere Weg zu sich selbst, der anerkennt, dass alles mit allem verbunden ist. Bedenke immer dabei: Die Evolution hat seit Entstehen des Universums rund 14 Milliarden Jahre gebraucht, um Dich auf diese Welt zu bringen. DU bist ein unverwechselbares geliebtes Wesen, dass es so nie wieder geben wird. Viele dieser einzigartigen „Schätze" (Individuen) verschmelzen zu einem wundervollen, vollkommenen Ganzen. Erst durch DICH wird das Ganze vollständig. DU bist also wichtiger, als du vielleicht denkst. Deshalb ist dein Weg zur Selbstliebe ein Beitrag zur Heilung für das Ganze.

Der Zusammenhang von Selbst- und Nächstenliebe besteht darin, dass Liebe grundsätzlich unteilbar ist. Man kann die Liebe zu anderen nicht von der Liebe zum eigenen Selbst trennen. Es ist EINS. Erst die eigene Liebesfähigkeit eröffnet die Möglichkeit, anderen in Liebe achtsam, wertschätzend und verantwortungsbewusst zu begegnen. Und diese Begegnungen können wiederum zur weiteren Heilung des eigenen Selbst beitragen. Dieser Prozess der wachsenden Liebe resultiert aus einem immerwährenden Wechselspiel des Austausches in der persönlichen Begegnung des „Ich" mit dem „Du" auf gleicher Augenhöhe. Dies ermöglicht einen Kontakt auf der Seelen-Ebene. Diese ständige Rückkopplung durch die eigene Selbstreflexion führt zu einer Bejahung des Lebens, die alles andere Leben akzeptiert und in Liebe annimmt.

All das, was ich in diesen Prozessen an Widerständen, Schatten und Verletzungen nicht auflöse, übertrage ich in Form von Projektionen auf meine Mitwelt. Ich kann andere nur so annehmen, wie mich selbst. So wie ich mich eingrenze, grenze ich andere ein bzw. aus. Wenn ich mir selbst nicht verzeihen kann, fällt es mir bei anderen ebenfalls schwer. Fühle ich mich schuldig, suche ich auch im Außen Schuldige. Lebe ich in Angst und traue mir selbst nicht, dann kann ich auch anderen nicht vertrauen.

Überlege mal, wie oft du dich selbst verurteilst oder kritisierst. Immer, wenn du dich zu dick fühlst, deine Fältchen ablehnst oder dich insgesamt nicht attraktiv oder klug genug findest, bist du in der Selbstverurteilung. Oder denke an die Schuld- und Schamgefühle, weil du bestimmte Entscheidungen oder Verhaltensweisen bereust bzw. bestimmte Wünsche für unanständig hältst etc. All das beeinträchtigt deine Selbstliebe und Selbstachtung. Erst wenn du dir selbst dafür vergibst, kannst du dich vorbehaltlos annehmen. Dann kannst du auch anderen Menschen vergeben und sie dadurch ebenfalls annehmen, wie sie sind.

Du kannst die Selbstannahme täglich mit deinem Spiegelbild üben. Benutze den Spiegel nicht nur für die Morgenroutine, nämlich um dich zu schminken, zu rasieren oder Zähne zu putzen. Rede mit deinem Spiegelbild. Vertraue dich ihm an. Schau, wie das Gesicht im Spiegel reagiert. Lass es auf dich wirken. Freunde dich mit dir selbst an, bis hin zur Bewunderung. Wenn du dich traust, dann hauche in den Spiegel: „Du liebst mich." Vielleicht irritiert dich diese Aussage im ersten Moment, aber du wirst sehen, dass sie eine besondere Wirkung hat. Kannst du dich noch erinnern, wie du als Kind dein Spiegelbild geküsst hast? Hast du nicht? Dann mache es jetzt oder wiederhole es einfach! Für Kinder ist es auch völlig normal, „Grimassen zu schneiden." Erlaube es dir gleichermaßen als Erwachsener. Du kannst die Wahrnehmung auf deinen ganzen Körper ausdehnen, wenn du einen großflächigen Spiegel hast. Genieße deinen Anblick, bewege dich und suche nach Stellen, die du ganz besonders magst und gut findest. Umarme und liebkose dich.

Die größte Schwierigkeit in der Dualität ist für uns Menschen die vermeintliche Trennung des „Ich" vom „Du", die es in Wirklichkeit nicht gibt, aber durch unsere Individualität gelebt wird und uns andererseits auch erst ermöglicht, uns selbst bewusst zu werden. Wenn wir erkennen, dass alles Eins ist, dann wird auch klar, dass wir alles, was wir anderen und Mutter Erde antun, gleichzeitig uns selbst antun.

Leider beobachte ich insbesondere in spirituellen Kreisen immer wieder Menschen, die so sehr mit sich selbst, ihren Transformationsprozessen und ihrer Anbindung an die Schöpfung beschäftigt sind, dass sie darin hängen bleiben und den liebevollen Kontakt zu anderen vernachlässigen, wodurch sie Schwierigkeiten damit haben, in einer Begegnung hineinzuspüren, welche Bedürfnisse das andere Wesen hat. Damit werden unbewusst die eigenen Bedürfnisse über die der anderen gestellt, was leicht zur Egozentrik führen kann.

Nur Selbstliebe, die in einer ständigen Verbindung und liebevoll empathischen Auseinandersetzung mit allem Leben ist, führt zur wahren Authentizität. Sobald ich mich in diesem fortwährenden Austausch so annehme, wie ich bin und mich nicht mehr verbiege oder anpasse, kann ich auch so sein und entsprechend wirken. Das Innere ist mit dem Außen stimmig. Dann habe ich quasi meine „Position" im Gesamtgefüge gefunden und muss auch nicht mehr versuchen, andere hin und her zu rücken.

Als soziale Wesen suchen wir intuitiv die Gemeinschaft. Einsamkeit kann überwunden werden, sobald wir die liebevolle, bewusste Gemeinschaft MIT UNS SELBST eingehen. Dies ist Voraussetzung für eine wahrhafte ehrliche Gemeinschaft mit anderen Menschen. Selbstliebe stärkt auch die Fähigkeit, sich mit Menschen zu umgeben, die einem gut tun und die Fähigkeit auch einmal „Nein" sagen zu können, sich nicht zu verbiegen und sich somit selbst treu zu bleiben. Das setzt sehr viel positive Energie frei und führt zu einer vorbehaltlosen, offenen Zuwendung gegenüber anderen Menschen.

Durch Erziehung und gesellschaftliche Einflüsse haben wir allerdings gelernt bzw. vermittelt bekommen, nicht gut genug zu sein und es irgendjemanden oder im schlimmsten Fall allen Recht machen zu müssen. Dieses Minderwertigkeitsgefühl kann sich nach innen richten und sich beispielsweise in Depressionen oder Selbstzerstörung, wie Ritzen äußern. Es spiegelt sich jedoch genauso im Umgang mit unseren Mitmenschen und zeigt sich z.B. in Neid, Eifersucht, Hass und Wut oder indem wir andere als Objekt benutzen. Ein gesellschaftliches Miteinander ist weder fruchtbar noch friedvoll, wenn es von solchen „negativen" Emotionen beeinflusst ist.

All diese Verhaltensweisen sind nicht böswillig, sondern resultieren aus der starken inneren Sehnsucht geliebt zu werden und Beachtung sowie Gehör zu finden. Dieser Wunsch ergibt sich aus der verinnerlichten Überzeugung, sich nicht genügend geliebt zu fühlen, weil man in der Kindheit erfahren hat, dass man es nicht wert ist, geliebt zu werden, solange man sich nicht anpasst bzw. unterordnet. Daraus entsteht ein Kampf um Liebe und wenn man sie endlich erwischt, wird man sie nicht mehr loslassen wollen, um seinen eigenen Mangel auszugleichen. Damit engt man den anderen jedoch ein, erdrückt ihn und es kommt meist zum Bruch oder leidvollen, lieblosen Auseinandersetzungen. Das Fatale daran ist, dass dies wiederum die verinnerlichte Überzeugung bestätigt und dadurch ein verhängnisvoller Teufelskreis entstehen kann. Es sei denn, man vergibt sich und den anderen.

Warum ist es meistens so schwer, sich selbst zu akzeptieren?

Es ist unser kapitalistisches Wirtschaftssystem, das von uns den ständigen Konkurrenzkampf fordert, der durch unsere Art der Erziehung sowie Bildung in Schule und Beruf bestätigt bzw. bedient wird. Dieses Konkurrenzdenken verinnerlichen wir unbewusst und damit bestimmt es unser gesamtes Leben, also auch unseren privaten Bereich, unseren Umgang mit anderen Menschen und unseren Lebenspartnern. Bei uns selbst löst es den Gedanken aus, „ich muss besser, stärker, schöner werden als bisher." Dieses Wettkampfdenken geben wir meist unbemerkt an unsere Kinder weiter. Lassen wir uns auf diesen Wettkampf ein, entsteht ein unweigerlicher Drang, besser sein zu wollen, als andere. Und wenn ich besser sein will, bedeutet es im Umkehrschluss, dass ich nie gut genug bin. Denn wenn wir gut genug wären, müssten wir uns ja nicht verbessern, oder? Verbessern ist in diesem System allerdings bezogen auf die Leistungsfähigkeit, das Aussehen, das Auftreten, unsere Rhetorik etc. Also alles Faktoren im „Außen." Diese Wettkämpfe enden immer mit Siegern und Verlierern.

Wie oft warst du schon Verlierer?

Wie hast du dich dabei gefühlt? .....Siehst du!

Was passiert dann in den allermeisten Fällen?

Man gibt resignierend auf, wird gleichgültig oder kämpft weiter. Wenn man weiter kämpft, unterwirft man sich automatisch erneut dem Konkurrenzdruck mit all den bekannten Folgen. Es ist das, was ich gerne mit „Hamsterrad" bezeichne.

Jetzt wirst du mir möglicherweise entgegnen, dass es keine andere Wahl gibt. Doch, die gibt es!

Nämlich dann, wenn wir unsere innere Haltung und Glaubensmuster ändern, wodurch wir zu neuen Überzeugungen gelangen können. Deshalb wächst eine Gruppe von Menschen, die dies erkannt hat und sich beispielsweise für ein kooperatives Wirtschaftssystem politisch engagiert, in dem man sich gegenseitig bereichert, ohne dass jemand auf der Strecke bleiben muss. Das schließt nicht den Wettbewerb der Fähigkeiten aus, sondern führt vielmehr zu einer gegenseitigen Förderung und Entfaltung der Potenziale zum Wohle aller.

Wie wäre es, willst du auch dabei sein und mithelfen?

Wichtig ist daher zunächst, sich diese ganzen Zusammenhänge und Strukturen, in denen wir leben, bewusst zu machen. Erst wenn wir dadurch gedanklich das System hinterfragen und uns insoweit herausnehmen, sodass wir uns in eine Beobachterrolle versetzen können, sind wir in der Lage, den wahren Kern unseres Selbst zu erkennen, um uns dann als die wirkliche eigenständige Persönlichkeit anzunehmen, mit allen Stärken und Schwächen. Jeder Mensch ist wertvoll und gut, so wie er ist. Wir sind als Schöpfung vollkommen und müssen uns deshalb nicht einem System unterwerfen, das uns ständig den Eindruck vermittelt, wir seien nicht wertvoll genug.

Aber wenn wir vollkommen sind,

warum haben wir dann Stärken und Schwächen?

Weil das unsere gesamte Persönlichkeit als natürliches Lebewesen ausmacht. Wir sind keine Maschinen, die perfekt funktionieren sollen, auch wenn wir immer mehr von ihnen umgeben sind und dadurch manchmal der Eindruck entsteht, als seien wir selbst welche.

Das ist eben der Unterschied zwischen Vollkommenheit und Perfektion. Ich gehe im hinteren Teil des Buches noch einmal darauf ein.

Und warum sollen wir an uns arbeiten oder Dinge auflösen, wie uns spirituelle Lehrer immer wieder sagen?

Das steht doch im Widerspruch zur Vollkommenheit, oder?

Nein. Es erscheint einem im ersten Moment vielleicht als Widerspruch, wenn man es nur vom logischen Verstand aus betrachtet. Aber in Wirklichkeit schließt das eine das andere nicht aus. Ich möchte das mal vergleichen mit einem Fossil. Dieses versteinerte Wesen ist in seiner Vollkommenheit zunächst von außen nicht erkennbar. Erst wenn die Schieferplatten Stück für Stück behutsam entfernt werden, zeigt es sich in seinem wahren Glanz und seiner Vollkommenheit.

So ist es auch bei uns Menschen. Wir kommen vollkommen auf dieses Welt, aber durch viele Prägungen, traumatische Erlebnisse und seelische sowie körperliche Verletzungen, haben wir eine Schutzschicht um uns herum angelegt, die unsere wahre Schönheit verbirgt. Und genau das wird zum Dilemma für uns, nämlich sich trotzdem so anzunehmen, wie wir gerade in diesem Moment sind. Denn es schwingen ja auch immer unsere Erfahrungen aus der Kindheit und dem weiteren Verlauf unseres Lebens mit, dass wir in irgendeiner Weise nicht gut genug sind und wir erleben ja auch oft genug Ablehnung. Wenn wir uns jedoch unserer inneren göttlichen Schönheit bewusst werden und dies erkennen, dann können wir uns auch mit unserem angesammelten Ballast annehmen. Das ist der erste entscheidende Schritt zur Entfaltung. Die nächsten wichtigen Schritte sind, den Ballast abzuwerfen und Hemmnisse sowie Widerstände aufzulösen. Es geht darum, die Liebe, die in uns steckt und immer da ist, von ihren Fesseln zu befreien, damit sie mit ihrer ganzen Kraft und Fülle wirken kann. Die Befreiung der Liebesquelle von diesen „Verstopfungen" führt wieder zu einem starken Liebesfluss. Diese Entfaltung als Geschöpf der Liebe nennt man auch inneres Wachstum, das unser Licht in vollem Glanz strahlen lässt, wodurch alles um uns herum entzündet und gewärmt wird.

Erst wenn wir diese Prozesse für uns selbst jeweils akzeptieren und kontinuierlich daran arbeiten, können wir auch immer mehr bedingungslose Liebe ausstrahlen und empfangen. Wer in Liebe handelt, hat auch die Fähigkeit, zu verzeihen. Eine wichtige Voraussetzung, um Wut, Hass und Neid sowie Eifersucht aufzulösen. Mit der Vergebung lasse ich eine leidvolle Vergangenheit los und kann dadurch meinen Blick auf das Hier und Jetzt konzentrieren.

Wichtig ist – wie bereits erwähnt - auch die Fähigkeit, sich selbst verzeihen zu können. Denn wenn ich mir selbst nicht verzeihen kann, fehlt mir ebenfalls die Bereitschaft bei anderen Menschen. Das gleiche gilt für Schuld. Suche ich für alle Vorfälle Schuldige, übernehme ich keine Verantwortung, bekomme aber trotzdem die Schuld gespiegelt. Handele ich eigenverantwortlich und in dem Bewusstsein, dass niemand perfekt ist, befreie ich mich von der eigenen Schuldenlast, die ich unbewusst angehäuft habe und kann dann auch das Verhalten anderer entschuldigen.

Nur wenn man sich mit sich selbst ausgesöhnt hat, kann man auch versöhnlich mit anderen umgehen. Sind wir von der Liebe zu uns selbst getrennt, werden wir auch immer bei anderen eine Trennung hervorrufen wollen.

Über die Kraft der Liebe sind sich die meisten Menschen bewusst. Aber wie schwer fällt es vielen, das in die Praxis umzusetzen. Und erst recht, wenn es über die Liebe in Familie oder Lebensgemeinschaft hinaus geht. In Matthäus 5, Vers 44 der Bibel heißt es „Liebet Eure Feinde".[40] Da kommt bei den meisten erst einmal Widerstand auf. Immer wenn in uns Widerstand entsteht, hat es etwas mit uns selbst zu tun, mit unseren eigenen Schatten, die noch zu bearbeiten und zu integrieren sind. Das, was ich bei anderen ablehne, lehne ich unbewusst bei mir ab, obwohl es vorhanden ist. Es besteht die Tendenz, die eigenen blinden Flecken, also das, was ich an mir selbst nicht mag, wegzudrücken. Erst die ganzheitliche Auseinandersetzung mit mir selbst, bringt mich zur Auflösung meiner Widerstände und zu innerem Wachstum, um mein höheres Selbst zur Entfaltung zu bringen.

Es bedarf deshalb also immer neuer Übung im Umgang mit Liebe.

Aus privaten Beziehungen wissen wir, welche positive Wirkung die Liebe hat. Die Kunst ist jedoch, die Liebe allgegenwärtig werden zu lassen. Aus Liebe handeln und in Liebe unsere Fähigkeiten sowie Fertigkeiten für die Gemeinschaft einbringen ohne Erwartungen, ist ein sehr wertvolles, erstrebenswertes Ziel und keine Utopie. Es ist umsetzbar, sobald wir es aus tiefstem Herzen wirklich wollen.

Wenn wir ohne Erwartungen sind, können wir auch dankbar sein, für das, was ist! Die Fähigkeit zur Dankbarkeit wirkt befreiend und heilend. Sie ist eine wichtige Voraussetzung, um Verzeihen zu können.

Mir fällt die fehlende Selbstliebe vieler Menschen auf und die damit einhergehende Verlustangst, die bei mir früher auch vorhanden war. Diese führt zu Stress, weil man immer gegen den vermeintlichen Verlust ankämpfen muss. Raff-Sucht, auch Gier genannt, kann daraus entstehen und ist ein kläglicher Versuch, diesen Mangel an Selbstliebe auszugleichen. Nach der Kirchenlehre ist Gier eine der sieben Todsünden. Die übrigen sind Hochmut, Wollust, Zorn, Völlerei, Neid und Faulheit bzw. Ignoranz. Alle diese so genannten „Sünden" sind letztlich ein Zeichen für mangelnde Liebe.

Liebe, die den Verlust des Partners befürchtet, erzeugt zusätzlichen Druck sowie Konflikte durch Misstrauen. Dieses äußert sich in Eifersucht, wodurch letztlich die Liebe schrumpft und deren Fluss schlimmstenfalls versiegt.

Fühlen wir uns nur dann gut, wenn jemand uns liebt, machen wir uns abhängig. Wir sind im wahrsten Sinne Süchtige. Wir bekommen etwas Stoff vom anderen, aber nur, weil der wiederum hofft, etwas Stoff von uns zu bekommen. Beide glauben, der andere wäre ein Dealer mit einem großen Vorrat. Diese Abhängigkeit führt zu Verlustangst, die dann zu Eifersucht führt. Eifersucht ist kein Beweis für Liebe. Sie ist lediglich der Beweis für Angst und ein geringes Selbstwertgefühl. Die Beziehung endet, wenn der tatsächliche winzige Vorrat an Suchtstoff beider aufgebraucht ist. Man fühlt sich leer. Diese Leere wird dann oft durch Ersatzhandlungen im Außen (z.B. steigender Konsum oder Gebrauch von Drogen als neuer Suchtstoff) kompensiert.

Wer seinem Partner die Freiheit lässt, zeigt sein Vertrauen und sein Selbstbewusstsein. Der Verzicht auf Machtspiele erschafft das Gefühl der Freiheit. Freiheit ist eine wichtige Voraussetzung, um Angst aufzulösen und das sorgt für Frieden.

Liebe schafft weder Leid noch Probleme. Nur unser Fordern, Wünschen und Denken über die Liebe.

„Du kannst auf vielerlei gesunde Weise ausdrücken, dass du deine Körperlichkeit ehrst. Schließe Frieden mit deinem Körper; akzeptiere ihn so, wie er ist; hege und pflege ihn; ernähre ihn gut; bewege ihn lustvoll; bewundere seine Schönheit; ehre ihn durch bequeme Kleidung; behandle ihn wie einen Tempel; fühle dich darin so wohl wie in einem Festsaal; bestaune ihn wie einen Palast. Es ist manchmal nicht einfach, mit dem eigenen Körper in Frieden zu leben, was bedeutet, sich mit einem Körper anzufreunden, der man ist und der man wieder nicht ist. Daher hat dieser Frieden etwas Paradoxes. Wir sind dazu eingeladen, unseren Körper zu lieben und zu nähren, als ob er ewig lebte, obwohl wir genau wissen, dass er verfallen wird und wir ihn am Ende unseres Lebens verlassen. Mit diesem Paradox umzugehen ist eine schwierige spirituelle Aufgabe, aber nach dieser Wahrheit zu leben ist die höchste Form der Liebe, die man seinem unglaublichen Körper schenken kann."

(Daphne Rose Kingma)

Wo Liebe herrscht, hat Angst keine Macht

Wo Angst herrscht, kann Liebe sich nicht entfalten

"Die völlige Liebe treibt die Furcht aus."

(Martin Luther)[41]

"Hast du Angst vor dem Tod?"
fragte der kleine Prinz die Rose.
Darauf antwortete sie:
"Aber nein! Ich habe doch gelebt,
ich habe geblüht
und meine Kräfte eingesetzt
soviel ich konnte
und Liebe tausendfach verschenkt."

(Antoine de Saint-Exupéry)[42]

Uns wurde alles gegeben was wir brauchen, um jetzt in diesem Augenblick glücklich zu sein. Bei Kindern kann man das sehr gut beobachten, wie sie jeden Moment in der Gegenwart genießen. Sie machen sich keine Sorgen um das Morgen und was gestern war, ist schnell vergessen. Selbst schmerzhafte Ereignisse sind von einem zum anderen Moment wie weggeblasen. Wer hat nicht schon gesehen, wie Kinder herzergreifend weinen können und innerhalb von Sekunden oder Minuten haben sie wieder ein Lächeln auf dem Gesicht, wie die Sonne, die ganz unerwartet nach einem reinigenden Gewitter strahlend hinter den dunklen Wolken erscheint. Ich gehe weiter hinten noch näher auf die unbefangene Liebe von Kindern ein. Sie sind im SEIN des Augenblicks, während Erwachsene gerne oder leidvoll der Vergangenheit nachhängen und für die Zukunft planen, wodurch die Gegenwart oftmals zu kurz kommt.

Liebe bleibt immer konstant, nur der Mensch, von dem wir sie erwarten, kann wechseln. Andere Menschen brauchen sich nicht verändern, damit wir inneren Frieden erleben können. Es liegt an uns, wie wir die Welt, uns selbst und andere wahrnehmen möchten. Nur wir können uns ändern. Diese Fähigkeit und der Wille zur Änderung geben uns die Möglichkeit, auf unerwartete Veränderungen, Krisen und Konflikte im Leben angemessen zu reagieren. Dadurch können wir uns auf neue Situationen besser einstellen. Das bedeutet nicht, seine Persönlichkeit aufzugeben und zum Chamäleon zu mutieren. Es geht vielmehr darum, wie wir bestimmte Situationen einschätzen und darauf reagieren. Handeln wir nach einem Reaktionsschema oder können wir neue Einsichten und Überzeugungen gewinnen? Wie gehen wir mit neuen Herausforderungen um? Lassen wir uns auf sie ein oder flüchten wir und gehen lieber den gewohnten Gang? Wir sollten uns bewusst machen, dass wir immer die Wahl haben.

Alles was wir erleben, ist unser eigener Geisteszustand. Sind wir voll Harmonie, Liebe und Wohlbefinden, projizieren wir das nach außen. Sind wir voller Angst,

Zweifel und Sorge, werden wir dies erfahren.

- Nur über uns selbst kommen wir zur Selbsterfüllung und zum Vergeben.
- Ich kann alle Dinge so sehen, wie ich sie haben möchte.
- Angreifen und verteidigen bringt keinen inneren Frieden.
- Ein echtes Akzeptieren ist immer frei von Forderungen und Erwartungen.
- Geben von Herzen bedeutet, seine Liebe bedingungslos ohne Ansprüche grenzenlos zu verbreiten.

Ich kann für mich selbst jederzeit neu entscheiden:

Will ich Seelenfrieden oder Konflikt?
Will ich Liebe oder Angst?
Will ich im anderen Liebe oder Fehler entdecken?
Will ich Liebe Gebender oder Liebe Suchender sein?
Will ich vergeben oder nachtragend sein?

Bin ich in meiner Kommunikation liebevoll zum anderen und zu mir selbst?

Wir alle können unseren Verstand lenken auf positive oder negative Gedanken. Was ich denke, fühle ich und umgekehrt. Ich kann Verstimmung, Trauer, Wut, Angst, Hass empfinden. Ich kann aber auch Liebe, Freude und Glück empfinden. Ich habe immer die Wahl. Manchmal fällt uns das sicherlich schwer, wenn wir in einer Endlosschleife herunterziehender Gedanken festhängen.

Selbstverständlich gibt es auch Anlässe, in denen Verstimmung, Trauer, Wut und Angst angemessen und notwendig sein können.

In der Angst verbirgt sich ein Hilferuf, ein versteckter Ruf nach Liebe und Verständnis. Er wird nur falsch verpackt ausgesandt.

Man sagt, Männer haben Angst, sich zu binden und Frauen haben Angst, allein zu bleiben. Beide Ausprägungen der Angst verhindern liebevolle Beziehungen.

Viele Menschen scheitern an der Liebe, weil ihre Angst, sich anderen zu öffnen, größer ist, als die tiefe Sehnsucht nach Nähe und Vertrauen. Die Erinnerungen an schlechte Erfahrungen mit Beziehungen wirken stärker, als die besten Hoffnungen.

Angst und Liebe, Schuldgefühle und Liebe, Hass und Liebe können zwar nebeneinander existieren, aber nicht gleichzeitig wirken. Entweder sende ich das eine aus oder das andere.

Ich bin verantwortlich für das, was ich sehe, wie ich es sehe. Ich wähle die Gefühle, die ich erlebe. Um alles, was mir widerfährt, habe ich (oft unbewusst) gebeten. Und ich empfange, worum ich gebeten habe, auch wenn der zeitliche Zusammenhang für uns nicht immer erkennbar oder bewusst ist.

Neale Donald Walsch[43] im Dialog mit Gott:

"...Denn es liegt in der Natur der Menschen, das, was sie am meisten wertschätzen, erst zu lieben, dann zu zerstören und dann wieder zu lieben."

"Aber warum? Warum verhalten wir uns so?"

"ALLE MENSCHLICHEN HANDLUNGEN gründen sich auf tiefster Ebene auf zwei Emotionen:

auf Angst oder auf Liebe.

In Wahrheit gibt es nur zwei Emotionen - nur zwei Worte in der Sprache der Seele. Dies sind die beiden gegensätzlichen Pole der großen Polarität, die ich zusammen mit dem Universum und der Welt, wie ihr sie heute kennt, erschuf.
Das sind die zwei Punkte - das Alpha und das Omega -, die dem System, das ihr »Relativität« nennt, zu existieren erlauben. Ohne diese beiden Punkte, ohne diese beiden Begriffe von den Dingen könnte keine andere geistige Vorstellung existieren.
Jeder menschliche Gedanke und jede menschliche Handlung gründet sich entweder auf Liebe oder auf Angst. Es gibt keine andere menschliche Motivation, und alle anderen geistigen Vorstellungen leiten sich aus diesen beiden ab. Sie sind einfach verschiedene Versionen, verschiedene Abwandlungen desselben Themas.
Denk darüber intensiv nach, und du wirst erkennen, dass es wahr ist. Das ist es, was ich den stiftenden Gedanken genannt habe. Es ist entweder ein Gedanke der Liebe oder der Angst. Das ist der Gedanke hinter dem Gedanken hinter dem Gedanken. Es ist der erste

Gedanke. Es ist die primäre Kraft. Es ist die rohe Energie, welche die Maschine menschlicher Erfahrung antreibt.
Und das erklärt, warum das menschliche Verhalten eine Wiederholungserfahrung nach der anderen produziert; darum lieben Menschen, zerstören dann und lieben wieder.
Ständig schwingt das Pendel zwischen beiden Emotionen hin und her.

Liebe stiftet Angst, stiftet Liebe, stiftet Angst...
... Und der Grund dafür findet sich in der ersten Lüge - jener Lüge, die ihr als die Wahrheit über Gott erachtet -, dass man in Gott kein Vertrauen setzen kann,- dass auf Gottes Liebe kein Verlass ist; dass Gott euch nur unter bestimmten Bedingungen akzeptiert; dass somit letztlich das Endresultat zweifelhaft ist.

Denn wenn ihr euch nicht darauf verlassen könnt, dass Gottes Liebe immer da ist, dann fragt sich, auf wessen Liebe ihr euch denn verlassen könnt.
Werden sich denn nicht, wenn Gott sich zurückzieht, sobald ihr nicht rechtschaffen lebt, auch bloße Sterbliche von euch abwenden?
... Und so kommt es, dass ihr im Moment, in dem ihr eure höchste Liebe gelobt, eure tiefste Angst begrüßt. Denn nachdem ihr gesagt habt: »Ich liebe dich«, ist eure erste Sorge, ob diese Aussage denn nun auch erwidert wird.
Und habt ihr es eurerseits zu hören bekommen, so fangt ihr sofort an, euch Sorgen darüber zu machen, ob ihr die gerade gefundene Liebe auch nicht verliert. Und so wird alles Handeln zu einer Reaktion - einer Verteidigung gegen den Verlust -, so wie ihr euch sogar gegen den Verlust Gottes zu verteidigen sucht.

Doch wenn ihr wüsstet, wer-ihr-seid - dass ihr die herrlichsten, bemerkenswertesten und glanzvollsten Kreaturen seid, die von Gott je erschaffen wurden -, würdet ihr euch niemals ängstigen. Denn wer könnte etwas so Wunderbares und Großartiges ablehnen? Nicht einmal Gott könnte an einem solchen Wesen etwas auszusetzen haben.
Aber ihr wisst nicht, wer-ihr-seid, und glaubt, sehr viel weniger zu sein. Und woher habt ihr die Vorstellung, dass ihr sehr viel weniger großartig seid, als ihr seid? Von den einzigen Menschen, deren Wort alles für euch gilt:

Von eurer Mutter und eurem Vater.

Das sind die Menschen, die ihr am meisten liebt. Warum sollten sie euch anlügen? Aber haben sie euch nicht gesagt, dass ihr zu sehr dies und zu wenig das seid? Haben sie euch nicht ermahnt, dass man euch zwar sehen, aber nicht hören soll? Haben sie euch nicht in manchen Momenten eures größten Überschwangs zurechtgewiesen? Und haben sie euch nicht dazu ermuntert, von einigen eurer wildesten und kühnsten Vorstellungen abzulassen?

Das sind die Botschaften, die ihr empfangen habt, und obwohl sie den Kriterien nicht entsprechen und somit keine Botschaften von Gott sind, könnten sie es doch ebensogut sein, denn sie kamen ja von den Göttern eures Universums.
Eure Eltern waren es, die euch lehrten, dass Liebe ihre Bedingungen hat - Bedingungen, die ihr viele Male zu spüren bekommen habt -, und das ist die Erfahrung, die ihr in eure eigenen Liebesbeziehungen hineintragt.
Das ist auch die Erfahrung, die ihr mir zutragt.
Aus dieser Erfahrung zieht ihr eure Schlüsse in Bezug

auf mich. Innerhalb dieses Kontextes sprecht ihr eure Wahrheit.

»Gott ist ein liebender Gott«, sagt ihr, »aber wenn du seine Gebote übertrittst, wird er dich mit ewiger Verbannung und Verdammnis bestrafen.«

Denn habt ihr nicht erlebt, dass eure Eltern euch verbannten?

Kennt ihr nicht den Schmerz ihrer Verdammung? Wie solltet ihr euch denn da vorstellen können, dass es mit mir anders ist?

Ihr habt vergessen, wie es war, bedingungslos geliebt zu werden. Ihr erinnert euch nicht an die Erfahrung der Liebe Gottes. Und so versucht ihr, gegründet auf das, was an Liebe ihr in der Welt seht, euch vorzustellen, wie die göttliche Liebe wohl aussehen mag.

Ihr habt die »Elternrolle« auf Gott projiziert und seid so zu einer Vorstellung von einem Gott gelangt, der richtet und belohnt oder bestraft, je nachdem, wie gut er das findet, was ihr da angestellt habt. Aber das ist eine sehr vereinfachte Vorstellung von Gott, die sich auf eure Mythologie gründet. Sie hat nichts mit dem zu tun, was-ich-bin.

Nachdem ihr ein ganzes Gedankengebäude um Gott errichtet habt, das sich auf die menschliche Erfahrung statt auf spirituelle Wahrheiten gründet, erschafft ihr nun ein ganzes Realitätssystem um die Liebe herum. Es ist eine auf Angst gegründete Realität, die in der Vorstellung von einem furchteinflößenden, rachsüchtigen Gott wurzelt.

Der hinter dieser Vorstellung existierende stiftende Gedanke ist falsch, aber dessen Negierung würde den Zusammenbruch eurer ganzen Theologie zur Folge haben. Und obwohl die sie ersetzende neue Theologie wahrlich eure Rettung wäre, seid ihr unfähig, sie zu akzeptieren, weil die Vorstellung von einem Gott, der nicht gefürchtet werden muss, der nicht richtet und der keinen Grund zur Bestrafung hat, ganz einfach zu großartig ist, als dass ihr sie selbst in eure grandiosesten Ideen über das, was und wer Gott ist, integrieren könntet.

Diese auf Angst gegründete Realität der Liebe beherrscht eure Erfahrung von Liebe; tatsächlich wird sie von ihr erschaffen. Denn nicht nur seht ihr euch an Bedingungen geknüpfte Liebe empfangen, ihr seht euch auch sie auf die gleiche Weise geben. Und während ihr euch entzieht und zurückhaltet und eure Bedingungen stellt, weiß doch ein Teil von euch, dass das nicht wirklich Liebe ist. Doch scheint ihr nicht den Willen aufzubringen, etwas daran zu ändern. Ihr habt auf die harte Tour gelernt, sagt ihr euch, und wollt verdammt sein, wenn ihr euch noch einmal verletzlich macht. Die Wahrheit ist, ihr werdet verdammt sein, wenn ihr es nicht tut.

(Durch eure [irrigen] Vorstellungen von der Liebe verdammt ihr euch selbst dazu, sie nie in reiner Form zu erleben.

Und so verdammt ihr euch auch selbst dazu, mich nie so zu erkennen, wie ich wirklich bin. Doch ihr werdet mich nicht für immer verleugnen können, und der Moment unserer Wiederversöhnung wird kommen.)

Alle Handlungen menschlicher Wesen gründen sich auf Liebe oder Angst, nicht nur jene, die mit Beziehungen zu tun haben. Entscheidungen, die das Geschäft betreffen, das Wirtschaftsleben, die Politik, die Religion, die Erziehung der jungen Leute, die sozialen Angelegenheiten eurer Nationen, die ökonomischen

Ziele eurer Gesellschaft, Beschlüsse hinsichtlich Krieg, Frieden, Angriff, Verteidigung, Aggression, Unterwerfung; Entschlüsse, haben zu wollen oder wegzugeben, zu behalten oder zu teilen, zu vereinen oder zu trennen - jede einzelne frei Wahl, die ihr jemals trefft, entsteht aus einem der beiden möglichen Gedanken:

aus einem Gedanken der Liebe

oder einem Gedanken der Angst.

Angst ist die Energie, die zusammenzieht, versperrt, einschränkt, wegrennt, sich versteckt, hortet, Schaden zufügt.

Liebe ist die Energie, die sich ausdehnt, sich öffnet, aussendet, bleibt, enthüllt, teilt, heilt.

Angst umhüllt unseren Körper mit Kleidern,
Liebe gestattet uns, nackt dazustehen.
Angst krallt und klammert sich an alles, was wir haben,
Liebe gibt alles fort, was wir haben.
Angst hält eng an sich,
Liebe hält wert und lieb.
Angst reißt an sich,
Liebe lässt los.
Angst nagt und wurmt,
Liebe besänftigt.
Angst attackiert,
Liebe bessert.

Jeder Gedanke, jedes Wort oder jede Tat eines Menschen gründen sich auf eine dieser beiden Emotionen. Darin habt ihr keine Wahl, denn es steht euch nichts anderes zur Wahl.

Aber ihr habt freie Wahl, welche der beiden ihr euch aussuchen wollt."

Nun, ich habe dir ein paar Seiten zuvor geschrieben, dass du nicht alles glauben sollst, was man dir vorsetzt. Hinterfrage das, was du liest, siehst oder hörst. Bilde dir deine eigene Meinung. Ist es für dich stimmig?

Für mich ist es ein Wunder, seine eigene menschliche Wahrnehmung von Angst nach Liebe wandeln zu können. Das erfordert großen Mut! Denn in unserer Welt herrscht leider immer noch überwiegend von Menschen gelebte Angst, die leider ansteckend wirkt. Sonst gäbe es nicht so viel Neid, Eifersucht, Zwietracht, Gewalt und Kriege.

Nicht in diesem zerstörerischen Strom zu schwimmen, sich von der Masse abzusetzen, ist sehr mutig und erfordert auch Kraft. Je mehr Menschen sich letztlich für die Liebe entscheiden, desto größer wird dieser neue verbindende, warme, liebevolle Strom, wodurch irgendwann der trennende, kalte Fluss der Angst versiegen kann.

Wir nehmen Angst und Liebe als Gegenpole oder Gegenspieler wahr. In Wirklichkeit sind es nur zwei Seiten einer Medaille. Denn alles ist aus Liebe gemacht. Deshalb gibt es nur die EINE LIEBE. Alles andere ergibt sich aus unseren menschlichen Emotionen und den entsprechenden Aktionen sowie Reaktionen.

Die Liebe ist trotzdem da, auch wenn wir Angst, Neid, Eifersucht, Wut etc. empfinden. Sie kann nur nicht wirken, weil der Liebeskanal verstopft ist. Es verhält sich so, wie wenn wir den Wasserhahn zudrehen. Das Wasser ist immer noch in der Leitung. Es kann halt nur nicht fließen.

Alles, was zu tun ist, ist an unseren Emotionen zu

arbeiten, indem wir unsere Verletzungen und Kränkungen ursächlich bearbeiten, um sie aufzulösen. Dann kann die Liebe wieder ungehindert fließen.

Ich sehe die Zusammenhänge zwischen Angst und Liebe deshalb differenzierter als Neale Donald Walsch. Unumstritten und für die meisten nachvollziehbar ist, dass die Angst in unserem Leben leider einen sehr großen Raum einnimmt und wenn sie dies tut, ist die Liebe im Ruhemodus oder überlagert und gefangen. Angst schwingt auch immer dann mit, wenn wir nicht in der Lage sind, **bedingungslos** zu lieben. Sobald wir Zweifel an der Liebe zulassen, gewinnt die Angst an Macht.

Allerdings halte ich es für eine sehr vereinfachte Aussage, Menschen würden nur zwischen zwei Emotionen, nämlich Angst und Liebe schwanken. Die Trauer kann ein Ausdruck von Angst sein, wenn ich in ihr stecken bleibe, aber der „normale" Trauerprozess findet statt, nachdem ich jemanden verloren habe bzw. verlassen wurde. Die Angst kann demnach nur vor dem Verlust vorhanden gewesen sein. Allenfalls könnte in der Trauer die Angst vor einer drohenden Einsamkeit in der Zukunft versteckt sein. Aber das ist nur ein Aspekt der Trauer.

Auch die Wut bzw. der Zorn ist nach meinem Empfinden nicht unbedingt an Angst geknüpft. Und der Hass? Könnte das nicht auch eine perverse Form von Liebe sein, eine verzweifelte und extreme Suche nach Anerkennung, weil man nicht liebesfähig ist?

Zumindest ist eines klar: In dem Moment, in dem Angst, Wut, Eifersucht, Neid, Hass etc. herrscht, ist die Liebe zu schwach. Sie kann nicht wirken, weil sie gefangen, unterdrückt oder überlagert ist. Und wenn wir nicht in Liebe sind, dann bekommen die genannten Gefühle den Raum, um trennend zu wirken. Immer wenn ich an der

Liebe zweifele, mache ich die einengenden, begrenzenden und destruktiven Gefühle und Gedanken stark.

Wahre Liebe ist letztlich ein Zustand von vollkommener Entspanntheit und Vertrauen mit allem was ist. Sie umschließt auch die Angst. Und aus diesem Seins-Zustand entspringen Qualitäten wie Gelassenheit, Vertrauen, Frieden, Freiheit, Güte, Wohlwollen, Positivität und Glück.

Genau dies ist das Paradies,

von dem die Bibel schreibt.

Man kann diese unterschiedlichen Zustände sogar biologisch an der Größe des menschlichen Herzens feststellen. Das Organ ist geweitet und größer, wenn die Liebe fließt, andererseits verkrampfter, enger und kleiner, wenn Angst vorherrscht.

Angst ist aus biologischer und evolutionärer Sicht grundsätzlich eine (notwendige) Stressreaktion, wenn es um das Überleben geht. Die ursprünglichste Reaktion ist die Kampf-Flucht-Reaktion: die prähistorischen Hirn-Regionen reagieren auf direkte Bedrohung mit Kampf, Flucht oder Totstellen und lösen auch entsprechende Mechanismen im Körper aus. Will das Individuum überleben, ist eine sekundenschnelle Reaktion erforderlich. Längeres Nachdenken kann den Tod bedeuten. Je weniger natürliche Feinde im Laufe der Entwicklung zur Bedrohung wurden, um so mehr lernte der Mensch den Verstand zu gebrauchen, um „intelligente" Lösungen zu entwickeln. Hier wird ein anderer Gehirnbereich aktiv, der Neokortex[44]. Geblieben ist die im Kleinhirn verankerte Wurzel aller Ängste, nämlich die Todesangst, die sich in vielfältigen Formen immer wieder zeigt, auch wenn keine lebensbedrohlichen Situationen bestehen.

Das Gefühl für die Angst erlernt der Verstand durch eine gedankliche Verbindung zwischen einem Stimulus oder einer Situation und einem zeitnah auftretenden Stressfaktor wie etwa physische Bedrohung. Die Verknüpfung hinterlässt eine tiefe Spur im neuronalen Netzwerk, die noch Jahre später bestehen bleiben kann. Sie verursacht tiefgreifende strukturelle und funktionelle Veränderungen im Gehirn. Im ungünstigsten Fall kann sich diese normale, schützende Hirnfunktion zu posttraumatischem Stress oder anderen Angststörungen weiterentwickeln.

Jeder neue Kontakt mit diesem konditionierten Reiz führt dazu, dass die Erinnerung erneut abgerufen wird. Sowohl das Erlernen als auch das Wiederabrufen der Angst aus dem Gedächtnis lösen eine Alarmreaktion aus. Es ist zudem mit körperlichen Reaktionen verbunden, wie Schwitzen, Zittern oder rasender Puls.

Die Wirtschaft spricht bewusst bestimmte Ängste im Menschen an und bietet gleichzeitig Lösungen. Letztlich macht uns dies abhängig und hält uns in einer bestimmten Wirklichkeit fest. Auch die Medien halten uns mit ihren Horrormeldungen in der Angst fest, wenn es uns nicht bewusst ist oder wir es zulassen.

Die neueste – der Gegenwart angepasste – Umgangsform mit Angst ist, sich nicht mehr mit ihr zu identifizieren, und ihr damit die Macht über uns zu nehmen. Dadurch findet eine Entmystifizierung statt. Hierzu aktivieren wir den vorderen (präfrontalen) Gehirnbereich. Meditation kann gut dabei helfen. Diese „Technik" beginnen wir seit geraumer Zeit gerade wieder neu zu erlernen und sind damit in der westlichen Welt noch ziemlich am Anfang. Auch abgewandelte Formen von Meditationen, wie Theta Healing[45], bei der man sich auf die siebte (göttliche) Ebene begibt, wirken heilend.

Unglücklicherweise erschaffen wir unsere Realität und die daraus resultierenden Handlungen noch immer sehr stark aus den Angst-Mustern heraus. Verstand oder Emotionen sind selten präsent in der Gegenwart, sondern beziehen sich ständig auf Vergangenes (etwa vergangene Verletzungen, die im Kopf immer wieder rotieren), was dann auf die Zukunft projiziert wird. Wir sind nicht im "Jetzt", sondern in der Vergangenheit oder in der befürchteten bzw. erhofften Zukunft. Damit fallen wir aus der Realität der Gegenwart. Wir sehen überall Bedrohungen wo gar keine sind – und reagieren auf diese Phantome. Oder wir verlieren uns in „falschen" Hoffnungen und Wünschen. Und das erzeugt dann Leiden.

Angst ist also ein innerer Stress-Zustand von Angespanntheit und Enge, aus dem dann Qualitäten bzw. Verhaltensweisen wie Kontrolle, Misstrauen, Furcht etc. entspringen. Eine weitere Folge unbewältigter Angst ist Aggression, die sich entweder nach außen oder gegen sich selbst richten kann. Sie verstärkt den Stress und das menschliche Gegeneinander.

Die Erscheinungsformen der Angst bieten ein breites Spektrum und reichen von einfachen „Unsicherheiten" (Beklommenheit, Scheu, Zaghaftigkeit) über die „Zwänge" (Esszwang, Kontrollzwang, Reinigungszwang etc.), die „Furchtformen" (Verletzungsfurcht, Versagensfurcht, Berührungsfurcht etc.), die „Phobien" (Akrophobie, Agoraphobie, Klaustrophobie etc.), die „Paniken" (Angstanfall, Schockstarre, Katastrophenlähmung etc.) bis zu den „Psychosen" (Neurotische Ängste, Verfolgungswahn, Lebensangst). Diese unterschiedlichen Ausprägungen von Angst haben vielfältige Ursachen, die es zu ergründen und aufzulösen gilt. Sie können aus der Kindheit stammen, aus sonstigen traumatischen Erlebnissen oder aus einem früheren Leben. Für diejenigen, die nicht an Reinkarnation glauben, lassen sich Ängste, die nichts mit dem jetzigen Leben zu tun haben, auch biologisch erklären. Unsere Zellen tragen nämlich sämtliche Informationen vergangener Generationen in sich und haben dadurch entsprechende Nachwirkung.

Buddha benennt im Zusammenhang mit Angst auch die „Unwissenheit", d.h. eine fehlende Einsicht in die höheren Ordnungen und Gesetze, denen alles unterliegt und folgt. Aus dieser Unwissenheit heraus, d.h. aus einer begrenzten Sicht der Dinge, denkt, fühlt und handelt der Mensch in gewisser Weise „begrenzt".

Alles Denken, Fühlen und Handeln aus Motiven der Angst zieht Komplikationen nach sich, was wiederum die Angst verstärkt. So gerät man dann in eine „Negativspirale".

Angst wirkt trennend. Sie führt zur Abspaltung von der Ganzheitlichkeit (Einheit), zieht zusammen und hält gefangen in begrenztem Denken und Fühlen. Da wir Schöpfer unserer Realität sind, erschaffen wir uns – wenn wir allzu ängstlich sind – eine enge, begrenzte Welt, die wenig Licht und Freude zulassen kann.

Liebe hingegen wirkt verbindend, öffnet und weitet aus. Sie will zurück führen zur Einheit von allem was ist, aus ihr kommt das zweifelsfreie "Ja" zum Leben.

Sie ist die Kraft, die alles umschließt, das so genannte Negative und Positive. Alles darf in ihr sein, auch die Angst. Nichts ist in dem Sinne „schlecht". Das ist die echte, bedingungslose und ganzheitliche Liebe, die aus unserer inneren Mitte (Balance) heraus das Pendel nicht mehr ausschlagen lässt und damit in ihrer Vollkommenheit allumfassend integrierend wirkt.

Die Liebe hat gleichzeitig aber auch die Funktion eines „Gegenspielers" der Angst und kann diese auflösen, lockern oder aufweichen, wenn wir sie frei fließen lassen. Dies geschieht nicht durch Bekämpfen, sondern liebevolle Annahme der Emotion.

Angst verkörpert Dunkelheit. Liebe ist Licht. Je mehr wir als Schöpfer das Licht in uns mehren, umso mehr Liebe (und Gesundheit) wird auch in unserem äußeren Leben sein. Wir ziehen das Lichtvolle dann in unser Leben. Liebe besänftigt, ermutigt, gibt Kraft und Vertrauen.

Erforsche deine tiefsten Ängste, durch-fühle und verwandle (transformiere) sie durch deine Liebe. Bewältigte und angenommene Ängste sind die Brücken in deine Freiheit und zu deiner Freude.

Unsere tiefsten Ängste sind:

- die Angst, allein zu bleiben oder verlassen zu werden.
- die Angst, das zu verlieren, was wir glauben zu besitzen. Materielles und Menschen
- die Angst, krank zu werden
- die Angst, verurteilt oder von anderen ausgeschlossen zu werden
- die Angst zu versagen oder zu scheitern
- die Angst zu sterben

Je mehr wir uns nach Sicherheiten im Außen sehnen und etwas kontrollieren wollen, desto tiefer müssen die Ängste in uns sitzen. Je größer die Angst vor etwas ist, desto eher muss das eintreten, vor dem wir Angst haben

(Resonanzprinzip). Jede unserer Ängste wartet darauf, dass du sie bewusst anschaust, anstatt dich von ihr abzulenken oder sie zu betäuben. Wenn es in dir denkt „Ich möchte das nicht mehr erleben", dann wartet in dir etwas auf Klärung, Heilung und Befreiung.

Bist du bereit für diese Klärung, dann bedeutet dies, unbewusstes bewusst zu machen. Das bringt innere Klarheit. Dazu gibt es vielfältige Möglichkeiten und Hilfsangebote. Wie bereits erwähnt, bieten sich hierfür Meditationen, Heilgespräche, Familienaufstellungen, Theta-Healing oder andere Therapieformen an.

Du kannst dich jederzeit entscheiden. Es ist nie zu spät für eine Neuausrichtung deines gereiften Bewusstseins, das zum Wachstum deiner Einsicht sowie deiner Erkenntnisse beiträgt.

Willst du warten, bis es noch schlimmer kommt oder lieber einen Wandel einleiten, hin zu Frieden, Freiheit und Glück?

Liebe gedeiht nur mit Vertrauen und dieses erfordert Mut

„Der beste Beweis der Liebe ist Vertrauen."
(Joyce Brothers)[46]

Vertrauen ist eine wichtige Voraussetzung, um lieben zu können. Hier ist nicht „blindes" unreflektiertes Vertrauen gemeint, das zur „blinden" symbiotischen Liebe führen kann. Vielmehr geht es um Wachsamkeit, Achtsamkeit und Bewusstheit. Wer hinein spürt in Situationen und mit Herz UND Verstand darauf reagiert, wird ein „gesundes" Vertrauen entwickeln, das den jeweiligen Gegebenheiten angepasst ist.

In dem Wort „Vertrauen" steckt der Begriff „Trauen". Wir kennen ihn beispielsweise von der „kirchlichen Trauung". Da geben sich zwei Menschen das Ja-Wort, die sich etwas trauen, nämlich gemeinsam einen Weg in guten wie in schlechten Zeiten zu gehen. „Sich trauen" hat die Bedeutung von „mutig sein". Die Formulierung: „sich etwas zutrauen" macht dies sehr deutlich. Ich bin immer wieder verblüfft über die deutsche Sprache, die sehr ausdrucksstark und präzise ist sowie einen großen Schatz an Deutungsmöglichkeiten bietet, um Sachverhalte zu beschreiben.

Wenn ich mir etwas zutraue, dann vertraue ich mir selbst. Ich vertraue darauf, dass ich etwas hinbekomme, erreiche und alles gut mit mir ist und konzentriere mich dadurch auf meine Stärken. Wenn ich mir vertraue, dann bin ich ehrlich zu mir, muss mich nicht verstecken und vermeide damit die Selbsttäuschung. Ich muss mich nicht aus Unsicherheit verstellen und bin dann im wahrsten Sinne des Wortes authentisch. Nur wenn Vertrauen in mir ist, kann ich anderen Menschen vertrauen. Hier finden wir wieder das Resonanzprinzip. Wie innen, so außen. Meine Haltung mir gegenüber spiegelt die Haltung anderen gegenüber wider. Das, was in mir ist, sende ich auch aus. Bin ich in Liebe, kann ich Liebe aussenden. Bin ich im Vertrauen, kann ich anderen trauen. Vergebe ich mir, kann ich meinen Mitmenschen verzeihen etc.

Landläufig herrscht die Meinung, dass ich jemandem vertrauen kann, der ausgesprochen oder unausgesprochen meine Erwartungen oder Ansprüche erfüllt. Mit Erwartungen begrenzen wir uns allerdings gegenseitig. Wir warten (bewegungslos) auf etwas, das nach unseren Vorstellungen eintreten soll, statt uns emotional den Geschehnissen des Lebensflusses hinzugeben und deren Herausforderungen anzunehmen. Die Welt richtet sich nämlich nicht nach unseren Ansprüchen.

Erwartungen mit einem verstandesmäßig gesteckten Ziel sind quasi eine geistige Vorwegnahme von Ereignissen, die eine ständige Kontrolle der Einhaltung bzw. des Eintreffens bedingen. Das macht nicht nur unfrei, sondern sorgt auch für wiederkehrende Enttäuschungen. Diese Enttäuschungen können dann Misstrauen auslösen, das wiederum den Kontrollwunsch verstärken kann. Auf Dauer macht das einsam.

Die Bedeutung von „echtem" Vertrauen geht hingegen viel weiter. Wenn ich jemandem vertraue, dann möchte ich sicher sein, dass ich mich auf meinen Partner verlassen kann und das gilt nicht nur in der Ehe oder

Freundschaft, sondern in allen Situationen. Da es im Leben keine Sicherheit gibt, kann ich auch mal enttäuscht werden. Menschen sind nicht unfehlbar und manchmal sind sie sich über die Wirkung ihres eigenen Verhaltens gar nicht bewusst. Die Kunst ist, mit diesen traurigen Erfahrungen so umzugehen, dass wir erneut ins Vertrauen gehen können. Das ist wie bei einem Kind, das Laufen lernt. Es beherrscht das Laufen erst nach mehreren oder vielen Fehlschlägen. Trotzdem gibt es nicht auf, weil es sieht, dass andere es auch können. Nur weil es das Risiko des erneuten Scheiterns eingeht, kommt es zum Ziel.

Vertrauen hat auch mit meinem Selbst-Vertrauen zu tun. Ich kann aber durchaus anderen vertrauen ohne (ausreichendes) Selbstvertrauen. Dies ist möglich, wenn ich für mich keine Verantwortung übernehmen will. Damit begebe ich mich in die Hand des Anderen und mache mich abhängig. Der Andere kann mich dadurch manipulieren, ausnutzen bzw. benutzen. Und es gefällt mir vielleicht sogar, weil ich dann jemanden habe, dem ich die Schuld geben kann. Dadurch finde ich Ausreden, wenn etwas in meinem Leben nicht gelingt und fühle mich somit für meine Handlungen nicht mehr verantwortlich. Das bedeutet, ich traue mir selber nicht. Derartiges Schein-Vertrauen ohne Selbst-Vertrauen führt dauerhaft unweigerlich zum Unglücklichsein.

Wenn ich wahrhaftig vertraue, dann kann ich auch wahrhaftig lieben. Ich stehe zu mir und meinem Handeln. Wenn wir uns selber vertrauen und uns selbst von Herzen lieben, sind wir fähig, andere zu lieben. Das bedeutet nicht, dass ich mich jedem fremden Menschen voll und ganz ausliefere. Sobald ich meinem inneren Bauchgefühl folge, weiß ich sehr genau, wie weit ich in bestimmten Situationen mein Liebesventil öffnen kann.

Nur wenn wir Liebe in uns haben, können wir Liebe nach außen geben. Dadurch sind wir nicht abhängig davon, dass wir Liebe in einer bestimmten Form, zu einer festgelegten Zeit oder von einer auserwählten Person erhalten. Das erhöht die Freiheit in unserem Leben. Und wir befreien auch unser Umfeld vom Zwang, uns in einer bestimmten Art und Weise Liebe zu schenken. Damit werden wir in die Lage versetzt, Liebe so zu empfangen, wie sie ausgesandt wurde. Sobald uns das alles bewusst ist, werden wir automatisch unabhängiger. Wir können unsere Liebe verschenken, ohne dass wir Bedingungen oder Erwartungen daran knüpfen. Wahre Liebe ist bedingungslos. Ansonsten ist es keine echte Liebe, sondern nur eine Illusion, ein Aspekt bzw. ein Schatten von Liebe. Wahre Liebe tut auch nicht weh! Wahre Liebe kostet nichts und sie schränkt nicht ein. Sie fließt einfach.

Wenn ich Liebe festhalten will, dann halte ich in Wirklichkeit lediglich eine Person fest. Diese wird sich irgendwann eingeschränkt fühlen. Und wer eingeschränkt ist, will sich früher oder später von diesen Fesseln befreien. Der Leidensdruck wächst und damit wird das Sichtfeld eingeschränkt, wie durch Scheuklappen. Und mit Scheuklappen sehe ich nicht mehr alle Optionen, die sich mir anbieten. Ich erkenne auch nicht mehr, dass mein Gegenüber ebenfalls leidet, es aber selbst (noch) nicht erkannt hat. Ich begreife nicht die Chance, aneinander zu wachsen, zu reifen und sich gegenseitig zu Ent-Wickeln.

Wenn ich eingeengt bin, dann sehe ich nur noch, was sich mir als Nächstes anbietet. Und oft ist dies nicht die beste Option für meinen weiteren Lebensweg, sondern lediglich diejenige, welche ich bereits kenne. Das kann auch eine schlechte Option sein. Möglicherweise hat das mit meiner Vergangenheit zu tun, meinem Ego, meinen starren Vorstellungen oder Wünschen.

Wir wählen oft das bekannte Schlechte, aus Angst vor der Ungewissheit. Damit entscheiden wir uns gegen das unbekannte Gute und verpassen eventuell wertvolle Chancen für eine Weiterentwicklung in unserem Leben.

Liebe kennt keine Grenzen

„Mit Liebe ist alles Eins.
Ohne Liebe ist alles Nichts."
(Martin Exner)

„Was du liebst, lass frei.
Kommt es zurück, gehört es dir - für immer."
(Konfuzius)[47]

Die Konflikte in Paarbeziehungen bzw. Lebensgemeinschaften zeigen uns ganz deutlich, dass es darin am schwersten ist, loszulassen und Freiheit zu gewähren. Andererseits werden in dieser Form von Liebesbeziehung die meisten Grenzen überwunden. In der (klassischen) Zweierbeziehung überwindet bedingungslose Liebe Sprachbarrieren, Altersunterschiede oder kulturelle bzw. religiöse Grenzen. Es gibt eine Vielfalt von Konstellationen, die alle durch die Liebe verbunden sind.

Man sagt, Liebe macht blind. Die Gesellschaft meint mit dieser Aussage, man müsse auf der Hut sein und sozusagen mit dem Verstand die Augen öffnen, damit man von dem Partner kein falsches Bild bekommt, das zu Enttäuschungen führt. Der Verstand ist jedoch der Kritiker, der in anderen Menschen gerne „Fehler" sieht. Wer allerdings mit dem Herzen liebt, auf seine innere

Stimme hört, der sieht die Vollkommenheit und akzeptiert alles, was ist, wodurch (künstliche) Barrieren überwunden werden können.

Das Auge der Liebe

„Oft höre ich euch sagen, die Liebe sei blind, womit ihr meint, dass sie keinen Fehler in dem Geliebten erkennen kann.

DIESE ART BLINDHEIT IST DER HÖHEPUNKT DES SEHENS.

Wäret Ihr nur immer so blind, dass ihr nirgends einen Fehler erblicken könnt.

Klar und durchdringend ist das Auge der Liebe. Darum sieht es keinen Fehler. Wenn die Liebe euer Sehvermögen gereinigt hat, dann werdet ihr nichts mehr sehen, was eurer Liebe unwürdig ist.

NUR EIN DER LIEBE BERAUBTES AUGE FINDET STETS „FEHLER".

WELCHE FEHLER ES AUCH IMMER FINDET, ES SIND NUR SEINE EIGENEN FEHLER...

Liebe ist der einzige Urheber des Wunders. Wenn du sehen willst, lass Liebe in der Pupille deines Auges sein. Wenn du hören willst, lass Liebe im Trommelfell deines Ohres sein."

(Mikhail Naimy, Auszug aus: Das Buch des Mirdad)[48]

Neben der Berufsausübung und Karriereplanung ist Partnerschaft bzw. Lebensgemeinschaft - mit oder ohne Gründung einer Familie - noch vor der Freizeitausübung für die meisten Menschen der wichtigste Bereich des Lebens, den sie verwirklichen wollen. Davon erhoffen sie sich emotionale Erfüllung und oft den größten Sinn mit dem größten Glück. Kein Wunder, dass es zum Thema Liebe und Beziehung die meiste Literatur gibt.

Trotz des hohen Anspruchs und dem innigen Wunsch nach dauerhaftem Glück in einer Partnerschaft, oder gerade deswegen, sind heutzutage Trennungen und Scheidungen an der Tagesordnung. Die Anzahl der Singles steigt stetig.

Warum ist das so?

Vor allem weil heutzutage von der Paarbeziehung so ungeheuer viel für das persönliche Lebensglück erwartet wird. Man sucht darin den Ausgleich für den zumeist langweiligen sowie freud- und glücklosen Alltag. Die hohen Ansprüche an die Beziehung sind dadurch unerreichbar geworden sind, sodass letztlich sehr viele Menschen daran scheitern oder sich von vorneherein unheimlich schwer damit tun, den sogenannten „perfekten" Liebespartner zu finden. Allerdings sollte klar sein, dass es den perfekten Partner ohnehin nicht gibt, denn wir sind keine Maschinen, die man sich formvollendet und voll funktionsfähig irgendwo bestellt. Dieser Druck, der durch unsere Erwartungen auf uns lastet, zerstört über kurz oder lang Beziehungen.

Aber auch die hohen Herausforderungen des Alltags und die Ansprüche an den materiellen Lebensstandard, die es vermeintlich zu erfüllen gilt, stellen Partnerschaften und Familien langfristig auf eine hohe Belastungsprobe.

Hinzu kommt, dass es für die Liebespartnerschaft genauso wie für das Elterndasein keinen „Führerschein" gibt, so wie er für das Fahren eines KFZ notwendig ist. Niemand bringt uns bei, welche Voraussetzungen für ein Gelingen erforderlich sind. Allenfalls unter Freunden oder im Elternhaus wird vielleicht darüber gesprochen. Oder man imitiert einfach das Elternverhalten bzw. versucht genau das Gegenteil anzuwenden, weil einem die Beziehung der Eltern nicht als nachahmenswert erscheint.

Warum konzentrieren sich die Meisten auf die ausschließliche Liebe zwischen zwei Menschen, während sie ansonsten eher gleichgültig sind oder höchstens noch zu ausgewählten Freunden bzw. Verwandten eine stärkere Zuwendung entwickeln?

Genau in diesem eingegrenzten Lebensbereich sucht man Zuflucht in eine „heile Welt", um dem Alltagsstress zu entfliehen. Der Partner oder die Partnerin soll alles das ausgleichen, was einem in anderen Ebenen des Lebens fehlt. Das kann im Grunde nur schief gehen. Ursache hierfür ist u.a. unser Rollenverhalten. Die meisten von uns sind nicht authentisch, sondern spielen in den jeweiligen Lebensbereichen ihre spezielle Rolle und zeigen sich nur mit „Maske". Das bedeutet, sie passen sich stromlinienförmig an die entsprechenden Situationen, insbesondere im Berufsfeld an und verbiegen sich damit. Ich habe Menschen getroffen, die dieses Verhalten tatsächlich für authentisch halten. Es ist ihre verinnerlichte Normalität.

Diese Defizite, Frustrationserlebnisse und energieraubenden Erfahrungen aus dem Alltag soll dann der Partner im trauten Heim in Glück und Freude verwandeln. Wir suchen also unser Glück in der Regel nicht in uns, sondern bei dem anderen. Das ist nicht zu leisten und es hat mit echter bedingungsloser Liebe sehr wenig zu tun.

Wichtig ist daher, in unserem Partner immer wieder auch den Menschen zu sehen, der er - unabhängig von seinem Geschlecht, seiner Herkunft, seiner Religion oder anderen Faktoren – tatsächlich ist. Entscheidend ist dabei, anzuerkennen, dass er oder sie eine eigenständige Persönlichkeit ist und bleibt. Deren hauptsächliche Aufgabe besteht eben nicht darin, uns glücklich zu machen, auch wenn die Phase der Verliebtheit, in der die Persönlichkeiten aufgrund biochemischer Prozesse verschmelzen, uns etwas anderes vorgaukelt.

Echte Liebes-Partnerschaft setzt immer Ebenbürtigkeit voraus, so wie im Berufsleben, wenn z.B. zwei gemeinsam eine Firma führen oder sich auf gleicher Hierarchie-Ebene befinden.

Partner füreinander zu sein, bedeutet ebenso, zu begreifen, dass jeder trotz eines gemeinsamen Beziehungsweges auch einen eigenen inneren Weg der Entwicklung hat, den er immer wieder auch ein Stück alleine gehen muss. Das alles zusammen ist der rote Faden, der sich durch die Partnerschaft ziehen sollte, an den sich weitere wichtige Fäden anknüpfen, wenn wir in Zukunft wollen, dass unser Weg Seite an Seite mit einem vertrauten Menschen von Dauer ist. Die große Kunst und Herausforderung ist es, trotzdem zusammen zu bleiben, auch wenn die jeweiligen Wege der Entwicklung auseinander gehen.

Insbesondere in den zurückliegenden Jahrzehnten haben Wissenschaft, Technik, Wirtschaft, der Ablauf des Arbeitslebens sowie die gesellschaftliche Struktur in einem rasanten Tempo enorme, einschneidende Veränderungen erfahren. Diese nehmen Einfluss auf das persönliche Leben jedes Einzelnen und damit auch auf seine Beziehungen zu anderen Menschen. Insbesondere bei Partnerschaften tritt das sehr deutlich zu Tage.

Früher gaben Tradition, Religion und Konvention konstante Richtlinien für das tägliche Leben und ganz speziell auch für das Zusammenleben in Ehe und Familie. Sie sagten uns, wie wir als Paare zu leben hatten und gaben der partnerschaftlichen Beziehung damit Stabilität. Das Zurücktreten dieser drei Bereiche im heutigen Leben bringt es mit sich, dass wir unseren partnerschaftlichen Weg alleine finden müssen, und zwar jedes Paar für sich ganz individuell. Es gibt inzwischen viele Möglichkeiten und Konstellationen des Zusammenlebens.

Trotz aller äußeren Veränderungen tragen wir unbewusst noch tief sitzende, innere Bilder von partnerschaftlicher Beziehung in uns, die ein ganzes Stück weit den Vorstellungen der Generationen vor uns entstammen, sodass ein nicht erkannter Konflikt in uns entstehen kann, zwischen unseren inneren Prägungen, dem entsprechenden Rollenverhalten und den äußeren Gegebenheiten. Dieses kollektive Bewusstsein der Gesellschaft prägt unser individuelles Bewusstsein. Das gilt übrigens für alle Lebensbereiche.

In früheren Zeiten waren über Jahrhunderte hinweg für die große Mehrzahl der Menschen Emotionen und Liebesgefühle, also die erotisch-romantische Seite einer Beziehung, nicht vorrangig für die Begründung einer Paarbeziehung. Die Ehe war ein vorgegebenes, selbstverständliches Lebensziel. Sie diente hauptsächlich zur Zeugung der Nachkommenschaft, als Wirtschaftsgemeinschaft, um das Überleben zu sichern oder in Adelskreisen und bei Monarchen zum Machterhalt oder der Erweiterung ihrer Macht.

Einen großen Einfluss auf die Beziehungsgestaltung hatten die moralischen Vorgaben der Kirche. Diese Überzeugungen reichten noch weit bis ins letzte

Jahrhundert hinein. Eine Zweierbeziehung ohne Kinder als bewusste Wahl gab es so gut wie nicht. Kinderlosigkeit war eher ein beklagenswertes Schicksal.

Für die Frauen bestand damals nur die Alternative Heirat, Familie oder das Kloster. Eine eigenständige Berufsausübung war in der Regel für Frauen nicht möglich. Insgesamt wurde Familie mit Sicherheit assoziiert. Paare konnten sich kaum trennen, weil es entweder den wirtschaftlichen Ruin bedeutet hätte oder die Gesellschaft und Kirche es moralisch verurteilt hätten. Frauen hatten ohnehin nicht das Recht, die Scheidung einzureichen. Erst die Emanzipationsbewegung im letzten Jahrhundert brachte deutliche Besserstellungen für die Frauen. Die erotische Seite wurde nach Abschluss der Gebärphase der Frau eher in außerehelichen Beziehungen unter dem Deckmantel der Verschwiegenheit gelebt und teilweise von den Ehepartnern auch toleriert. Außerdem war die Lebenserwartung der Menschen im Durchschnitt erheblich kürzer als heute, sodass es den Lebensabschnitt, in dem die Kinder aus dem Haus gehen und das Paar wieder alleine für sich ist, kaum gab. Demzufolge stand auch die dadurch erforderliche Neugestaltung einer Beziehung nicht zur Debatte.

Heute geht es den Menschen vorrangig um Selbstverwirklichung (vor allem im Beruf und in der Freizeit). Diese wollen die meisten auch in der Beziehung umsetzen. Aber die Gemeinschaft bietet auch die große Chance des inneren Wachstums. Wir können einander bereichern, voneinander und miteinander lernen, wenn wir uns aufeinander einlassen. Dadurch wächst dann auch die Beziehung mit. Dies erfordert Offenheit und den Mut zur ehrlichen, konstruktiven Auseinandersetzung. Es ist daher nicht nur eine romantische Harmonieveranstaltung.

Die persönliche Entwicklung und Entfaltung in der Gemeinschaft bedeutet richtig Arbeit. Es ist ein ständiger Prozess, der Veränderungen unterworfen ist und Visionen braucht, für die Entwicklung des Zusammenseins.

In der Phase der Verliebtheit schweben wir noch. Da geht alles wie von selbst. Wenn dann der Hormoncocktail, der in dieser Phase wirksam ist, in seiner Wirkung nachlässt, gilt es die eigentlichen Qualitäten, die eine Partnerschaft ausmachen, zu entwickeln und herauszuarbeiten. Diese sind: Ein wachsendes Vertrauen, Stabilität, Tiefe und die Entfaltung von wahrer, bedingungsloser Liebe.

Die Lebensgemeinschaft ist die dichteste und innigste Beziehung, die zwischen zwei Menschen entstehen kann, neben der Eltern-Kind-Beziehung. Diese Ähnlichkeit ist auf unbewusster Ebene sogar nicht selten Ursache von Konflikten in der Partnerschaft, wenn die Beziehung zu Mutter oder Vater in irgendeiner Weise gestört war bzw. eine Loslösung von ihnen nicht vollständig stattgefunden hat. Je tiefer und intensiver die Beziehung zu einem anderen Menschen ist, um so mehr sind wir in der Regel von den alten Verhaltens- und Emotionsmustern aus unserer Kindheit ferngesteuert, durch unsere gelernte, unbewusste Bindungserfahrung, die uns damals in unserer Unselbstständigkeit noch dienlich war.

Die Verstrickungen aus der „Ursprungs"-Familie sowie traumatische Erlebnisse aus Generationen zuvor sind sehr häufig vorhanden, und noch häufiger wirken sie unbewusst. Wir suchen dann in der Beziehung die Geborgenheit, nach der wir uns als Kind so sehr gesehnt, sie aber oftmals nicht bekommen haben. So erhoffen wir uns Halt und Ausgleich in unserer Partnerschaft, wodurch Abhängigkeit und Anspruchsdenken entstehen kann.

Das verbreitetste Motiv für eine Zweierbeziehung heißt

deshalb: „Ich möchte nicht allein sein/bleiben und suche wieder Geborgenheit". Solche Partnerschaften führen meist wieder zu Enttäuschung und Trennung. Denn diesen inneren Zustand des Alleinseins und der inneren Einsamkeit kann kein Partner beenden, sondern nur wir selbst. Es ist der Weg nach innen, um mit uns selbst ein liebender, achtsamer Partner zu werden.

Insbesondere die Therapie in Form von Familienaufstellungen, die sich mit den Strukturen der Familienmitglieder untereinander innerhalb mehrerer Generationen beschäftigt, kann Konflikte, weitergegebene Verhaltens- und Handlungsmuster sowie traumatische Erlebnisse heilend auflösen. Oftmals reichen diese bis zu sieben Generationen zurück. Diese Auflösung stärkt den eigenen inneren Weg in Liebe und befreit von den unbewusst getragenen Lasten der Ahnen.

Die Liebesbeziehung soll nach der allgemeinen Vorstellung auch ein Ort sein, an dem wir im Gegenzug zur rational-kühlen und gefühlsarmen Welt vorbehaltlose emotionale Bestätigung und Stärkung erfahren können. Sie soll uns die vollkommene Form von Liebe bringen, die wir durchweg alle grundsätzlich von Herzen suchen. Eine beständige, wachsende, allumfassende Liebe ohne Einschränkungen, also eine absolute Liebe. Mit diesem immensen Anspruch an das „Du" gehen heute viele in eine Paarbeziehung und erzeugen unweigerlich Druck auf den Partner. Damit ist jeder Mensch überfordert. Aus diesem unerfüllbar hohen Anspruch kommt die Frustration. Rasch zerbrechen die Beziehungen und die Suche geht von vorne los nach dem "absoluten" Beziehungs-Glück. Und dann setzt sich das so fort. Es sei denn, man unterbricht den Teufelskreis und sucht die Liebe zunächst in sich selbst. Wir sind diesbezüglich in einer gesellschaftlichen Umbruchphase. Die alten Konventionen und Moralvorstellungen funktionieren nicht mehr, aber das Neue (der Weg zur Selbstliebe als wichtige Voraussetzung für eine bedingungslose Liebe) können wir zumeist noch nicht klar erkennen bzw. akzeptieren und deshalb auch noch nicht begreifen.

Auch wenn es scheinbar so aussieht, wählen wir nicht „falsche Partner". Vielmehr folgen wir oft unbewusst täuschenden, unwahren Gedanken aus unserer frühkindlichen Prägung. Aufgrund kollektiver Einflüsse erschaffen wir in uns selbst Kummer, Konflikte sowie Krisen in unseren Beziehungen. Jeder Partner kann uns dazu dienen, etwas Wichtiges über uns selbst zu erfahren und daran zu wachsen, indem es zu Verhaltensänderungen kommt. Ein resigniertes Zurückziehen ist daher kontraproduktiv. Jede Krise ist auch eine Chance. In der Krise fängt erst die Arbeit an der Beziehung so richtig an. Statt zu flüchten, ist es sinnvoll, sich diesen Chancen zu stellen, auch wenn dies oftmals Kraft kostet, Schmerzen und Enttäuschungen mit sich bringt. Aber jede Ent-Täuschung ist eine Täuschung weniger und sorgt somit für mehr Klarheit, vor allem auch für sich selbst, auf dem Weg zur Selbstliebe. Wenn wir diese Herausforderungen annehmen und in uns hinein horchen, kann die Erkenntnis wachsen, dass wir unsere kindlichen Bedürfnisse nach Liebe, Geborgenheit und Sicherheit solange auf einen anderen Menschen übertragen, bis wir uns selbst annehmen und lieben lernen. Dann können wir uns vieles selbst schenken, was wir vom anderen hoffen, zu erhalten. Wenn zwei Menschen sich in Liebe verbinden wollen, dürfen sie lernen, sie selbst zu sein. Ein authentisches Wesen, das der inneren Wahrheit seines Herzens folgt und die Größe findet, den anderen so zu lassen, wie er ist. Damit lässt man sich gegenseitig die Freiheit, jeweils den eigenen Entwicklungsweg zuzugestehen.

Ein erster Stolperstein in Hinsicht auf gelingende Partnerschaft ist die Fehldeutung des Wortes „Liebe". Heute besteht die große Tendenz, die Liebe zwischen Mann und Frau durchgängig gleichzusetzen mit dem emotionalen Liebeserleben, wie es in der Phase der Verliebtheit stattfindet. Werbung, Filme oder Songtexte fördern diese Vorstellung. Mit dazu gehört eine starke Fokussierung auf Erotik und Sexualität, die auch durch den enormen Körperkult, der in den heutigen Medien betrieben wird, verstärkt wird. Der männliche und weibliche Körper steht im Vordergrund, aber kaum das, was das Wesen eines Menschen ausmacht und für eine tragende Beziehung auf Dauer wichtig ist.

Diese beiden Aspekte - Erotik und Sexualität - sollen nach gängigen Wunschvorstellungen dauerhaft und in gleichbleibender Intensität während der Beziehung enthalten sein und erhalten bleiben. Zur Liebe gehört jedoch mehr als nur Verliebtheit und mehr als Erotik. Wenn wir die Paarbeziehung nur am „verliebt sein" orientieren würden, müssten wir uns in gewissen Abständen immer wieder neue Partner suchen. Genauso verhalten sich manche Menschen, um immer wieder dieses Prickeln zu spüren. Allerdings erfahren sie nach gewisser Zeit in gleichem Maße die selbe innere Leere. Die Chance einer Dauerbeziehung ist dabei nahe Null. Und so sieht es in der Realität ja auch auf weiten Strecken aus. Zu dem Ideal der Dauerverliebtheit gehört auch, dass davon ausgegangen wird, Gefühle der Zuneigung kämen immer von ganz alleine und müssten bleiben, ohne etwas für deren Erhaltung zu tun. Entweder ist die für „Liebe" gehaltene Verliebtheit einfach da oder sie verschwindet. Und dann geht man eben wieder aus der Beziehung heraus, um sich die nächste zu suchen.

Es ist uns oft zu wenig bewusst, dass Liebe genährt, gehegt und gepflegt werden will, wenn sie beständig sein soll. Nur im fortwährenden Geben kann sie wachsen. Nur im Geben ohne erwartete Gegenleistung liegt die wahre Kraft. Am Anfang der Verliebtheit sind wir überschwänglich und großzügig im Geben von Zuneigung. Je mehr wir von dem Gefühl der Liebe verschwenden, umso mehr wächst sie. Leider stirbt in vielen Partnerschaften die Liebe, weil die Quelle des gegenseitigen Gebens im Laufe der Jahre versiegt. Alltag und Routine tragen maßgeblich dazu bei und trüben unser Bewusstsein.

Wir sind durch das kapitalistische Wirtschaftssystem bekanntlich mehr auf das „Nehmen" konditioniert, in Form von Raffen und Horten. Dieses Verhalten resultiert aus der Angst, zu kurz zu kommen, etwas zu verpassen. Diese Angst wird von den Medien unterstützt und geschürt, indem uns im Rahmen von Marketingstrategien suggeriert wird, dass uns ständig etwas fehlt und wir den Mangel nur dadurch ausgleichen, wenn wir ein bestimmtes Produkt kaufen oder eine Dienstleistung in Anspruch nehmen. Dies strahlt natürlich auch auf das Privatleben aus.

Problematisch sind auch Projektionen auf den Lebenspartner, die aus den emotionalen Kindheitserfahrungen mit den Eltern resultieren. Die Partnerin oder der Partner dienen unbewusst als Ersatz für Vater oder Mutter bzw. sollen das geben, was man von den Eltern nicht bekommen hat, statt um ihrer Selbst Willen geliebt zu werden.

Aus diesen Ansprüchen und Erwartungen heraus, die der andere nicht erfüllen kann, entsteht ein innerer Mangel, der die Beziehung trübt.

Es ist auch wichtig zu akzeptieren, dass sich im Verlauf einer Partnerschaft Phasen von Nähe und Distanz abwechseln. Beide Menschen sind eigenständige Persönlichkeiten mit eigenen Entwicklungen und Erfahrungen innerhalb ihrer Lebensbereiche. Erzwungene Nähe oder ein Beharren auf Harmonie erschafft Aggressionen. In einer guten Paarbeziehung sollte die bewusste Pflege gemeinsamer Ziele sowie die gegenseitige Unterstützung bei der individuellen Persönlichkeitsentwicklung in Freiheit gleichermaßen geachtet werden. Entscheidend ist ebenfalls, sich nicht nur auf der geschlechtsspezifischen Ebene zu begegnen, sondern auch auf der zwischenmenschlichen und freundschaftlichen Ebene.

Jede Interaktion in einer Beziehung führt entweder zu mehr oder zu weniger Nähe. Kein Verhalten ist neutral. Mit allem, was du tust und sagst, mit der Absicht hinter deinen Worten, durch Handlungen oder Gesten erschaffst du die Grundstruktur deiner Beziehung (auch zu dir selbst). Nichts, was du tust, ist bedeutungslos. Alles, was du tust, besitzt die Macht, die Kathedrale deiner Beziehung auf ganz subtile Weise Stein für Stein aufzubauen oder abzutragen. Vergegenwärtige dir deshalb immer wieder, wie sehr dein Verhalten deine Beziehung beeinflusst.

Wenn Individuen zusammen sind, gibt es auch unterschiedliche Ziele und Standpunkte. Die veränderte Arbeitswelt und die Globalisierung bieten heute für etliche Menschen wechselnde Möglichkeiten zur beruflichen Selbstverwirklichung bzw. fordern flexibles Handeln. Das bedeutet möglicherweise einen Ortswechsel, der sogar ins Ausland gehen kann oder mehr Arbeitsstunden. Das geht meist zu Lasten von Familie und Partnerschaft und kann zu Zerreißproben führen.

Aber auch auf vielen anderen Gebieten existieren mögliche Interessensunterschiede. Sobald wir in ein Beziehungssystem eintreten, seien es nur zwei Menschen oder sei es eine Familie, bedeutet es unweigerlich ein Stück weit Begrenzung der eigenen Möglichkeiten. Die Frage ist, sehe ich dies als Einengung oder als bereichernde Erfahrung. Hier gilt der Grundsatz: „Weniger kann oft mehr sein."

Wie ich dir begegnen möchte

„Ich möchte dich lieben, ohne dich einzuengen.

Ich möchte dich wertschätzen, ohne dich zu bewerten.

Ich möchte dich ernst nehmen, ohne dich auf etwas festzulegen.

Ich möchte zu dir kommen, ohne mich dir aufzudrängen.

Ich möchte dich einladen, ohne Forderungen an dich zu stellen.

Ich möchte dir etwas schenken, ohne Erwartungen daran zu knüpfen.

Ich möchte von dir Abschied nehmen, ohne Wesentliches versäumt zu haben.

Ich möchte dir meine Gefühle mitteilen, ohne dich für sie verantwortlich zu machen.

Ich möchte dich informieren, ohne dich zu belehren.

Ich möchte dir helfen, ohne dich zu beleidigen.

Ich möchte mich um dich kümmern, ohne dich ändern zu wollen.

Ich möchte mich an dir freuen – so wie du bist.

Wenn ich von dir das Gleiche bekommen kann, dann können wir uns wirklich begegnen und uns gegenseitig bereichern."

(Virginia Satir)[49]

Liebe wächst, wenn sie verschwendet wird

„Liebe ist das einzige, was wächst,
indem wir es verschwenden."
(Ricarda Huch)[50]

„Liebe ist nicht das was man erwartet zu bekommen,
sondern das was man bereit ist zu geben."
(Katharine Hepburn)[51]

Schaut euch um in der Natur. Wird da gegeizt mit Reizen und Fülle? Nein! Die Natur zeigt uns eindrücklich, dass wir uns keine Sorgen machen müssen. Es ist genug für alle da. Nicht nur das. Es ist sogar mehr da, als gebraucht wird. Hast du mal bemerkt, wie viel Obst von den Bäumen fällt und nicht als Nahrung benötigt wird? Die Natur bedient sich des Überflusses und es wächst alles immer nach. Was nicht genutzt wird, geht nicht verloren, sondern wird dem natürlichen Kreislauf zurückgeführt.

Und was machen wir in unserem künstlich geschaffenen Wirtschafts- und Geldsystem?

Wir rationieren und erzeugen durch das Schuldgeldsystem sowie die Wirtschaftsstruktur einen Finanzmangel für die große Masse! Obwohl genügend Lebensmittel vorhanden sind, um die gesamte Weltbevölkerung ausreichend zu ernähren, verhungern jedes Jahr unzählige Menschen, darunter vor allem Kinder, wegen ungleicher Verteilung.

Das einzige, was wir gesellschaftlich verschwenden, sind Ressourcen. Mit einer Unmenge zu viel produzierter und nicht benötigter, oft umweltschädigender Güter hinterlassen wir einen riesigen Müllberg, verschmutzen die Flüsse und Meere, vergiften Trinkwasser und verpesten die Luft.

Im Geben liegt die wahre Kraft.

Alle Verliebten wissen und erfahren das, weil sie intuitiv genau dieses Prinzip leben. Wenn die Hormone verrückt spielen, hat der Verstand keine Chance, rationelle Handlungen einzuleiten, die zur Abwägung über das Maß des Gebens führen könnten. Verliebte sind überschwänglich in ihren Gefühlen, verschwenden ihre Zeit für den anderen, überschütten ihn mit ihrer Zuneigung, ihren Zärtlichkeiten sowie Komplimenten. Je mehr wir von dem Gefühl der Liebe verschwenden, umso mehr wächst sie. Diese Erfahrung haben wohl die meisten schon gemacht. Allerdings scheinen sie es nach der Verliebtheitsphase wiederum zu vergessen. Leider stirbt in vielen Partnerschaften die Liebe, weil die Quelle des gegenseitigen Gebens im Laufe der Jahre versiegt, durch die Alltagsroutine, zunehmendes Misstrauen, mangelnden Respekt, nachlassende Wertschätzung, abnehmendes Verständnis füreinander etc. Statt in Verhaltensmuster wie Schuldzuweisungen zu verfallen, könnte man manche Liebe durch verschwenderisches Geben wieder zum Leben erwecken und erneut wachsen lassen. Es ist wichtig, sich bewusst zu machen, dass die Anwesenheit des Partners und die gegenseitige Zuneigung keine Selbstverständlichkeit ist, obwohl es im Laufe der Zeit so scheint.

Das kapitalistische System hat uns geprägt, zu Nehmen statt zu Geben. Es findet eine Ökonomisierung aller Lebensbereiche statt, die auch vor unserem so genannten Privatleben nicht halt macht. Wir sind es gewohnt, dass es für jede Leistung auch eine Gegenleistung geben muss. Deshalb fällt uns das bedingungslose Geben ohne Erwartungen so schwer, weil wir sofort das Gefühl haben, vielleicht zu kurz zu kommen, wenn wir nach unserer Vorstellung nicht die gleiche Menge an Liebe zurückbekommen. Ein freier, ungezwungener Austausch von Gefühlen ist so nicht oder nur schwer möglich. Man fühlt sich gegenseitig verpflichtet. Es ist wie mit Geschenken. Wenn ich aus Freude schenke, ohne ein Gegengeschenk zu erwarten, ist dies viel wertvoller und für beide Seiten beglückender, als wenn ich aus einer Verpflichtung heraus schenke oder glaube, etwas zurück schenken zu müssen. Dadurch kann ich auch Geschenke, mit denen ich nicht rechne, viel freudvoller annehmen. Das Nehmen in Form des dankbaren An-nehmens bekommt dann einen ganz anderen Charakter, als in der Ausprägung des gierigen Raffens und Hortens.

Das Verhalten des Raffens resultiert aus der Angst zu kurz zu kommen oder etwas zu verpassen. Es ist auch die Angst, dass morgen schon alles vorbei sein kann und man auf der materiellen Ebene nicht genug gehabt hat. Dies wird von den Medien sowie der Wirtschaft entsprechend geschürt, welche den Menschen durch das Wecken immer neuer Bedürfnisse einen ständigen Mangel suggerieren. Dieser vermeintliche Mangel im Außen hinterlässt gleichzeitig einen Mangel im Innern. Diese innere Leere ist einer der Gründe für die Zunahme von Süchten.

Denken wir doch mal das Verhalten des Raffens und Hortens zu Ende: Wenn alle nur Nehmen, dann hat der Einzelne zwar zunächst etwas davon, aber für das Leben in der Gemeinschaft bleibt nichts mehr übrig. Es führt zur Isolation sowie zu Neid und Missgunst. Nun könnte man ja sagen, wenn jeder für sich sorgt, dann ist für alle gesorgt (in diese Richtung geht bekanntlich die FDP-Politik). Die Argumente der Steuerhinterzieher, Sozialschmarotzer, Leistungserschleicher, Korrupten sowie sonstigen Staats- und Wirtschaftsbetrüger sind isoliert betrachtet zwar nachvollziehbar und schlüssig, aber letztlich verschärfen sie den Teufelskreis des Egoismus für das Zusammenleben in unserer Gesellschaft. Denn in irgendeiner Form hat dieses Verhalten wiederum Auswirkungen für jeden Einzelnen, was leider meistens nicht unmittelbar wahrnehmbar ist. Insofern gehen der Lieblingsgedanke sowie das verinnerlichte Verhalten, sich etwas zurückzuholen, was einem vermeintlich zu viel abgenommen wurde, ins Leere.

Ich weiß aus eigener Erfahrung, wie schwer es manchmal ist, sich diesen negativen Strömungen zu entziehen, insbesondere dann, wenn man seinen Blick lediglich auf materiellen Reichtum beschränkt und sich dadurch schneller benachteiligt fühlt. Sobald man jedoch wieder das große Ganze betrachtet, sieht man, wohin rücksichtsloser Egoismus führt. Ob Schulgebäude verkommen bzw. neue nicht mehr errichtet werden, Unterricht wegen Lehrermangel ausfällt, ob Schwimmbäder und Krankenhäuser schließen, Straßenbeläge löchriger werden etc.: Es sind Ergebnisse dieses Handelns, die hinterher von Jedem bejammert oder damit erklärt werden, dass der Staat nicht mit Geld umgehen könne.

Solange wir den Staat als Feind betrachten und vergessen,

dass wir als Gemeinschaft selbst der Staat sind, wird sich nichts ändern bzw. das Dilemma verschärfen. Erst wenn wir begreifen, dass es erforderlich ist, unser eigenes Verhalten zu ändern, ohne den Zeigefinger auf Andere zu richten, können wir Veränderungen im System bewirken und der Stein für einen Wandel kommt ins Rollen. Natürlich könnte auch eine Regierung einen Beitrag leisten, um den Teufelskreis zu durchbrechen. Wenn beispielsweise das System so umgebaut würde, dass alle staatlichen Sozialleistungstöpfe zu einem großen Topf zusammengefasst werden, aus dem dann jeder Bürger sowie jede Bürgerin lebenslang ein Bedingungsloses Grundeinkommen erhält. Dadurch würden auch Energien frei, zur Entfaltung jedes Einzelnen. Der Paradigmenwechsel besteht darin, dass der Staat dann eher als Gebender wahrgenommen wird, nicht mehr als Feind, der seinen Bürgern Geld wegnimmt.

Gehen wir gedanklich zurück in die Zeit der Entwicklungsgeschichte der Menschheit, als es noch kein Geld gab, erkennen wir, dass Tauschgeschäfte über Waren auch den Sinn hatten, sich gegenseitig etwas zu Geben, das für den Anderen von Nutzen war.

Ich denke in diesem Zusammenhang an die „Geschichte der kleinen Leute von Swabedoo.[52]" Dort lebten Wesen, die voll im Vertrauen und voller Liebe immer kleine Felle verschenkten, wenn sie sich trafen. Sie waren glücklich und voller Freude. Bis eines Tages jemand kam und Misstrauen säte, durch seinen Hinweis, dieses blauäugige schenkende Verhalten führe irgendwann dazu, dass man kein Fell mehr habe. Deswegen sei es wichtig, möglichst viele Felle zu erhalten, aber sehr vorsichtig und zurückhaltend im Geben zu sein. Das führte dann dazu, dass die Felle gehortet wurden und kein Austausch mehr stattfand, wodurch nur noch Misstrauen, Armseligkeit und Unglück herrschte.

Sobald wir Geld im Sinne von Geben benutzen und unser Denken darauf ausrichten, etwas zu leisten, das uns persönlich erfüllt sowie gleichzeitig der Gemeinschaft in der Gesellschaft dient, haben wir eine höhere Bewusstseins-Ebene im Sinne einer bereichernden Kooperation im liebevollen Miteinander erreicht.

Welcher immaterielle Reichtum im Geben liegt, zeigt sich beispielsweise im Internet. Dort sind viele Menschen bereit, ihre Informationen bzw. Dienste kostenlos für die Allgemeinheit zur Verfügung zu stellen. Immer dann, wenn Menschen dies alles in Liebe tun, ist es für alle fruchtbar und wirkt auf das große Ganze heilend. Dadurch kommen wir weg von dem zerstörerischen Konkurrenzdenken, hin zu einem gegenseitig bereichernden Zusammenwirken durch Teilen.

Was bringt uns dazu, unser Leben auf das Geben auszurichten?

Ein wesentlicher Aspekt ist die Selbstzufriedenheit, die Liebe zu sich selbst und das Annehmen dessen, was ist. Wenn ich dankbar bin, für das was ich habe und bin, kann ich mit mir und der Welt zufrieden sein. Die Dankbarkeit verstärkt sich, wenn ich die Fähigkeit zu Verzeihen umsetze.

Dankbarkeit und Verzeihen fördern das eigene Wohlbefinden und die Gesundheit. Es stärkt auch die Ausgeglichenheit. Was die Bibel schon wusste, wird nun wissenschaftlich bestätigt. Eine Studie der Universität in Kalifornien (Riverside) belegt, dass regelmäßige Dankbarkeit Menschen rechtschaffener und selbstloser handeln lässt. Danach seien dankbare Menschen weniger neidisch und nachtragend. Wer dankbar ist, ist auch eher bereit, zu Geben und damit auch zu Ver-Geben. Beides stärkt den sozialen Zusammenhalt. Die moderne Psychologie hat ebenfalls erkannt, dass die Bereitschaft zu Geben in Form von aktivem sinnvollen Tun wahres Glück bedeutet, weil eigene Fähigkeiten entfaltet werden können, die außerdem der Gemeinschaft dienen.

Wenn ich in Liebe mit mir selbst bin, habe ich in mir eine nie versiegende Quelle, die mich zunächst von anderen unabhängig macht. Dadurch kann ich aus dieser Quelle schöpfen. Falls Liebe nicht erwidert werden sollte, ist das kein Beinbruch. Denn die Liebe in mir brennt weiter, wie ein ewiges helles Licht. So wird das Verschwenden von Liebe zur Verstärkung dieser Energie. Die Liebe kommt dann in Situationen sowie Begegnungen zurück, bei denen wir es niemals für möglich gehalten hätten.

Bin ich allerdings auf der Suche nach Liebe im Außen, bringt mich jede Enttäuschung in einen Mangel und eine innere Leere, die mich schwach werden lässt, wodurch ich misstrauisch die Liebe zurückhalte. Mehrere dieser Erfahrungen verstärken dann unweigerlich diese Spirale nach unten. Aber jeder Teufelskreis lässt sich mit der eigenen Entscheidung, die Richtung zu ändern und neu zu schauen, jederzeit durchbrechen.

Es ist nie zu spät!

Werdet wie die Kinder

„Die Kindheit ist ein Augenblick Gottes"
(Achim von Arnim)[53]

„Werdet wie die Kinder", so steht es bereits in der Bibel. By the way, ich will dich hier nicht zum Bibelstudium animieren. Ich greife dies heraus, weil ich christlich geprägt bin. Das bedeutet nicht, dass ich alles glaube, was von Menschenhand aus der Religion gemacht wurde und im Namen Gottes bis heute so alles verbrochen wird.

Für mich sind bestimmte Botschaften allerdings sehr elementar, weil sie vom „Heiligen Geist" beseelt sind. Manche mögen mich für diese Aussage zwar für verrückt erklären, aber ich habe es am Anfang des Buches bereits ausgeführt: Alles, was wir glauben ist für uns real. Natürlich sind bestimmte Gesetzmäßigkeiten, wie der Magnetismus oder die Gravitationskraft nicht durch Glauben beeinflussbar.

Es gibt Untersuchungen von Aussagen in Heiligen Schriften unterschiedlicher Religionen. Dabei wurde eine hohe Übereinstimmung festgestellt und die Kernbotschaft ist bei allen gleich, nämlich die der Liebe.

Du musst das nicht glauben. Glaube, was du willst. Es ist dein Leben. Aber übernehme für das, was du entscheidest zu glauben und tust, dann bitte auch die Verantwortung. Das ist nämlich häufig leider nicht der Fall.

Warum können Kinder unser Vorbild sein?
Warum werden sie oftmals beneidet?

Sie wissen, dass für sie gesorgt ist. Deshalb sorgen sie sich nicht. Sie sind im Ur-Vertrauen. Sie kommen aus der universellen Liebe, sind völlig rein, unverbraucht und unverdorben. Sie machen sich keine Gedanken um den morgigen Tag. Wenn sie Ängste entwickeln, dann sind sie in aller Regel von Erwachsenen ausgelöst. Kinder sind unbefangen, unverfälscht, vorurteilsfrei, hemmungslos ehrlich und sie gehen auf jeden offen zu, wenn sie noch keine schlechte Erfahrungen gemacht haben. Sie sind voll von bedingungsloser reiner Liebe, Vertrauen, Freude und Dankbarkeit. Mit natürlicher Lebenslust, Neugier, Begeisterung und Unbefangenheit nehmen sie spielerisch jeden Reiz auf und verarbeiten ihn als selbstverständliche Erfahrung. Ist es nicht bewundernswert, wie sich Kinder an der kleinsten Kleinigkeit, wie beispielsweise einem einfachen Grashalm erfreuen können? Sie sind im SEIN. Kleinkinder machen sich nicht abhängig von materiellen Gütern. Das macht sie frei, friedvoll und glücklich. Wenn sie aus unserer Sicht nicht friedvoll, sondern trotzig und bösartig erscheinen, so liegt das daran, dass wir sie in das enge Korsett der Erwachsenenwelt pressen wollen, das auf Normierung gedrillt ist.

Ist es nicht wunderbar, wie leicht sich Kinder für Dinge begeistern können, die wir Erwachsene manchmal gar nicht mehr wahrnehmen oder für so selbstverständlich halten, dass wir ihnen keine Beachtung mehr schenken und demzufolge undankbar sind? Wir bewundern Kinder dafür, wenn sie sich beispielsweise über die Blütenpracht in der Natur erfreuen können, die Erwachsene zwar sehen, aber leider oft nicht mehr mit dem Herzen wahrnehmen. Erwachsene sind erstaunt darüber, welche bunten Phantasien Kinder beim Spielen entwickeln können.

Hast du schon mal bemerkt, wie oft kleine Kinder einfach nur so begeistert glucksen und strahlen? Sie brauchen keinen Grund für Begeisterung, den wir Erwachsene zumeist erst suchen müssen. Instinktiv verpassen sie ihrem Gehirn Dopaminkicks (Dopamin ist ein Botenstoff, der Glücksgefühle auslöst), fördern dadurch die Vernetzung ihrer Nervenzellen und steigern somit ihre Kreativität. Mit dieser Kreativität und Vorstellungskraft, die nur uns Menschen als Fähigkeit in die evolutionäre Wiege gelegt wurde, bringen Neugeborene alles mit, um sich mit ihren Begabungen die Welt zu erschließen. Im Grunde ist jedes Kind aufgrund der vielfältigen Möglichkeiten, die unser Hirn bietet, hochbegabt. Wir beschneiden und selektieren als Erwachsene diese Begabungen aufgrund unserer eigenen gesellschaftlichen Normierungen, indem wir unsere Kinder durch Erziehung und Bildung mit Schablonen eingrenzend vereinheitlichen.

Die gute Nachricht: Es ist nie zu spät, diese Prägungen wieder aufzulösen. Neueste neurowissenschaftliche Erkenntnisse belegen, dass unser Gehirn bis zu unserem Lebensende vital und flexibel ist. Es kann sich ständig umorganisieren und an neue Umstände anpassen. Alles, womit wir unser neuronales Netzwerk stimulieren, hinterlässt eine "Hirn-Spur". Häufigere Wiederholungen führen zu einem bleibenden Abdruck.

Kinder sind noch emotional eingebunden in die Natur. Sie erforschen ihre Umwelt sehr bewusst, haben keine Tabus und stellen den Erwachsenen Fragen, die sie oft als unangenehm und peinlich empfinden. Kinder sind noch Originale, während Erwachsene Gefahr laufen, als Kopien zu mutieren.

„Wenn ihr nicht umkehrt und werdet wie die Kinder, so werdet ihr nicht ins Himmelreich kommen.", sagt Jesus in der Bibel.

Was meinte er mit diesem Satz?

Jesus nahm die Kinder sehr ernst - zu einer Zeit, als den meisten von ihnen wenig Aufmerksamkeit zuteil wurde. Er sagte dies zu seinen engsten Freunden, als sie sich über ihre Rangordnung stritten. Dabei stellte er ein Kind in die Mitte und sprach zu seinen ehrgeizigen Jüngern: „Wer es auf sich nimmt, vor den Menschen so klein und unbedeutend dazustehen wie dieses Kind, ist in der neuen Welt Gottes der Größte".

Warum also sollen wir werden wie die kleinen Kinder? Was ist das Besondere an ihnen? Ist es etwa die besondere Unschuld und Reinheit von kleinen Kindern? Nicht umsonst heißt es auch im Volksmund, dass Kinder reinen Herzens sind.

Es geht Jesus nicht darum, sich klein zu machen, sein „Licht unter den Scheffel" zu stellen. Es geht ihm vielmehr um den Kontrast zu dem Verhalten und den Handlungen Erwachsener, die sich überheblich für den Nabel der Welt halten, nur nach Größe, Stärke, Anerkennung und Belohnung schielen und sich das Reich Gottes immer noch selbst verdienen wollen.

Jesus will, dass wir umkehren, die eigenen Verhaltensmuster und begrenzende Gedanken hinterfragen, zurücklassen und neu anfangen - wie ein Kind. Sozusagen den Reset-Knopf drücken, alten Ballast abwerfen, um wieder frisch, unbefangen, unbeschwert, kraftvoll und frei zu sein.

Kinder leben ihre Emotionen frei aus. Sie können blitzschnell wechseln zwischen Weinen, Lachen,

Schreien, Zorn oder Begeisterung. Die Unterdrückung, Verdrängung oder Verlagerung von Emotionen mit den entsprechenden Folgen von Krankheiten und Konflikten lernen sie erst durch uns Erwachsene. Kleine Kinder probieren alles spielerisch aus. Erwachsene werden hingegen oftmals zum Spielball eines trügerischen und falschen Spiels. Sie halten sich bewusst oder unbewusst an gesellschaftliche Spielregeln ohne diese zu hinterfragen oder zu durchschauen. Regeln werden durch die Vermittlung von „Werten" und moralischen Vorstellungen sowie über Jahrhunderte weitergereichte Glaubenssätze übernommen. Die Kunst ist es, das freie Spiel im wahren Sein der natürlichen, universellen Anbindung wiederzuentdecken.

Wir können als Erwachsene die Liebe spielerisch neu entdecken. Das ist für jeden, der verliebt ist selbstverständlich, ohne groß darüber nachzudenken. Doch nach der Verliebtheit gewinnt in aller Regel der Verstand wieder die Oberhand, der alles kontrollieren und im Status Quo bewahren möchte. Wenn wir jedoch den Verstand von unserem Bauchgefühl, unserer Intuition leiten lassen, dann bekommt die Liebe mehr Raum zur Entfaltung, die den spielerischen Aspekt fördert. Gleichzeitig verleiht das Spielerische der Liebe mehr Lebendigkeit sowie Leichtigkeit.

Kleinkinder vertrauen ihren Eltern völlig. Wenn ihnen Mutter oder Vater etwas sagen, dann ist es für sie unumstößliche Wahrheit. Sie machen sich dann keine Sorgen darum, ob das auch wirklich stimmt. Sie kennen keine Heuchelei. Deshalb sollten Eltern darauf achten, dass dieses kindliche Vertrauen nicht durch Versprechungen zerstört wird, die sie später nicht einhalten können. Denn das Vertrauen als Erwachsener hängt in einem hohen Masse davon ab, inwieweit er als Kind damals seinen Eltern vertrauen konnte oder diesbezüglich enttäuscht wurde.

Im Neuen Testament, 1. Korinther, Kapitel 13, wird aus meiner Sicht sehr gut deutlich, wie allumfassend die Liebe ist und wie selbstverständlich diese vom Kind gelebt wird, der Zugang als Erwachsener jedoch mit Hürden verbunden ist. Hier das Zitat:

Das Hohelied der Liebe

*„Wenn ich mit Menschen- und mit Engelszungen redete
und hätte die Liebe nicht,
so wäre ich ein tönendes Erz oder eine klingende
Schelle.*

*Und wenn ich prophetisch reden könnte
und wüsste alle Geheimnisse und alle Erkenntnis
und hätte allen Glauben, so dass ich Berge versetzen
könnte und hätte die Liebe nicht,
so wäre ich nichts.*

*Und wenn ich alle meine Habe den Armen gäbe
und ließe meinen Leib verbrennen,
und hätte die Liebe nicht,
so wäre mir's nichts nütze.*

*Die Liebe ist langmütig und freundlich,
die Liebe eifert nicht,
die Liebe treibt nicht Mutwillen,
sie bläht sich nicht auf,
sie verhält sich nicht ungehörig,
sie sucht nicht das Ihre,*

sie lässt sich nicht erbittern,
sie rechnet das Böse nicht zu,
sie freut sich nicht über die Ungerechtigkeit,
sie freut sich aber an der Wahrheit;
sie erträgt alles,
sie glaubt alles,
sie hofft alles,
sie duldet alles.

Die Liebe hört niemals auf,
wo doch das prophetische Reden aufhören wird
und das Zungenreden aufhören wird und die
Erkenntnis aufhören wird.

Denn unser Wissen ist Stückwerk,
und unser prophetisches Reden ist Stückwerk.
Wenn aber kommen wird das Vollkommene,
so wird das Stückwerk aufhören.
Als ich ein Kind war,
da redete ich wie ein Kind
und dachte wie ein Kind
und war klug wie ein Kind;

als ich aber ein Mann wurde,
tat ich ab, was kindlich war.

Wir sehen jetzt durch einen Spiegel ein dunkles Bild;
dann aber von Angesicht zu Angesicht.
Jetzt erkenne ich stückweise;
dann aber werde ich erkennen, wie ich erkannt bin.

Nun aber bleiben Glaube, Hoffnung, Liebe, diese drei;
aber die Liebe ist die Größte unter ihnen."

Freiheit durch Liebe

„Eigenverantwortung und Freiheit
sind wie siamesische Zwillinge.
Wir können sie nicht voneinander trennen!
In dem Ausmaß, indem wir bereit sind,
Eigenverantwortung zu übernehmen,
werden wir Freiheit erleben."

(Günter Peham)[54]

„Loslassen bedeutet nicht,
aufzuhören sich zu sorgen;
es bedeutet, dass ich niemandem
seinen eigenen Anteil abnehmen kann.

Loslassen heisst,
die Machtlosigkeit zuzugeben,
was bedeutet, dass der Ausgang der Dinge
nicht in meiner Hand ist.

Loslassen heisst nicht zu versuchen,
einander zu ändern oder zu beschuldigen,
sondern es heisst,
das Beste aus sich zu machen.

Loslassen heisst nicht, sich zu sorgen,
sondern aufmerksam zu sein.

Loslassen heisst nicht, zu klammern,

sondern zu unterstützen.

Loslassen heisst nicht zu richten,
sondern einander zu gestatten.
Mensch zu sein.

Loslassen heisst nicht,
vom Mittelpunkt aus alles zu regeln,
sondern anderen zu erlauben,
so zu handeln, wie sie es müssen.

Loslassen heisst nicht,
andere zu schützen; es heisst,
miteinander die Realität anzuschauen

Loslassen heisst nicht zu verdrängen,
sondern anzunehmen.

Loslassen heisst nicht, zu meckern,
zu nörgeln oder zu streiten,
sondern stattdessen meine eigenen Fehler
zu suchen und zu ändern.

Loslassen heisst nicht,
alles nach meinen Wünschen auszurichten,
sondern jeden Tag so anzunehmen,
wie er kommt und meinen Kopf hochzuhalten.

Loslassen heisst nicht,
jeden zu kritisieren und ändern zu wollen,
sondern zu versuchen, selbst so zu werden,
wie ich es mir erträume.

Loslassen heisst nicht,

die Vergangenheit zu bereuen,
sondern für die Zukunft zu wachsen
und zu leben.

Loslassen heisst, weniger Angst zu haben
und mehr zu lieben."

(Chris Animo)[55]

„Wenn du etwas loslässt, bist du etwas glücklicher.
Wenn du viel loslässt, bist du viel glücklicher.
Wenn du ganz loslässt, bist du frei."

(Ajahn Chah)[56]

Zwischen Reiz und Reaktion haben wir die Freiheit zu wählen, so ein Zitat von Viktor E. Frankl.[57] Nutzen wir diesen Zwischenraum der Freiheit und füllen ihn reichlich mit unserer Liebe. Um uns dafür zu entscheiden, brauchen wir inneren Frieden. Dies bedeutet, sich selbst anzunehmen, wie man ist, ohne „Wenn und Aber." Ich habe dies unter der Überschrift „Selbstliebe" beschrieben. Frieden und Freiheit hängen also unmittelbar zusammen.

Wenn ich mich in der inneren Balance befinde, kann ich mich viel leichter für die Liebe entscheiden, weil ich nicht mehr zwischen Extremen hin und her schwanke und dadurch versuche, einen emotionalen Mangel auszugleichen. Diese Ausgeglichenheit entsteht, wenn ich mich von meinen inneren Vorwürfen, Einschränkungen, Verletzungen und Kränkungen befreie. Ich bin dann im Kern meines wahren Seins in Liebe und lasse sie vollständig fließen. Diese Entscheidung bzw. dieser Seins-Zustand gibt mir Freiheit im Denken, Fühlen und Handeln. Die Liebe spendet Kraft und fördert die Fähigkeit, anderen Menschen mit Wertschätzung, Achtsamkeit, Verständnis und Unterstützung zu begegnen. Hieraus können Verbundenheit und friedvolles Miteinander entstehen. Sobald wir uns in Liebe, also auf gleicher Augenhöhe begegnen, sind wir verbunden und trotzdem frei. Nur die Liebe bietet die Möglichkeit, gleichzeitig Freiheit und Verbundenheit zu empfinden. Was im ersten Moment als Widerspruch erscheint, ist die Urerfahrung, die wir als Säuglinge gemacht haben und das eigentliche Leben auf Mutter Erde ausmacht: Verbundenheit und Freiheit im Wachstum. Sobald wir aus dieser inneren, tief verankerten Liebe herausfallen, beginnen die quälenden Sehnsüchte. Entweder man fühlt sich frei und sucht die Verbundenheit in anderen, weil man sie in sich nicht spürt, oder man klammert sich an einen anderen Menschen aus dem Mangel an innerer Liebe heraus und fühlt sich damit unfrei.

Liebe wirkt ansteckend, genauso wie „negative" Gefühle. Gefühle, wie Gier, Angst, Hass und Wut verbreiten innere Kälte, wirken beklemmend. Liebe hingegen verbreitet Wärme, fördert Zuwendung, Nähe und weitet unsere Herzen.

Wenn ich bereit bin, mich von Denkblockaden, Vorurteilen, Wertungen und Gefühlen, wie Wut, Hass und Neid zu befreien, kann ich anderen Menschen in Frieden die Freiheit lassen, so zu leben, wie sie es wollen. Und das befreit wiederum mich selbst, weil es Verkrampfungen und Beklemmungen auflöst. Ich tauche gedanklich nicht mehr in die Belange anderer Menschen ein. Dadurch steigert sich mein Wohlbefinden. Ich kann mich besser auf mich und meinen eigenen Weg konzentrieren.

Wahre Liebe lässt frei. Das klingt zunächst einmal kurios. Die meisten Singles sind heilfroh, wenn sie die Freiheit als Fessel bzw. Zeugnis der Einsamkeit, aufgeben können. Wenn sie jemanden gefunden haben, wollen sie ihn festhalten und nie mehr loslassen.

Doch wenn diese Art des Festhaltens zu lange dauert, kommt wieder der Wunsch nach Befreiung.

Woran liegt das?

Wir Menschen tragen zwei elementare Bedürfnisse in uns, die in einem scheinbaren Widerspruch zueinander stehen. Auf der einen Seite streben wir nach Wachstum und Freiheit. Auf der anderen Seite wünschen wir uns Nähe und Verbundenheit.

Wie soll das zusammengehen?

Beziehungen scheitern zumeist an diesem Konflikt. Einer von beiden hat ein starkes Freiheitsbedürfnis, während sich der andere nach geborgener Zweisamkeit sehnt. Diese unterschiedlichen Bedürfnisse können auch zwischen den Partnern oder bei einem selbst wechseln.

Das Verlangen, in den persönlichen Beziehungen sicher zu sein, erzeugt unvermeidlich Leid und Furcht. Dieses Suchen nach äußerer Sicherheit fordert die Unsicherheit heraus. Das macht unfrei. Hast Du in irgendeiner Deiner Beziehungen jemals Sicherheit gefunden? Hast Du das wirklich?

Wenn wir lieben und geliebt werden, wünschen sich die meisten von uns Sicherheit in dieser Liebe. Aber ist das Liebe, wenn jeder seine eigene Sicherheit auf Kosten des anderen sucht? Wir werden nicht geliebt, wenn wir nicht in uns zu lieben wissen.

Es gibt eine innere Haltung, die es ermöglicht, innere Fülle für uns erlebbar zu machen, wodurch wir frei wachsen und nah verbunden sein können. Es ist die vielbeschworene, bedingungslose Liebe. Ohne Erwartungen, ohne gegenseitige Ansprüche. Grenzenlos. Wenn mich meine Partnerin so liebt, wie ich bin, dann fühle ich mich frei und unbefangen. Das gleiche gilt für mich meiner Partnerin gegenüber und es gilt bei jeder Begegnung mit anderen Menschen.

Wahre Liebe nimmt BEDINGUNGSLOS AN und lässt gleichzeitig BEDINGUNGSLOS LOS. Dein HERZ glüht vor LIEBE. Aber diese Glut ist nicht verzehrend, sondern heilend. Nicht ausschließlich, sondern allumfassend integrierend.

Es geht hier also um die innere Freiheit, nicht die äußere in Form von Unabhängigkeit. Wir Menschen sind soziale Wesen, die aufeinander angewiesen sind, auch wenn das manche nicht wahrhaben wollen. Wir glauben in unserer Konsumgesellschaft unabhängig zu sein, vergessen jedoch, dass all die Güter und Dienstleistungen, die wir in Anspruch nehmen, von anderen Menschen produziert bzw. angeboten werden. Anders als in früheren Jahrhunderten oder auch noch in manchen Kulturen der Neuzeit, sind diese Abhängigkeiten jedoch geprägt von anonymen Beziehungen. Wir wissen nicht, wer unsere Brötchen bäckt (es sei denn, der Bäcker um die Ecke ist unser Lieferant) oder unser Auto produziert hat. Auch das Internetzeitalter bietet anonyme, virtuelle Kontakte, ohne sich jemals persönlich kennenlernen zu müssen.

Persönliche Beziehungen sind bei uns kein Nebeneffekt unseres Alltags mehr, wie in traditionellen Kulturen. Der Trend zunehmender sozialer Isolation, die Vereinsamung von Menschen inmitten der Gesellschaft, ist in den reichen Industrienationen ein Symptom dieser Entwicklung und vor allem in Großstädten besonders ausgeprägt.

Ohne die Liebe als Bindeglied können wir keine reifen persönlichen Beziehungen führen, die in die Tiefe gehen. Als soziale Wesen wünschen sich Menschen mehrheitlich innige Beziehungen und sehnen sich nach Liebe. Mit bedingungsloser Liebe macht es Freude, sich auf andere einzulassen, ja sogar voneinander abhängig zu sein. Denn diese Form der Bindung und Abhängigkeit ist eine freie Entscheidung in Selbstverantwortung, wobei dabei auch gerne Verantwortung für den Partner übernommen wird. Sie lässt mir den inneren Freiraum, wodurch auch der äußere Handlungsspielraum erhalten bleiben kann.

Freude durch Liebe

„Den Sinn erhält das Leben einzig durch die Liebe. Das heißt: Je mehr wir lieben und uns hingeben fähig sind, desto sinnvoller wird unser Leben."

(Hermann Hesse)

Da wo ein Sinn ist, ist auch Freude.

Sinn hat, was verständlich und in sich stimmig ist. Die emphatische Bedeutung: „Etwas macht Sinn", was sich lohnt, was wichtig ist, erfüllt, zufrieden und glücklich macht.

Eine ältere Bedeutung weist auf das Verb „sinnen" hin, welches im Althochdeutschen "streben, begehren" (siehe auch Ansinnen) ursprünglich aber "gehen, reisen" meint.

Eine andere Definition des Wortes „Sinn" ist „die Fähigkeit, etwas wahrzunehmen und zu empfinden". Der Mensch besitzt die klassischen fünf Sinne: das Sehen, Hören, Riechen, Schmecken und Tasten. Hinzu kommt die Intuition. Es ist der so genannte „sechste Sinn" oder die sensitive Wahrnehmung der feinstofflichen Dimension. Hierzu gehört das Hellsehen, Hellfühlen, mediale Fähigkeiten bzw. Veranlagungen, Vorahnungen etc.

Wenn wir all diese Sinne positiv stimulieren und bewusst benutzen, sind wir in einem konzentrierten Wachzustand und erfahren die ursprüngliche, tief verankerte Freude menschlichen Daseins. Es kommt zur Reise und einem Feuerwerk der Sinne, das uns energetisch auftankt. Ist jemand „nicht mehr bei Sinnen", dann ist er geistesabwesend und unaufmerksam. Energetisch ist man dadurch nicht mehr an die natürlichen Abläufe angebunden.

In unserer modernen Welt fokussieren wir allerdings vor allem das Sehen, welches der Reizüberflutung durch niederprasselnde Informationen, unzählige Fotos (pics) sowie bewegte Bilder der digitalen Medien ausgesetzt ist. Das Hören nimmt ebenfalls einen großen Raum in unserem Leben ein, wobei Lärm uns in der feinen Wahrnehmung wieder einschränkt. Das Tasten und Berühren kommt zu kurz.

Der Unterschied zwischen Spaß und Freude liegt darin, dass Spaß oberflächlich im äußeren Geschehen entsteht und erlebt wird. Die Freude hingegen kommt von innen. Sie entsteht aus der Fülle (dem Sinn) des Lebens und wird deshalb auch sinnigerweise Lebensfreude genannt. Sie braucht nicht einen immer höheren Kick. Im Gegenteil. Hier greift der für manche kaum fassbare Effekt: „Weniger ist mehr." Je weniger an geballten Informationen in einem Moment auf uns einstürmt, desto feiner können wir einzelne Dinge im Detail wahrnehmen und auf uns wirken lassen.

Schon beim Betrachten der kleinsten Blume, beim Hören von Vogelgezwitscher kann größte Freude empfunden werden. Dies resultiert aus dem Gefühl des All-Eins-Seins, aus der Hingabe und Liebe zum Leben. Damit ist die Freude ein wichtiger Aspekt der bedingungslosen Liebe, die die Leichtigkeit des Seins unterstützt. Bist du in reiner Liebe, dann ist die wahre FREUDE ein Lebensgefühl, eine natürliche Art zu LEBEN. Ein vollkommener Zustand der Reinheit. Du brauchst dann nicht mehr einen "Auslöser", einen äußeren Anlass oder Anreiz zur Freude.

Sobald du in der vollen Freude bist, kannst du auch von ganzem Herzen lachen. Es ist ein anderes Lachen, als das über Witze, Comediens oder lustige Filme, das manchmal ein „Auslachen" darstellt.

Das Lachen aus tiefstem Herzen ist genau so rein, wie die Freude und deshalb viel tiefer von der Empfindung.

Je unabhängiger ich mich von „negativen" Einflüssen mache, je mehr ich auf meine innere Stimme höre, je mehr ich verzeihen kann, je dankbarer ich für alles bin, je zentrierter ich in mir bin, desto mehr Freiheit erfahre ich. Und mit der Freiheit wächst mein innerer Frieden. Damit füllt sich auch die reine Freude. Und mit dieser sinnerfüllten Freude kommt das Glück. Das ist wie ein Dominoeffekt. Einmal angestoßen und auf dem Weg, sich für die allumfassende Liebe zu öffnen, kommt alles andere von selbst. Die Liebe öffnet alle Türen. Wir können die Leichtigkeit des Seins spüren, trotz allen Leids um uns herum. Das bedeutet nicht, unsere Umgebung zu ignorieren. Denn wenn wir im Mitgefühl der Liebe sind, nehmen wir alles um uns herum intensiv wahr. Doch mit unserer eigenen Unbeschwertheit bekommen wir die nötige Energie, um dort zu helfen, wo es uns aufgrund unserer persönlichen Fähigkeiten und Kompetenzen möglich ist. Sobald wir Situationen, die uns psychisch herunterziehen, mit dem nötigen Humor tragen, bringt uns dies eine Beschwingtheit, die es erleichtert, den Blick von den Problemen auf die Auswege zu richten.

Es gibt immer wieder Situationen, in denen wir keine Freude spüren können. Hilfreich ist dann, sich an Ereignisse zurückzuerinnern, in denen man voller Freude war. Wenn ich mich gedanklich beispielsweise in einer Meditation darauf konzentriere, kann ich dieses Gefühl wieder viel besser wahrnehmen.

Verhängnisvoll ist, dass die Medien uns ständig suggerieren, im Konsum liege das wahre Glück und die wahre Freude. Unternehmen, die über Werbung ständig neue Produkte absetzen wollen bzw. müssen, um ihre Existenz zu sichern, wecken bei uns Wünsche und Bedürfnisse für einen neuen Bedarf, ohne den wir vorher genauso gut oder vielleicht besser gelebt haben.

Wozu führt das?

Viele Menschen orientieren sich immer mehr an äußeren, künstlich geschaffenen Bedürfnissen, wodurch sie den Blick bzw. das Gespür für ihre inneren, natürlichen Bedürfnisse vernachlässigen oder gar verlieren. Diese Wahrhaftigkeit des Menschseins zeigt sich in der Ausgewogenheit zwischen Körper, Geist und Seele.

Um die äußeren materiellen Bedürfnisse befriedigen zu können, wird die Arbeit zumeist nur noch als reine Einkommensquelle benutzt . Wenn aber die Identifikation mit der Arbeit fehlt, werden Menschen noch unzufriedener und suchen das Glück in immer mehr (Freizeit)-Aktivitäten.

Absurd ist heutzutage auch, dass wir unsere Zeit unterteilen in Arbeits-Zeit und Frei-Zeit. Die Arbeit-Zeit wird fremdbestimmt immer mehr verdichtet, sodass wir uns dann abgehetzt in die Frei-Zeit begeben, um einen Augenblick des Abschaltens zu erhaschen, damit wir uns erneut dem Stress aussetzen und unterwerfen können. Man beobachte nur, welchem Stress heute bereits unsere Kinder durch die Planungen ihrer Eltern ausgesetzt sind. Vor lauter Angst, womöglich etwas vermeintlich Wichtiges zu verpassen, wird der Tag mit jeder Menge an Aktivitäten vollgestopft. Teilweise ähnelt der Terminkalender dem eines Managers.

Wann begreifen wir endlich, dass es nur eine einzige LEBENS-Zeit gibt, die wir sinnerfüllt nutzen sollten, um wirkliche Freude und tiefes Glück zu empfinden?

Unsere konsumorientierte, materialistisch geprägte Gesellschaft verursacht immer mehr ungesunden Stress. Niemals zuvor gab es so viele psychische Erkrankungen, wie heute. Die Barmer Krankenkasse ermittelte 2008 einen Anteil von 15,8 Prozent der gesamten Fehlzeiten. 2016 sehen die Zahlen ähnlich aus. Die Kosten für die Behandlung psychischer Krankheiten betrugen 2006 bereits 4,6 Milliarden Euro und 2016 stiegen sie auf 16 Milliarden Euro. Hierdurch hervorgerufene Frühverrentungen lassen weitere Kosten entstehen. Depressive Störungen durch psychische Fehlbelastungen und chronischen Stress bei der Arbeit treten speziell im Gesundheitsdienst sowie im Banken- und Versicherungsgewerbe auf. Ursachen sind Defizite beim Tätigkeitsspielraum sowie die Arbeitsintensität, aber auch zu geringe Entlohnung. Viele Menschen befinden sich in einem „Hamsterrad" einer oder mehrerer unbefriedigender Erwerbstätigkeiten, um sich immer mehr Konsum leisten zu können. Der „Herdentrieb" durch Nachahmung (was mein Nachbar hat, muss ich auch haben) verstärkt diesen krankmachenden Prozess zusätzlich.

Wenn wir dieses Dilemma endlich erkannt und begriffen haben, wissen wir auch, worauf es im Leben tatsächlich ankommt. Dann gilt es nur noch den entscheidenden Schritt für einen Wandel zu gehen. Der Weg ist das Ziel und der beginnt mit Schritten. Alles, was wir in Liebe und mit Leidenschaft machen, verschafft uns inneren Frieden sowie innere Freude. Diese Freude wirkt ansteckend. Feiern wir gemeinsam in Freude und Dankbarkeit unser Leben durch unsere verbindende Liebe.

Frieden durch Liebe

*„Wenn die Macht der Liebe
über die Liebe zur Macht siegt,
wird die Welt Frieden finden."*

(Jimi Hendrix)[58]

*„Wenn wir wahren Frieden in der Welt erlangen wollen,
müssen wir bei den Kindern anfangen."*

(Mahatma Gandhi)

Wenn wir bei den Kindern mit Frieden anfangen wollen, brauchen wir selbst erst einmal inneren Frieden. Ansonsten übertragen wir (unbewusst) unsere Urteile, Ablehnungen, Abneigungen und den Krieg in uns auf unsere Kinder. Innerer Friede kann nicht verordnet werden, sondern nur in uns selbst entstehen, wachsen und erreicht werden. Sobald wir unsere eigenen inneren emotionalen Verletzungen (zumeist aus der Kindheit) bearbeiten und Menschen, die sie ausgelöst haben, vergeben, kommen die Prozesse in Gang. Wann immer ich andere für schuldig halte, verstärke ich mein eigenes Gefühl an Schuld und Wertlosigkeit. Ich kann mir selbst nicht vergeben, solange ich nicht bereit bin, anderen zu vergeben. Es spielt keine Rolle, was mir jemand in der Vergangenheit scheinbar angetan hat oder was ich Schlechtes getan habe. Ich kann mich nur von Schuld und Angst befreien, wenn ich vergeben kann. Das ist eine ganz bewusste Entscheidung. Entweder ich will vergeben, oder ich will es nicht. Es ist keine Frage des Könnens.

Sind meine Gedanken auf Angriff gegen andere gerichtet, greife ich mich in Wirklichkeit selbst an, weil sich in mir Verstimmung breit macht. Angriff bringt nur Gegenangriff oder Widerstand, keine Lösung, keinen Frieden. Es bleibt nur Verletzung anderer und bei sich selbst. Erst wenn der verhängnisvoll geschlossene Kreislauf des Angriffs und des Widerstandes durchbrochen wird, kann es zu wahrem Frieden kommen. Ich habe immer die Wahl zwischen Angriff und Frieden, zwischen Sieg und Verlust. Immer nur Recht haben zu wollen, bringt weder Sieg noch Frieden, sondern Konflikt. Ich selbst bin nicht perfekt oder unfehlbar und habe deshalb kein Recht, dies von anderen zu verlangen. Was ich sehe und verstehe, ist eine Spiegelung dessen, was bzw. wie ich etwas wahrnehme. Und genauso projiziere ich es auf die Außenwelt. Es geht nicht um Stärke und Vernichtung. Vielmehr sind Liebe, Toleranz, Frieden und Vergebung erstrebenswert, um die Welt zu heilen.

Ich habe nicht das Recht, über einen anderen Menschen zu urteilen oder ihn zu verurteilen. Solange ich verurteile, verurteile ich gleichzeitig Anteile in mir und lehne sie damit ab. Es ist deshalb erforderlich, an meinen eigenen Schatten (das, was ich von mir nicht sehen will) zu arbeiten und sie aufzulösen. Erst wenn ich in mir selbst Frieden gefunden habe, kann ich ihn in die Welt tragen. Um meine so genannten „blinden Flecken" aufzulösen, muss ich ehrlich mit mir selbst sein. Erst dann kann ich sie wirklich erkennen und anpacken.

Kannst du dich daran erinnern, dass du irgendwann gedacht oder gesagt hast: „So wie der oder die will ich NIE werden?" Je vehementer wir etwas an anderen ablehnen, desto tiefer sitzt es auch als Schatten in uns und wartet auf unsere wahrhaftige Aufmerksamkeit, um angenommen und transformiert zu werden.

Wenn wir unser Herz öffnen und beginnen, auch das anzunehmen und zu lieben, was wir nicht sein wollen, entsteht Frieden. Er wächst zunächst in uns und danach zwischen uns und unseren Mitmenschen.

Hierzu ein Zitat von Safi Nidiaye[59]:

„…Tief im Innern herrscht der Krieg, der die Kriege im Äußeren verursacht. Führen Gut und Böse in dir nicht mehr Krieg, wird auch in deiner Welt kein Krieg mehr sein.

Dein Böses ist die Waffe und Rüstung deines Guten und dein Gutes die Tarnung und der Schutz des Bösen. Schaust du beides mit den Augen deines Herzens an, so erkennst du sie als das, was sie sind:

Natürliche Regungen deines menschlichen Gemüts, weder gut noch böse.
Das Herz kennt weder gut noch böse. Es kennt nur Berührung oder Nichtberührung. Was es berührt, berührt es in seinem Sosein und wird von ihm verstanden in seinem Sosein. Das Herz fühlt und weiß, ohne zu urteilen.

Gutes und Böses:
Im Theater der Welt treten sie getrennt auf. In Wahrheit sind sie eins. Schaust du unter die Oberfläche, so siehst du das Band der Liebe, das Täter und Opfer vereint."

Auch wenn dieser größere Zusammenhang nicht für jeden nachvollziehbar und einleuchtend ist, gibt es keinen anderen Weg zum Frieden, als zunächst das anzunehmen, was ist. Ohne Wertung. In der Welt der Dualität nehmen wir „Gut" und „Böse" als Pendelausschlag und damit als etwas Getrenntes wahr. In Wirklichkeit sind es nur zwei Seiten einer Medaille oder Münze. Schaue ich nicht mehr abwechselnd frontal auf die jeweiligen Seiten, sondern konzentriere mich mit dem Blick von oben auf den Rand, dann bemerke ich, dass beides Eins ist. Dadurch kann ich die Verbindung wahrnehmen und nicht mehr die Trennung. Indem ich beide Extreme mit dem Herzen in Liebe verbinde, bringe ich das Pendel ruhend in die Mitte und komme so zum Ausgleich und zur Harmonie.

Alles was im Außen mit guter Absicht passiert, an Verhandlungen, Kompromissen und Sanktionen, führt nicht zum wahren Frieden, wenn er nicht in uns selbst ist. Bist du im Frieden mit dir, hört nicht sofort Gewalt und Krieg im Außen auf. Das sind Prozesse, die erst im Multiplikatoren-Verfahren wirken. Erst wenn die so genannte kritische Masse erreicht ist, löst sich etwas im Außen. Man kann sich das so vorstellen, wie es die Friedensbewegung in den 80-er Jahren formuliert hat: „Stell dir vor, es ist Krieg und keiner geht hin." Wenn 99% der Menschen im Frieden mit sich und der Welt sind, kann 1% der Machthaber keinen Krieg mehr anzetteln. Der Wandel vollzieht sich allerdings schon sehr viel früher. Eine verändernde Gruppendynamik beginnt bereits bei 10%, die mit ihrem Handeln vom bisherigen System abweichen.

Frieden kann nur im Hier und Jetzt gefunden werden, niemals in der Vergangenheit oder der Zukunft. Der jetzige Augenblick ist die einzige Zeit, die wichtig und maßgeblich ist. Wenn ich das Vergangene und die Zukunft immer wieder durchdenke, bin ich ein Sklave meiner selbst. Indem ich die Vergangenheit loslasse, befreie ich mich von einer schmerzlichen Last, die ich bis in die Gegenwart getragen habe.

Im Sein leben bringt Frieden und damit auch Freiheit. Wir glauben immer etwas tun zu müssen, um Frieden zu finden. Ständige Aktivitäten bringen schnell Hektik und verstärken das berühmte Hamsterrad. Es lenkt von unseren inneren Bedürfnissen ab und führt in die Irre.

Geduldig „Geschehen lassen", ist das, was zählt. Aus dem Geschehen dann die richtigen Schlüsse für das eigene Handeln zu ziehen, ist die Kunst.

Loslassen bedeutet, aufzuhören festzuhalten.

Verzeihen bedeutet, aufzuhören übelzunehmen.

Anhalten bedeutet, aufzuhören mich zu bewegen.

Inneren Frieden und Gelassenheit erreichst Du, indem Du lernst sehr vieles zu unterlassen, wie beispielsweise:

- das Recht haben wollen
- das Können wollen
- das Urteilen
- das Erwarten
- das Ablehnen
- das Angreifen
- das Manipulieren

- das Gutsein wollen
- das Wichtig sein wollen
- das Verdrängen

Warum fällt uns das so schwer?

Weil wir nach einem Ersatz suchen, für etwas, das uns fehlt, wir aber meist nicht benennen können. Es ist die tiefe Sehnsucht nach Liebe.

Wir verhalten uns wie Süchtige, die ihr Suchtmittel brauchen. Der Ersatz füllt das Fehlende nicht auf. Er macht nur süchtig.

Wenn wir uns selbst die Ersatzstoffe versagen, können wir das finden, was uns wirklich fehlt und heil werden. Deshalb liegt die Lösung so oft im Unterlassen oder geschehen lassen.

Jesus sagte: „LIEBET Eure Feinde!", denn sie hören dann auf, Feinde zu sein. Und Jeder, an den Du in LIEBE denkst, fühlt sich GELIEBT und kann auch nicht mehr Dein Feind sein.

Beobachte nun, wie es sich anfühlt, wenn in Deinem HERZ-Chakra die BEDINGUNGSLOSE LIEBE schwingt, wie es sich daraufhin öffnet und weitet. Spüre diesem neuen Gefühl nach. Du fühlst nun vielleicht zum ersten Mal bewusst einen Vorgang auf der feinstofflichen Ebene, also in einer höheren Dimension. Möglicherweise fühlst Du ja noch gar nichts. Auch das darf sein. Dafür brauchst du dich nicht schämen. Denn unsere Herzen sind sehr stark belastet mit vielen Blockierungen, den Überresten großer seelischer Schmerzen durch Enttäuschungen und Schicksalsschläge. Viele von uns haben Mauern um ihre Herzen aufgebaut, um sich vor weiteren Verletzungen zu schützen. Der Nachteil dabei ist, wer sich nicht öffnet, bleibt in seinem Schmerz gefangen.

Wenn du dich öffnest, erwarte nichts. Sei offen, für das, was geschieht und du wirst spüren, wie die Kraft der Liebe stärker wird und ihre befreiende, friedvolle Wirkung zeigt.

Glück durch Liebe

*"Das Glück ist das einzige,
das sich verdoppelt,
wenn man es teilt."*

(Albert Schweitzer)[60]

*"Das Geheimnis des Wandels und des Glücks:
Konzentriere nicht all Deine ganze Kraft
auf das Bekämpfen des Alten,
sondern darauf, das Neue zu formen."*

(Sokrates)[61]

„*Es gibt keinen Weg zum Glück-
Glücklich SEIN ist der WEG*"

(Buddha)

Wie schafft man es, glücklich zu SEIN?

Gibt es ein Geheimrezept?

Warum fühlen sich manche Menschen glücklicher, als andere?

Ich glaube, dies ist ein ganz individuelles Empfinden und kann nur sagen, welche Gedanken, Verhaltensweisen und Handlungen für mich dazugehören:

- **Verliere nie den Glauben und die Hoffnung**
- **Sei dir bewusst, dass DU der Schöpfer DEINES Lebens bist**
- **Öffne dich für alles Neue und probiere, was dir gut tut**
- **Lass dich nicht von Rückschlägen entmutigen**
- **Konzentriere dich auf das SEIN, statt auf das HABEN**
- **Sei dankbar, für das was ist. Dann bist du in der Freude und Fülle**
- **Sei demütig**
- **Genieße den Augenblick und erfreue dich an den kleinen Dingen**
- **Sei im Hier und Jetzt und konzentriere deine Gedanken darauf**
- **Wertschätze Ereignisse als Möglichkeit, Erfahrungen zu sammeln**
- **Nutze diesen Erfahrungsschatz für deine eigene Entwicklung und Entfaltung**
- **Tausche dich mit anderen darüber aus**
- **Sei authentisch und aufrichtig. Verzichte auf Rollenspiele**
- **Gehe deinen eigenen Weg und versuche**

niemanden zu kopieren
- **Scheue dich nicht, auch einmal "Nein" zu sagen**
- **Lerne zu verzeihen, nicht nur weil der andere es verdient hätte, sondern um deine belastende Vergangenheit loszulassen**
- **Sei geduldig. Es kommt alles zur rechten Zeit, wenn deine Seele bereit dazu ist**
- **Höre auf die Wünsche deines Herzens und plane weniger mit deinem Kopf (Ego)**
- **Konzentriere deine Gedanken auf das, was dir wichtig ist und Freude bereitet**
- **Lerne Emotionen, wie Neid, Eifersucht, Missgunst, Wut, Hass oder Angst zu fühlen, liebevoll anzunehmen, um sie dann befreiend loszulassen**
- **Sei achtsam mit dir und der Welt**
- **Sei in Liebe mit dir und dem, was du tust**
- **Begegne den Menschen und allen Lebewesen mit Liebe**

Die Liste lässt sich sicher noch weiter ergänzen. Es kommt nicht darauf an, perfekt zu sein sowie alles beherrschen und wie eine Gebrauchsanweisung abarbeiten zu wollen. Das wäre nämlich rein kopfgesteuert und somit eher kontraproduktiv. Durch diese Herangehensweise neigen wir leicht zur Verkrampfung, wodurch sich möglicherweise Frustrationsgefühle einstellen können. Wenn uns mal etwas nicht gelingt, ist das schließlich auch in

Ordnung. Entscheidend ist, auf dem eigenen Weg zu bleiben, mit der grundsätzlichen Bereitschaft zur persönlichen Weiterentwicklung und sich die erforderliche Zeit dafür zuzugestehen.

Diese genannten Aspekte dienen dem Reifeprozess des Glückes und da gibt es auch Auf's und Ab's mit ständig neuen Herausforderungen. Hier ist der Weg das Ziel zum SEIN und jeder Schritt kann als Erkenntnisgewinn dienen.

Entscheidend für das innere Glück ist die kontinuierliche Ausrichtung auf das SEIN. Wer sich zu sehr auf das HABEN konzentriert, bleibt im berüchtigten „Hamsterrad" gefangen, das uns fremdbestimmt dieser ständigen Hetze aussetzt. Denn die Struktur des Wirtschaftssystems erwartet von uns knallhart, dass wir uns anpassen und wie ein Zahnrädchen im Gesamtgetriebe funktionieren.

Um sich auf das SEIN konzentrieren zu können, müssen wir uns die Möglichkeit schaffen, innezuhalten, damit wir uns selbst reflektieren können. Dies gibt uns die Möglichkeit, in aller Ruhe zu fragen, was wir eigentlich vom Leben wollen. Sobald wir uns Zeit für uns selbst nehmen, bekommen wir Antworten. Zentrieren wir uns im Innern und konzentrieren uns darauf. Schärfen wir unsere Sinne, wodurch im übertragenen Sinne die Zeit stehenbleibt. Dadurch klinken wir uns für einen Moment von den äußeren Zwängen aus. Dieses wiederholende „Anhalten" gibt uns die Möglichkeit, inneren Halt zu finden und nicht mehr Getriebener von Pflichtprogrammen zu sein. Das gibt Kraft und Gelassenheit. Wer sagt, er hätte dafür keine Zeit, will sich damit nicht wirklich auseinandersetzen.

Letztlich kommt es immer darauf an, welche Prioritäten ich wähle. Setze dich mal in aller Ruhe hin und überlege, wie du deinen Tag verbringst, wie viele Ruhezeiten du dir wirklich gönnst, um zur Besinnung zu kommen. Wie oft glauben wir, abzuschalten, lassen uns tatsächlich aber durch unwichtige Dinge ablenken und berieseln, wodurch wir der inneren Einkehr keinen Raum geben.

Nimm Dir Zeit

Nimm Dir Zeit um zu arbeiten, es ist der Preis des Erfolges
Nimm Dir Zeit um nachzudenken, es ist die Quelle der Kraft
Nimm Dir Zeit um zu spielen, es ist das Geheimnis der Jugend.
Nimm Dir Zeit um zu lesen, es ist die Grundlage des Wissens.
Nimm Dir Zeit um freundlich zu sein, es ist das Tor zum Glücklichsein.
Nimm Dir Zeit um zu träumen, es ist der Weg zu den Sternen.
Nimm Dir Zeit um zu lieben, es ist die wahre Lebensfreude.
Nimm Dir Zeit um froh zu sein, es ist die Musik der Seele.
Nimm Dir Zeit um zu genießen, es ist die Belohnung Deines Tuns.
Nimm Dir Zeit um zu planen, dann hast Du Zeit für die übrigen neun.
(Nach einem alten irischen Gebet)

….denn alles hat seine Zeit!

Objektiv betrachtet haben wir bei steigender durchschnittlicher Lebenserwartung heute mehr Zeit, als noch vor 50 oder 100 Jahren. Aber verbringen wir die uns zur Verfügung stehende Zeit auch nutzbringend und sinnerfüllt für unser Leben? Haben wir nicht oft das subjektive Gefühl, als rinne uns die Zeit durch die Finger? Kommt es uns nicht so vor, als hätten wir viel weniger Zeit, als unsere Eltern- oder Großelterngeneration und würden ständig irgendetwas verpassen?

Leider rennen heute viele Menschen nicht nur der Zeit, sondern auch dem Glück hinterher, weil sie es im Außen suchen. Die vorrangige Befriedigung materieller Wünsche wird so leicht zum Ersatz für das wahre innere Glück.

Wie oft schwelgen wir in Erinnerung glücklicher Momente, statt den Augenblick zu genießen. Wir wollen glückliche Situationen festhalten, weil wir glauben, damit das Glück bewahren zu können und übersehen dabei schnell die vielen kleinen Schönheiten des Lebens, die uns tagtäglich begegnen.

Mir kommt es auch so vor, als ob viele Menschen in unserer westlichen Wohlstandsgesellschaft ständig einen immer höheren „Kick" brauchen, um überhaupt noch etwas fühlen zu können. Dies lässt sich allein schon an den Extremsportarten oder den wachsenden Vergnügungsparks mit waghalsigen Attraktionen erkennen.

Das Leben ist insgesamt zur Hetzjagd geworden. Die Beute, die wir jagen, ist neben immer neuen Kicks, das Perfekte. Es hat tausend Gesichter, wie beispielsweise der perfekte Körper, das perfekte Haus, der perfekte Job oder perfekte Partner. Das ganze gewürzt mit einem perfekten Maß an Anerkennung, Geld, Einfluss, einem gigantischen Freundeskreis, Weltreisen, Mondreisen, Siegen, Medaillen etc. Aus den Zielen wuchern Pläne und „To-Do-Listen". Wir verausgaben uns, weil wir uns mehrere Ziele gleichzeitig stecken und schon ein neues Ziel anvisieren, während die anderen noch nicht mal ansatzweise erreicht sind.

Wir rennen diesen Zielen hinterher und hoffen, dass sie irgendwann ermüdet aufgeben, um sie erlegen zu können. So läuft die klassische Hetzjagd ab, das Gegenteil der Lauerjagd, bei der die Jäger geduldig auf die Beute warten.

Am Ende des Tages sehen wir oftmals nur das Unerledigte, fühlen uns ausgelaugt und betrogen. Frustration und schlechtes Gewissen kochen hoch. Das Hier und Jetzt kann nicht genussvoll erlebt werden, wenn die Gedanken in die Zukunft schweifen.

Viele Ziele setzen wir außerdem, ohne nach dem „Warum" zu fragen. Manches nehmen wir uns nur vor, weil so viele um uns herum auch danach streben. Andere Ziele erscheinen uns wie unsere eigenen, obwohl sie von jenen vermittelt wurden, die uns für ihre Pläne einspannen wollen. So wie der Arbeitgeber, der uns die Karriere schmackhaft macht, damit wir uns „totschuften". Mit wieder anderen Zielen versuchen wir, Symptome zu bekämpfen, statt die Ursachen anzugehen. So hungern sich beispielsweise junge Frauen in Skinny Jeans, obwohl nicht ihr Hintern zu groß, sondern ihr Selbstbewusstsein zu klein ist.

Ein weiteres Problem: Der Tunnelblick. Einmal gesetzt, halten wir an den Zielen fest und sehen nicht, dass links und rechts neben uns vielleicht Chancen pulsieren, die uns viel mehr begeistern und viel glücklicher machen würden.

Können wir nicht sowieso nur begrenzt beeinflussen, was bei unseren (Über-)Anstrengungen heraus kommt? Sind wir nicht eher Schöpfer unseres Lebens, wenn wir uns dem Lebensfluss hingeben und in jeder Situation hineinfühlen, was gerade im Augenblick zu tun ist?

Was wäre, wenn die ganze Sache mit den Zielen lediglich eine Gehirnwäsche ist?

Ein Gefängnis, in dem wir alle Zufriedenheit und alles „echte" Leben irgendwelchen Zukunftsillusionen opfern?

Was wäre, wenn wir unsere Ziele einfach loslassen und uns erlauben, schon hier und jetzt glücklich und zufrieden zu sein?

Wie wäre es, den dunklen Tunnel zu sprengen, durch den uns die Ziele blicken lassen, um uns zu befreien und ein Leben ohne Ziele zu leben?

Zumindest sollten Ziele in Maßen gesetzt werden und den Fähigkeiten bzw. Bedürfnissen unseres inneren Selbst entsprechen. Sobald ich Ziele verfolge, befinde ich mich gedanklich immer in der Zukunft. Die Gefahr, den Blick für den Augenblick im Hier und Jetzt zu verlieren, wird dadurch recht groß.

Folgen wir lieber dem Leben. Schauen wir darauf, was passiert, wenn wir uns auf den Moment einlassen. Machen wir das, worauf wir gerade wirklich Lust haben, was uns von Herzen begeistert. Dann können wir viel besser erkennen, wohin unser Weg uns führt und unser Ziel kann trotzdem erreichbar sein.

Warum fällt das vielen Menschen so schwer?

Zum Einen fehlt es ihnen an innerer Klarheit. Statt zu tun, worauf sie Lust haben, lassen sie sich in den Sog der Masse ziehen. Da helfen Ziele zumindest, sich klarer zu werden, was man will und was nicht. Vielleicht stecken sich manche auch Ziele, um nicht einige Lebensbereiche dauerhaft zu vernachlässigen. Wenn ich zum Beispiel nur tue, worauf ich gerade Lust habe, werde ich weiterhin kaum Sport machen und regelmäßig Ungesundes essen. Es gibt einfach komplette Bereiche, mit denen man sich nur wenig auseinandersetzt, wenn man ausschließlich nach dem Lustprinzip vorgeht. Da können Ziele Strukturen geben.

Was unterscheidet das innere Glück vom Glück im Außen?

Sobald wir uns auf das innere Glück konzentrieren und dies als erfüllend betrachten, spüren wir durch folgende Fakten die Fülle:

- Wir müssen (fast) gar nichts dafür tun, nur achtsam sein und annehmen, was im Innen und Außen geschieht
- Es ist von Dauer
- So wie erst Dunkelheit das Licht kostbar macht, und Hunger das Mahl, und Gewöhnliches das Ungewöhnliche, so werden auch Momente der Lust erst kostbar, wenn wir Unlust und Schmerz zulassen
- Anders als bei der Jagd nach ständigem Wohlfühlglück verblöden wir nicht und verrennen uns nicht, sondern nehmen auch Schmerzen an, lauschen, was sie uns sagen wollen, nehmen sie zum Anlass, nachzudenken, um uns eventuell neu auszurichten.

Wer das Glück der Fülle auskosten will, kann sich fragen:

- Finde ich das Leben grundsätzlich lebens- und liebenswert?

- Sage ich JA zum Leben, mit allem, was dazu gehört?

Wer das für sich bejaht, braucht dem äußeren Wohlfühlglück nicht weiter hinterherzujagen. Er kann das Leben willkommen heißen und spüren, ob gerade ein Schmetterling auf der Schulter sitzt oder nicht, ob das „Zufalls"- oder Schicksalglück ihm gerade wohlgesonnen ist oder nicht, ob es gerade schwerer oder leichter ist, die Herausforderungen zu bewältigen. Er weiß in guten Zeiten, dass schlechtere bevorstehen und in schlechteren, dass die guten wieder folgen werden. Alles bewegt sich nun durch die gelebte Liebe und geschieht mit Liebe. Auch dunkle und schmerzhafte Dinge. Es ändert sich alles. Ich gewöhne mich daran, glücklich zu sein.

Im Lebensfluss sein, mal aktiv, mal passiv, mal laut und mal leise, oft komplett unspektakulär, ohne dabei ständig vor lauter Lust und Ekstase tanzen zu wollen, das ist das Glück der Fülle.

Diese Art des Glücks hoch halten, das macht uns vom Lustmolch zum ganzen Menschen. Erlaube es dir!

Liebe, Lust und Leidenschaft

Die Liebe des Geschöpfs zu seinem Schöpfenden und der Dank für das Geschenk des Lebens zeigt sich darin, wie sehr wir bereit sind, dieses Geschenk mit all seinen Lasten und Schwierigkeiten anzunehmen. Wir verbreiten die Liebe, die die Welt geschaffen hat, indem wir alle anderen Geschöpfe - Sterne, Bäume, Tiere und die Menschen, mit denen wir unser Leben teilen - ebenfalls lieben. Durch Liebe bestätigen und verschönern wir das Wunder unseres Seins. Liebe ist ein Lied des Dankes dafür, dass wir leben dürfen, und drückt unsere Freude darüber aus, dass wir eingeladen wurden, hier zu sein. Durch die Liebe feiern wir das Leben.

(Daphne Rose Kingma)

„Durch die Leidenschaften lebt der Mensch, durch die Vernunft existiert er bloß".

(Nicolas Chamfort)[62]

Im ursprünglichen Sinn des Begriffes „Leidenschaft" schwingt der Beilaut von etwas Zerstörerischem oder Leiden Schaffendem mit. Das erklärt sich dadurch, dass es sich hierbei um eine das Gemüt völlig ergreifende Emotion handelt. Sie kann sowohl Formen der Liebe als auch des Hasses umfassen. Es ist die lustvolle Hingabe voller Begeisterung. Wenn mein Herz für etwas oder jemanden brennt, dann ist die Leidenschaft in Liebe eingehüllt und verleiht ihr positive Kraft. Auch die Lust, als intensiv angenehme Weise des Erlebens, bekommt dadurch einen anderen Charakter, als wenn sie ausschließlich triebhaft ausgelebt wird. Fehlt die Liebe, kann Leidenschaft oder das Ausleben von Lust auch zerstörerisch sein.

Umfragen haben ergeben: Drei Viertel der Deutschen wünschen sich eine harmonische Liebesbeziehung, einen Partner für das ganze Leben. Zu dieser Wunschvorstellung gehören natürlich auch das nie versiegende Begehren und anhaltend ekstatische, lustvolle Sexualität. Soweit die Theorie. Doch nun die schlichte Praxis, welche die Normalität darstellt: Viele Beziehungen dauern nur wenige Monate und nach vier Jahren steht jede zweite bis dritte Ehe vor dem Aus.

Alles beginnt mit dem Verliebtsein, einer Form der „geistigen Umnachtung." Der Serotoninspiegel im verliebten Hirn sinkt auf 40 Prozent unter Normalwert. Der Körper bildet Phenylethylamin, das wie Aufputschmittel wirkt. Unterschiedliche Charaktereigenschaften werden nicht wahrgenommen. Die Erregung läuft auf Hochtouren, Appetit und Schlafbedürfnis sind gleich null, und die Wahrnehmung ist vollkommen unrealistisch. Das Paar verschanzt sich in einer Symbiose.

Wenn die Verliebtheit endet, endet auch die Beziehung. Oder sie geht in dauerhafte Liebe über.

Nach etwa einem halben Jahr gestaltet sich dieser Absturz entsprechend tief. Während des freien Falls fragt sich der Verliebte, was ist mein Schwarm eigentlich für ein Mensch? Plötzlich stören ihn Macken und Unarten, die er in seiner Idealisierungsphase noch sympathisch fand bzw.

nicht wahrgenommen hat. Weil die Leidenschaft zum Teil anders tickt, als die Liebe, kann es vorkommen, dass wir anfangs vom Fremden fasziniert sind, was den Reiz und die Lust steigert. Später aber, im Alltag, kann dieser Reiz ins Gegenteil umschlagen: In Irritation und Streit. Im Extremfall führt er zur Trennung.

Wer verliebt ist, wünscht sich, dass das Objekt seiner Fantasie und Begierde möglichst seine eigenen Paradiesvorstellungen erfüllt. Man möchte, dass die angebetete Person seinem eigenen Bild einer Zweisamkeit entspricht. Insofern ist Verliebtsein ein selbstbezogener Zustand. Es sind die eigenen, ungelebten Träume und Hoffnungen, die man an dem anderen glaubt zu entdecken.

Während Psychologen erforschen, wie sich frisch Verliebte von langjährigen Ehepaaren unterscheiden, verfolgen Biologen die Verwandlungen, die sich in unserem Kopf abspielen, wenn also Lust und Leidenschaft zu Liebe wird. Die Psychiaterin Donatella Marazziti aus Pisa hatte bei zutiefst verliebten Studenten und Studentinnen entdeckt, dass bei ihnen der Botenstoff Serotonin auf ein so krankhaft niedriges Niveau abgesackt war, wie bei Zwangspatienten. Zwölf bis achtzehn Monate nach dieser Untersuchung nahm die Psychiaterin sechs ihrer vormals liebeskranken Versuchspersonen noch einmal unter die Lupe. Alle waren inzwischen eine Bindung mit ihrem Schwarm eingegangen. Die fixe Konzentration auf den Geliebten oder die Geliebte war zurückgegangen, die Leidenschaft hatte sich gelegt. Erneut überprüfte die Psychiaterin das Serotonin. Das Resultat: Nicht nur der Geisteszustand der Studenten hatte sich beruhigt, auch der Serotoninspiegel in ihrem Körper war auf Normalniveau angestiegen.

Diese Rückkehr zur Normalität ergibt auch Sinn. Sobald

sich eine Bindung gefestigt hat, ist es vernünftig, dass wir zur Besinnung kommen und unsere Aufmerksamkeit wieder auf die Alltagsgeschäfte lenken können, auf die liegen gebliebene Arbeit und die vernachlässigten Freunde. Erst nach dem Ende der Verliebtheit beginnt die realistische Prüfung durch das Paar, ob die beiden zusammenleben können oder nicht.

Langzeitpaare kämpfen mit einem Dilemma: „Liebe will Sicherheit und Geborgenheit, die Lust braucht Fremdheit und Aufregung", sagt der Paartherapeut Michael Mary. Leidenschaft bedeutet vom Wortsinn her, auch für seine Sehnsucht zu leiden. Und das hält eine harmonische Partnerschaft nicht lange aus. "Die Leute sollten ihre Beziehungen nicht überfrachten", sagt der Psychologe. Gerade das führe zu einem vorzeitigen Ende.

Wenn die körperliche Anziehungskraft das Wichtigste ist, kommt man im zweiten Schritt dahin, dass man die Beziehung pathologisiert. Dann heißt es irgendwann: Wenn wir uns nicht mehr begehren, ist unsere Beziehung krank. "Und das ist Blödsinn", meint Mary. Auch Friedrich Schiller wusste es vor mehr als 200 Jahren besser: "Die Leidenschaft flieht, die Liebe muss bleiben."

Aber es geht hier in diesem Buch nicht nur um die partnerschaftliche und sexuelle Ebene, sondern vielmehr um die ganzheitliche Ebene des Lebens sowie der Liebe. Das bedeutet, alles, was ich aus tiefstem Herzen mit Inbrunst, Lust und Liebe mache, wird zur Leidenschaft im positiven Sinne. Das steigert meine Motivation, weil alle Sinne angesprochen werden. Ich identifiziere mich mit dem, was ich mache und deshalb setze ich mich mit ganzer Kraft dafür ein. Es entspricht damit meinem inneren Potenzial, meiner natürlichen Begabung und Bestimmung, die gelebt werden will. Dann spielen

Bezahlung oder zeitlicher Aufwand nur noch eine untergeordnete Rolle. Nicht umsonst heißt es im Volksmund: „Daran hängt mein Herzblut". Das schließt auch den materiellen Bereich nicht aus und es können ganz banale Dinge sein, für die man sich einsetzt.

Wenn ich beispielsweise eine Tätigkeit überwiegend zum Broterwerb ausübe, dann ist Geld mein Haupt-Motivator, das nach wissenschaftlichen Erkenntnissen nur kurzfristig wirkt. Die Motivation sinkt außerdem bei Strukturen, in denen ich geringe Entscheidungsfreiheit habe und deshalb meine Kreativität nur sehr unzureichend ausleben kann. Lebe ich meine Fähigkeiten aus und bringe meine Berufung in die Gemeinschaft ein, dann ist es nicht verwerflich, damit gleichzeitig viel Geld zu verdienen. Denn Geld an sich ist nichts Schlechtes, es ist nur die Frage, wie setze ich es dann wieder ein, nachdem ich es erhalten habe.

In der heutigen konsumorientierten Gesellschaft sind wir überwiegend auf das pflichtgemäße Tun ausgerichtet, um etwas zu erwerben, damit wir es dann besitzen bzw. sammeln oder verbrauchen können. Dadurch sind wir in ständiger unermüdlicher Aktivität, bringen uns in unnötigen Stress und Zeitdruck. Das ist eine Schattenseite des Materialismus. Deshalb ist aber Materie an sich nicht generell abzulehnen. Auch hier gilt wieder, was mache ich damit. Baue ich beispielsweise ein Haus für meine Familie bzw. um Menschen Raum zum Wohnen anzubieten oder kaufe ich Häuser zu Spekulationszwecken.

Wenn wir uns auf das Mensch-SEIN ausrichten, spüren wir unsere wahre Bestimmung, unsere Leidenschaften und Fähigkeiten, die dann aus der Herzensebene heraus zu einem motivierten liebevollen Tun werden und unser Leben mit Sinn erfüllen. So lassen sich Träume verwirklichen. Und wer hat keine Träume? Es gilt die allgemein bekannte Weisheit: „Träume nicht dein Leben, sondern lebe deine Träume." Du musst dich nur trauen! Sei mutig!

Die Zündung für deinen Traum ist Deine Idee. Doch jedes Feuer benötigt stets neuen Sauerstoff. Dieser Sauerstoff besteht zum Beispiel in Form von Gedanken an Deinen Traum. Zur Erfüllung des Traumes ist es daher wichtig, die Gedanken darauf auszurichten. Hilfreich dafür ist, sich diesbezüglich Ziele aufzuschreiben und täglich morgens und abends durchzulesen. Das Ziel sollte konkret sein, messbar, mit einem Termin versehen, in der Jetzt-Form geschrieben und erreichbar. Unterstützt werden diese geschriebenen Ziele durch Bilder und Gefühle. Denn das Lesen allein reicht nicht. Wir müssen uns Bilder davon machen, wie es sein wird, wenn wir den Traum verwirklicht haben. Je größer, kristallklarer, heller, leuchtender und lebendiger die Bilder sind, umso mehr Kraft haben sie. Wenn du an ein Ereignis denkst, machst du dir dabei zwangsläufig Bilder im Kopf. Du kannst die Eigenschaften dieser Bilder bewusst verändern.

Dazu gibt es unterschiedliche Methoden wie z.B. Meditationen, Theta Healing oder das NLP (Neurolinguistisches Programmieren)

NLP wird genutzt,

- um unerwünschte Verhaltensweisen bei sich selbst zu verändern,
- um einschränkende Einstellungen durch nützlichere Einstellungen zu ersetzen
- um deine eigene Kommunikationsfähigkeit mit dir selbst
- und mit anderen zu verbessern.

Es geht auch darum, die Qualität des eigenen Erlebens zu verbessern und sich gut zu fühlen.

Die Methoden des NLPs müssen kontinuierlich geübt werden und das fällt am Anfang am leichtesten, wenn man mit kleineren und weniger schwergewichtigen Dingen beginnt.

Grundlage des NLPs sind folgende Grundannahmen:

1. **Menschen reagieren auf ihre subjektive Abbildung der Wirklichkeit und nicht auf die äußere Realität**

Es wird davon ausgegangen, dass jeder Mensch in seiner Vergangenheit unterschiedliche Erfahrungen gemacht hat und sich anhand dieser Erfahrungen in seinem Kopf seine ganz individuelle Landkarte der Welt konstruiert, die auf den persönlichen Einstellungen und Glaubenssätzen beruht. Alle Sichtweisen werden gleichermaßen gewürdigt. Wenn wir ein bestimmtes Ziel vor Augen haben, kann allerdings eine Landkarte in Hinblick auf dieses Ziel nützlicher sein als eine andere. Bestimmte Überzeugungen können uns besser dabei unterstützen, ein Ziel zu erreichen als andere. Wir können unsere Landkarten überprüfen und ändern.

2. **Menschen treffen immer die für sie bestmögliche Wahl**

Jeder Mensch gibt immer sein Bestes aus der jeweiligen persönlichen Entwicklung heraus.

3. Jedes Verhalten hat positive Absicht

Aus der Grundannahme heraus, dass wir immer das für uns bestmögliche tun, folgt auch die Annahme, dass hinter unserem Verhalten immer eine positive Absicht steckt. Es gilt herauszufinden, welche positive Absicht sich hinter unserem jeweiligen Verhalten verbirgt.

4. Körper, Geist und Seele sind ein System

Unser Körper, unser Gefühlsleben und unser Gedankensystem beeinflussen sich gegenseitig. So kannst du durch Änderung deiner Körperhaltung auch Gefühlszustände und Gedanken verändern. Dies wirkt auch umgekehrt: Wenn wir unsere Gedanken verändern, dann verändert sich automatisch unsere Körperhaltung. Die Immunbiologie hat festgestellt, dass unser Immunsystem unmittelbar abhängig ist von unseren inneren Einstellungen und den daraus folgenden Gedanken. Wer fröhliche Gedanken hat, dessen Immunsystem arbeitet besser, als bei demjenigen, der an traurige Dinge denkt. Körper, Geist und Seele lassen sich nicht trennen.

5. Wir haben bereits alle Ressourcen, die wir brauchen

Das NLP geht davon aus, dass jeder Mensch die Lösung für seine Probleme schon in sich trägt. Ressourcen können Erfahrungen, Erinnerungen, Wissen oder Bilder sein, die uns bei einem Problem weiterhelfen. Oft können wir aber nicht über sie verfügen, weil wir keinen Zugang zu diesen Ressourcen haben. Es geht darum, diese Ressourcen verfügbar zu machen.

6. Wenn etwas nicht funktioniert, muss man etwas anderes ausprobieren

Methoden und Prozesse können für verschiedene Menschen ganz unterschiedlich wirken. Keine Methode wird deshalb um ihrer selbst Willen angewandt, sondern nur dann, wenn sie erfolgreich ist. Wenn jemand merkt, dass er mit einer Methode nicht weiterkommt oder eine Technik für ihn nichts bringt, dann gilt es, eine andere Methode auszuprobieren und zwar solange, bis die richtige Methode gefunden wurde. Voraussetzung hierfür ist, sich das eigene Ziel klar zu machen, konsequent zu überprüfen, ob man sich mit dem was man tut, seinem Ziel nähert oder nicht und so lange die Strategie verändern, bis das Ziel erreicht ist oder sich ein besseres findet.

7. Es ist gut, viele verschiedene Wahlmöglichkeiten in einer Situation zu haben

Je mehr Wahlmöglichkeiten wir in einer Situation haben, desto flexibler können wir reagieren und desto größer sind die Chancen, dass wir das gewünschte Resultat erreichen. Wer in einer Situation nur eine oder zwei Möglichkeiten zur Auswahl hat, steckt schnell fest und weiß nicht mehr weiter, wenn diese Varianten sich als unbrauchbar herausstellen. Dann wird das Ziel oft aufgegeben. Viel besser ist es, möglichst viele verschiedene Handlungsoptionen zu haben, mit denen wir versuchen können, unser jeweiliges Ziel zu erreichen. Nur so können wir z.B. flexibel auf Einflüsse von außen reagieren oder unsere Strategie den Umständen anpassen.

NLP ist aus der Schulmedizin im Bereich Psychotherapie hervorgegangen. Obwohl dies nie öffentlich gesagt werden würde, um den wissenschaftlichen Charakter nicht zu gefährden, sind die Ansätze dieser Methodik sehr spirituell, weil es hier um Ganzheitlichkeit, Achtsamkeit und Wertschätzung von dem, was ist, geht. Ein positives Selbstbild soll bekräftigt werden, um die Lust und Leidenschaften zu wecken, sie am Brennen zu halten, damit die eigenen Träume in Liebe verwirklicht werden können. Wer seine Träume verwirklicht, der spürt auch den Sinn seines Lebens und kann mit diesem Glücks- und Erfolgsgefühl gleichermaßen das Leben anderer bereichern.

„Wenn du begeisterungsfähig bist,
kannst du alles schaffen.
Begeisterung ist die Hefe,
die deine Hoffnung himmelwärts treibt.
Begeisterung ist das Blitzen in deinen Augen,
der Schwung deines Schrittes,
der Griff deiner Hand, die unwiderstehliche
Willenskraft und Energie
zur Ausführung deiner Ideen.

Begeisterte sind Kämpfer.
Sie haben Seelenkräfte.
Sie besitzen Standfestigkeit.
Begeisterung ist die
Grundlage allen Fortschritts.
Mit ihr gelingen Leistungen,
ohne sie höchstens Ausreden."

(Henry Ford)[79]

Liebe und Flucht

*„Wer da fleucht,
den jagt man leicht."*

(Deutsches Sprichwort)

Angesichts der aktuell heftig ansteigenden Flüchtlingsströme nach Mitteleuropa, insbesondere nach Deutschland, halte ich es für äußerst bedeutsam, dieses sehr brisante Thema einmal von einer anderen Seite zu beleuchten, als es in den Foren und öffentlichen Medien getan wird.

Aus ganzheitlicher, spiritueller Sicht betrachtet, sind flüchtende Menschen das Ergebnis unserer gesamten gesellschaftlichen Gedanken, die in der Folge in entsprechende Handlungen bzw. Verhaltensweisen fließen. Politisches Handeln von Regierungen in Form von Kriegen, Machtmissbrauch, Gewinnsucht und Ausbeutung ist dabei sicherlich als ein wichtiger Aspekt zu benennen. Aber die Verflechtungen von ursächlichen Wirkungen sind vielfältiger. Es wäre auch zu einfach, als weiteren Buh-Mann die Wirtschaft auszumachen, in der Unternehmen mit profitorientierter Ausbeutung ihre Marktanteile und damit ihre eigene Macht auf Kosten anderer vergrößern wollen. Ohne ihre Kunden könnten sie dies allerdings nicht tun. Insofern ist letztlich jeder Einzelne von uns mehr oder weniger daran beteiligt, was wir insgesamt an Zuständen in der Welt vorfinden. Dabei ist es egal, ob dies durch aktives Handeln geschieht, durch Dulden, Schweigen oder Wegschauen. Solange wir nicht unsere eigenen Anteile am Weltgeschehen erkennen und eingestehen, wird sich nichts ändern. Leichtfertige Schuldzuweisungen stellen jedenfalls keine Lösung dar, weil dies immer dazu führt, nicht bei sich selbst zu schauen. Und wer nicht auf sich schaut, der flüchtet vor sich selbst. Man nennt dies in der Psychologie auch Verdrängung.

Ich bin überzeugt, dass „Flucht" einen so großen Raum in unserem gesellschaftlichen und privaten Leben einnimmt, wie wir es bisher noch gar nicht begreifen konnten oder wollten. Auch mir wird erst hier beim Schreiben so richtig bewusst, was sich die Menschheit bisher mit ihrem Flucht-Verhalten alles angetan hat und somit letztlich der gesamten Erde. Die im Kleinhirn biologisch verankerten Fluchtmechanismen dienen heutzutage vor allem in kriegsfreien Gebieten nur noch zu einem sehr geringen Teil dem Zweck, das eigene Überleben zu sichern. Stattdessen sind sie unbewusst fest verankert in unseren alltäglichen Reaktionen, denen keine lebensbedrohliche Situation zugrunde liegt.

Es gibt nämlich nicht nur die äußere Flucht in Form der „Abstimmung mit den Füßen", sondern auch die innere Flucht bezogen auf eigene Emotionen, insbesondere als Angstreaktion. Diese ungelebten, verdrängten oder unterdrückten Emotionen führen dazu, dass Situationen bzw. Krisen ungeklärt bleiben, verlagert werden und „Nebenkriegsschauplätze" sowie Irritationen entstehen.

Die Psychologie kennt auch die Flucht in die Krankheit. Sie stellt ein mehr oder weniger unbewusstes Ausweichen vor der Wirklichkeit bzw. vor befürchteten Problemen dar. Die Krankheit befreit vermeintlich von der eigenen Verantwortung, verspricht Entlastung, Schonung und vermehrte Zuwendung durch das Mitgefühl der Mitmenschen.

Wie bereits im vorderen Teil des Buches erwähnt, stellt das Emotionalhirn (Kleinhirn) eines der ältesten menschlichen Gehirnteile dar. Emotionen oder Gefühle entstehen in der Amygdala, die äußerst einfach gestrickt ist. Denn sie unterscheidet lediglich zwischen zwei Zuständen: Gefahr oder keine Gefahr. Bei drohender Gefahr gibt es grundsätzlich drei mögliche Handlungsweisen: Kampf, Flucht oder Totstellen. Oberstes Ziel des Emotionalgehirns ist die Sicherung des Überlebens.

Der evolutionär jüngste Gehirnteil ist das Großhirn mit dem Verstand. Sein Ziel ist das Streben nach Glück. Im Zusammenspiel von Emotionalhirn und Großhirn entstehen wegen der unterschiedlichen Ziele häufig Missverständnisse. Die Intelligenz des Großhirns macht es außerdem durch seine Vorstellungskraft zusätzlich möglich, fiktiv Gefahren zu kreieren, worauf das Emotionalhirn dann mit Kampf- oder Fluchtreaktionen in unterschiedlichen Varianten reagiert, die in dieser fiktiven Gefahrensituation unangemessen sind, weil eine Todesgefahr tatsächlich gar nicht besteht.

Fatal ist, dass die meisten unserer Reaktionen unbewusst auf Kampf, Flucht oder Totstellen zurückzuführen sind, also mit gefühlten oder realen Bedrohungen zusammenhängen. Es ist ein kaum steuerbarer Reflex.

Flüchtlingsströme entstehen, weil Menschen körperlich auf Bedrohung reagieren und ihrem Land den Rücken kehren, anstatt sich den Situationen zu stellen und vor Ort für bessere Verhältnisse einzutreten. Es ist im Grunde ein Akt der Verzweiflung, Hilflosigkeit, Feigheit oder realer Angst vor dem möglichen Tod bzw. eine Mischung von allem oder bestimmter Anteile. Diese Bedrohung kann in

Form einer realen Lebensgefahr wegen Kriegseinwirkung, politischer, religiöser oder sonstiger Verfolgung oder auch durch einen Mangel an existenzieller Sicherheit bestehen. Die körperliche, äußere Reaktion erfolgt durch physisches Verlassen der eigenen Heimat. Ist erst einmal ein Flüchtlingsstrom in Gang gesetzt, wirkt dies auf andere ansteckend. Dieser so genannte „Lemminge-Effekt" hat demnach eine Sogwirkung, wie sie sich in der deutschen Geschichte zuletzt kurz vor dem Fall der Mauer 1989 zeigte.

Vielen Menschen wird erst im Nachhinein bewusst werden, dass sie in einer fremden Umgebung nicht unbedingt glücklicher, friedlicher und freier leben. Integrationspolitik müsste sich daher auch darum kümmern, Menschen wieder in ihre bisherige Heimat einzugliedern, sobald dort stabile Verhältnisse zurückkehren. Eine aufheizende sowie hetzende Kriegspolitik wirkt da kontraproduktiv.

Dieses Einströmen der Massen nach Europa löst bei einem Teil unserer Gesellschaft sowohl physische als auch psychische Reaktionen in Form von Angriff oder Kampf(gedanken) aus. Andere reagieren mit psychischer Flucht (Wegschauen) oder Totstellen (innerer Starre).

Trotz unseres hochentwickelten Verstandes nehmen wir Situationen als Bedrohung wahr, die tatsächlich real gar nicht bestehen. Sicherlich bedeutet eine erhebliche Zunahme von Menschen auf begrenztem Raum sowie das Zusammenprallen unterschiedlicher Religionen und Kulturen ein erhöhtes Konflikt- und Gewaltpotenzial. Damit ist aber noch nicht zwingend unser Leben stärker bedroht. Diesbezügliche Reaktionen hängen allerdings unbewusst mit unserer inneren Angst ums Überleben zusammen. Diese menschliche „Verdichtung" wird auch als Eingrenzung des eigenen Lebensraumes empfunden. In der Tierwelt erhöht sich dadurch gleichermaßen das Aggressions- und Stresspotenzial.

Das bedeutet, wir reagieren auch dann ängstlich in Situationen, in denen es nicht unbedingt erforderlich ist. Denn als Menschen haben wir mit unserem Verstand bessere Lösungsmöglichkeiten, als nur den Urinstinkten zu folgen. Diese unbewussten Reflexreaktionen prägen beispielsweise auch den Umgang mit unseren Kindern, was sich wiederum auf die zukünftige Entwicklung einer Gesellschaft auswirkt.

Andererseits bieten Krisen auch immer Chancen zum Wandel. Die Begeisterung und Flexibilität, die Menschen entwickeln, um in einem fremden Land die Sprache oder viele Dinge des täglichen Lebens zu erlernen, könnte auch für uns ein Ansporn sein. Eine Chance besteht auch darin, dass Menschen aus unterschiedlichen Kulturen sich auf persönlicher Ebene besser kennenlernen und dadurch Vorurteile abbauen. Hier sind wir nun wieder bei einem der zentralen Themen meines Buches gelandet, nämlich "wie kann ich Angst in Liebe verwandeln?" oder "Wie kann ich voller Vertrauen die Liebe leben, um der unbegründeten Angst keinen Raum zu geben, damit ein friedliches Miteinander möglich wird?" „Wie kann ich trotz schlechter Nachrichten in den Medien zuversichtlich im Urvertrauen bleiben, um somit das Vertrauen in der Welt zu stärken?"

Nur wenn ich in Liebe bin, kann ich erkennen bzw. fühlen, was mein Leben tatsächlich bedroht und in entsprechenden Situationen angemessen reagieren. In Liebe erkenne bzw. fühle ich meine Mitverantwortung für die eigenen Lebensverhältnisse in der Gesellschaft. Dann kann mir bewusst werden, dass ich diese Arbeit nicht einfach anderen überlassen kann, sondern es wichtig ist, sich Situationen zu stellen und mit Problemen auseinanderzusetzen, auch wenn dies anstrengend sein kann und vielleicht schmerzt. Erst wenn wir den Mut haben, uns authentisch im Konflikt zu zeigen und in die liebevolle Auseinandersetzung gehen, sorgen wir für Klarheit. Und es ist ein tolles Gefühl, aus der Schwere des Nebels und der Dunkelheit in das helle Strahlen des klaren, leichten Lichts zu gelangen. Dafür muss man allerdings etwas tun. Ich erlebe das immer wieder, wenn sich angespannte oder „verstrickte" Situationen dann unverhofft wie aus dem Nichts auflösen und mein Herz wieder zu singen beginnt. Dies gilt auch für die Bewältigung meiner Emotionen. Sobald ich mich der Angst stelle, sie nicht mehr unterdrücke, kann ich sie bearbeiten und schließlich auflösen.

Es ist eine Frage der Selbstachtung, für eigene Werte wie die Liebe auch unter Bedrohung einzustehen. Dieser Mut wird leider häufig durch Flucht ersetzt. Selbstvertrauen weicht der Feigheit. Gehorsam oder Anpassung bis zur Anbiederung tritt an die Stelle von authentischem, selbstbestimmten Handeln. Und doch gab es in der Menschheitsgeschichte immer wieder Menschen, die selbst unter Todesgefahr standhaft und unbeirrt ihre Überzeugung aufrichtig vertreten haben und sogar bereit waren, dafür zu sterben. Aufrichtigkeit bedeutet, Reden und Tun in Übereinstimmung zu bringen. Je mehr Mutige es werden, desto weniger kann man ihnen etwas anhaben. Diese kraftvolle Außenwirkung habe ich immer wieder in bestimmten Situationen meines bewegten Lebens erlebt.

Versuche mal einen Tag lang ganz bewusst deine Reaktionen zu beobachten. Wie oft gibt es Situationen, in denen du dich nicht stellst, sondern ausweichst, den „Kopf in den Sand steckst"? Schaue mal, welche Begründungen du dir dafür zurechtlegst. Gründe können sein, dass du jemanden schützen willst, nicht verletzen willst, keinen

Streit willst oder weil du einen Angriff befürchtest, wenn du in die bewusste, aber liebevolle Auseinandersetzung gehst. Der Sinn des Lebens besteht aber nicht darin, „everybody's darling" sein zu wollen.

Die meisten Ausweich-Gründe hängen mit Angst, Konventionen oder Bequemlichkeit zusammen. Und jetzt überlege dir mal, welche Befreiung es für dich und andere bedeuten kann, wenn du dich auch unangenehmen Situationen stellst, einfach aushältst, selbst wenn es im ersten Moment schmerzt. Erst wenn wir durch den Schmerz hindurch gehen, kommt die Erlösung. Wir sind ja heute leider gewohnt, Schmerzen zu vermeiden bzw. durch Betäubungsmittel zu unterdrücken oder beseitigen.

Wie das deutsche Sprichwort sehr trefflich sagt: Wir sind Gejagte, wenn wir flüchten, weil wir letztlich vor uns selbst wegrennen. Dadurch kommen wir nicht zur Ruhe und am Ende holt das „Selbst" uns ein, spätestens auf dem Sterbebett. Und wenn wir vor uns wegrennen, können wir nicht bei uns ankommen. Das ist im Grunde recht einfach zu verstehen. Ja, ich weiß, die Umsetzung ist die größte Hürde. Aber wo ein Wille ist, gibt es auch einen Weg.

Sobald ich in Liebe bin, brauche ich nicht mehr wegrennen und kann auch Flüchtlingen in Liebe begegnen. Ich erkenne bzw. fühle dann aber auch, dass die Aufnahme von Geflüchteten nur ein symptomatischer Umgang mit Problemen ist und keine ursächliche Lösung unserer Konflikte auf der Welt darstellt. Viele der Flüchtenden leiden darunter, ihre Wurzeln zu verlassen, haben Probleme mit unserer Kultur und Mentalität. Einige integrieren sich nicht und bilden Ghettos, werden kriminell etc. Auch vor diesen Tatsachen dürfen wir nicht die Augen verschließen.

Diese ganzen Erkenntnisse, die sich zeigen, wenn man genauer hinschaut, führen dann möglicherweise zu völlig neuen Denk- und Lösungsansätzen in Politik und Gesellschaft. Aber offenbar müssen wir erst durch das finstere Tal des Leidens und der Schmerzen gehen.

Nur wenn ich in vollkommener Liebe bin, erkenne bzw. fühle ich, dass ich nicht unpolitisch sein kann, weil Liebe, Leben und Politik nicht zu trennen sind. Nichts ist letztlich voneinander zu trennen. Auch die Grenzen unserer Nationen als künstliche Trennlinien können nichts verhindern, wie wir momentan wieder einmal sehr deutlich sehen können. Es ist alles energetisch miteinander verbunden. Die Erde lässt sich nicht aufteilen bzw. ist die bisherige Aufteilung und Abschottung mit den entsprechenden deutlich sichtbaren Folgen verbunden.

Damit schließt sich mal wieder der Kreis. Unsere ganzen (gedachten) Trennungen und Abgrenzungen führen in die Sackgasse. Deshalb macht es großen Sinn, endlich der Tatsache ins Auge zu sehen, dass wir der real bestehenden Verbundenheit allen Lebens nicht entgehen können. Eine weitere Leugnung wäre unser Untergang. Was uns bleibt, ist zu Lieben. Denn Liebe öffnet unsere Herzen und damit die Schleusen für die Verbindung untereinander sowie das Verständnis füreinander.

Lieben, Leben sowie Mitgefühl mit allem existierenden Leben. Darauf kommt es an. Wie gehe ich mit meinem und dem anderen oder neuen Leben um? Wie sehr übernehme ich Verantwortung, im Großen wie im Kleinen? Wie sehr schenke ich Liebe oder übertrage Ängste? Wie sehr flüchte ich davor, wirklich zu leben und neues Leben zu schenken?

Liebe und Karma

"Ein Irrglaube ist, dass man bei einer karmischen Verbindung unbedingt füreinander bestimmt wäre! Primär dient eine karmische Verbindung dazu, sich mit der Auflösung des Karmas zu beschäftigen!"

(Christiane Sarlo)[63]

Mitmenschen, nach deren Ansicht alles nur zufällig geschieht, werden bei dem Thema „Karmische Verbindungen, Reinkarnation, Seelenpartner" möglicherweise mitleidig lächeln oder einfach nur verständnislos abwinken. Für andere hingegen ist es eine natürliche Tatsache, die sie schon durch besonders beeindruckende Begegnungen in ihrem Leben oder über das Medium „Reinkarnationstherapie" erfahren haben.

Auch hier gilt: Dein Glaube prägt dein (Er)Leben sowie deine persönliche Haltung zur Liebe und zum Leben.

Oftmals geistert der Glaube herum, dass Karma etwas Belastendes sei. Der Begriff „Karma" aus der Gelehrtensprache „Sanskrit" bedeutet jedoch vereinfacht „Tat" oder „Handlungskonsequenz" und meint eine allgemeine Hinwendung zum Leben. Karma ist eine sehr einfache und grundlegende Interpretation von Ethik. Es beinhaltet, dass jedes eigene Handeln Folgen hat. „Gute" Taten haben ebenso Konsequenzen wie „schlechte". Da der Mensch jedoch nicht im luftleeren Raum lebt, sondern tagtäglich zum Handeln gezwungen ist, verändert sich folgerichtig auch ständig seine „Waagschale" guter und schlechter Taten. Durch gute Gedanken, Gefühle und Handlungen kann man den Ausschlag der Waage verändern und altes „ungutes" Karma loswerden. Es ist die einfachste Möglichkeit, dein Leben zu bereinigen und Klarheit zu schaffen. Dies bedeutet Verantwortung für sein eigenes Leben zu übernehmen. Dazu bedarf es der Erkenntnis über universelle Zusammenhänge und einer entsprechenden Bewusstseinsentwicklung. In Verbindung mit bedingungsloser Liebe können sich lichtvolle Gedanken und Gefühle entwickeln bzw. freigesetzt werden, die diese Auflösungsprozesse beschleunigen.

Nun könnte man Karma aus früheren Inkarnationen auch biochemisch erklären, indem man sich vorstellt, dass die eigenen Zellen aus den Zellen vieler vergangener Generationen hervorgegangen sind und darin logischerweise Informationen gespeichert sind, die den Nachkommen weitergegeben werden, welche in dem Individuum der Gegenwart ihre Wirkung zeigen. Und da gibt es viele traumatische Erlebnisse wie beispielsweise aus Kriegen, die herumgeschleppt und aufgelöst werden wollen.

Reinkarnation bezeichnet das Wieder-Geboren-werden und das Wieder-Sterben menschlicher Seelen zum Zwecke der Läuterung und Vervollkommnung. Dabei bleibt das Leben dieser Seelen ohne Unterbrechung immer bestehen. Es gibt nur jeweils ein irdisches Leben, innerhalb dessen man lernt. Allerdings kann die Seele beschließen, immer wieder ein neues Kleid anzuziehen, für den nächsten Auftritt auf dieser Erde.

Vom Verständnis der Rückführungstherapie her ist jede Beziehung karmisch, gleich ob im Familienkreis, mit Freunden, Bekannten oder im Arbeitsbereich. Die zentrale Frage während einer Rückführungstherapie lautet deshalb immer: „Welche der soeben gesehenen Personen kommen in deinem heutigen Leben wieder vor?" Mit all diesen Personen können Verflechtungen und Verstrickungen bestehen, die erkannt und gelöst werden sollten.

Eine besondere Rolle dabei spielen „karmische" Partnerbeziehungen, die sich durch ihre ungewöhnlich hohe energetische Bindung von „normalen" Beziehungen unterscheiden. Man kennt sich bereits aus einem oder mehreren Vorleben. Sie beginnen meist blitzartig und so heftig, dass man glaubt, ohne den anderen nicht mehr leben zu können. Leider ist auch das Ende oft dramatisch und äußerst leidvoll. Mit anderen Worten: Man kann nicht miteinander, aber auch nicht ohne einander. Dieser Zustand wird als „karmisches Dilemma" bezeichnet. Ein prägnantes Beispiel hierfür war die Beziehung zwischen Elizabeth Taylor und Richard Burton. Zusammen aus Liebe oder Hass.

Ob Fluch oder Segen, nicht jedem ist solch eine leidenschaftliche Beziehung beschieden. Daher ist es schwierig, sich jemanden mitzuteilen, der diese Erfahrung nie gemacht hat. Beiden Partnern ist meist nicht bewusst, dass sie sich schon seit langem aus einem oder mehreren früheren Leben kennen und wieder zusammengekommen sind, um etwas miteinander zu lösen, gleich auf welcher Ebene.

Es muss nicht immer Liebe sein. Der Beziehung könnte auch eine alte Feindschaft oder Rivalität zugrunde liegen, bei der sich die ursprüngliche Liebe in Hass verwandelt hat. Eigentlich ist man sich „spinnefeind". Damit die Verbindung jedoch zustande kommt, verschießt der „Gott Amor" zunächst einmal seinen berühmten Liebespfeil. Doch nicht immer muss alles tragisch enden, nicht immer müssen tiefe emotionale Dramen aufgelöst werden.

In der Rückführungstherapie geht es immer um menschliche Beziehungen und die damit verbundenen Emotionen. Und immer wieder zeigt sich, dass man den Partner, mit dem man heute seine Schwierigkeiten hat, auch schon aus früheren Leben kannte. Er hat zwar jetzt ein anderes Äußeres, doch die zwischenmenschlichen Probleme und Verhaltensweisen sind dieselben geblieben, wenn die Konflikte nicht gelöst wurden.

Zu allen Zeiten gab es karmische Beziehungen. So traf es Goethe wie ein Schlag, als er der Freifrau von Stein zum ersten Mal begegnete: Er schrieb: „Ich kann mir die Bedeutsamkeit, die Macht, die diese Frau über mich hat, anders nicht erklären als durch die Seelenwanderung. Ja, wir waren einst Mann und Weib!"

Hölderlin wurde 1796 Hauslehrer der Kinder Jakob Gontards, eines Frankfurter Bankiers. Hier begegnete er dessen Frau Susette, die seine große – und unglückliche – Liebe wurde. Susette Gontard ist das Modell für die Diotima oder Melite seines Briefromans Hyperion.

Er schrieb: „Melite! O Melite! Himmlisches Wesen, ich werde sie wiederfinden in irgendeiner Periode des ewigen Daseins. Gewiss, was sich verwandt ist, kann sich nicht fliehen."

Jede Beziehung kann leidvoll sein. Bei einer karmischen Beziehung ist jedoch alles vielfach potenziert. Es werden einerseits unbekannte Höhen des Liebesgefühls und der damit verbundenen Wonnen erklommen, andererseits kann auch der Absturz unendlich tief sein, wenn der Seelenpartner aus dem eigenen Leben verschwindet. Dann ist nichts mehr wichtig im Leben, außer der eigenen Seelenpein, die einen Tag und Nacht nicht mehr loslässt. Alles ist leer und sinnlos geworden, da die Energie des Seelenpartners nicht mehr spürbar ist. Der Energiefluss ist versiegt.

Seelenpartnerschaften sind oft ein Wechselbad der Gefühle, gekennzeichnet von tiefstem Leid und höchstem Glück. Das Lernziel besteht hier darin, bedingungslose Liebe zu lernen. Da die wahre Liebe ewig währt, kann darüber auch wieder die Verbindung zum Seelenverwandten aufgenommen werden.

Nicht immer kann mit dem Seelenpartner eine partnerschaftliche Liebesbeziehung geführt werden. Es ist durchaus möglich, dass ein Seelenpartner in einer anderen Eigenschaft zu uns zurückkommt. Er kann dann beispielsweise im heutigen Leben die Mutter, die Schwester oder die beste Freundin sein. Leider geht auch die innigste Seelenpartnerschaft irgendwann einmal zu Ende, nämlich dann, wenn alle Lernziele erreicht sind und es für beide Teile nichts mehr zu lernen gibt.

Trifft man im Leben – was jeder mit Sicherheit schon einmal erlebt haben dürfte – gelegentlich unverhofft irgendwo und irgendwann auf eine Person, die einem spontan äußerst sympathisch ist und irgendwie bekannt vorkommt, so handelt es sich in der Regel um Seelenverwandte. Manchmal finden solche Begegnungen nur kurzfristig für einen Augenblick statt, danach geht jeder wieder seiner Wege.

Wie alles im Leben basiert Karma auf dem Gesetz von Ursache und Wirkung. Alles, was wir verursachen, zieht eine Wirkung nach sich. Egal was wir auch tun, es hat eine Konsequenz.

Beim Karma steht nicht mehr das Glück im Vordergrund, sondern eine Lernaufgabe. Der karmische Aspekt einer karmischen Liebe drängt uns immer wieder dazu, eine bestimmte Erfahrung zu durchlaufen. Wenn wir versuchen, sie zu umgehen, wird sie uns an einer anderen Stelle immer wieder neu begegnen. Dabei kann es z.B. um Treue, Wertschätzung aber auch um Gewalt gehen. Die Lernaufgabe steht hier im Vordergrund, nicht unmittelbar das Glück. Was wir lernen sollen (wollen), müssen wir leider meistens selbst herausfinden.

Liebe und Treue

*"Es gibt keine reine Wahrheit,
aber ebenso wenig einen reinen Irrtum."*

(Friedrich Hebbel)[64]

Gibt es eine reine Treue? Und wenn ja, wie sieht sie aus?

Was bedeutet eigentlich Treue?

Wem oder was sind wir treu?

Ist es wirklich Treue in Form von besonderer Wertschätzung unserem Partner gegenüber, oder eher unsere Angst vor Verlust, die uns treu sein lässt?

Ist es nicht in erster Linie wichtig, sich selbst treu zu sein? Dem, was wir fühlen und brauchen?

Steht die Treue über der Liebe?

Wächst die Liebe nur mit Treue oder droht sie eher darunter zu ersticken?

Ist Liebe ohne Treue überhaupt möglich?

Ich stelle deshalb diese vielen Fragen, weil es nach meinem Empfinden nicht die eine richtige Antwort oder Lösung zu diesem spannenden und facettenreichen Aspekt gibt.

Man kann das Ganze auch von der anderen Seite betrachten, und kommt der komplexen Angelegenheit möglicherweise dadurch etwas näher, wenn man danach fragt, was eigentlich Untreue bedeutet?

Nach meiner Vorstellung werde ich mir dann selbst untreu, wenn ich mich verbiege, meinen eigenen Weg als eigenständige Persönlichkeit verlasse oder preisgebe, also nicht authentisch bin. In einer Partnerschaft beginnt für mich die Untreue dem anderen gegenüber, wenn ich mich aus verschiedenen Beweggründen verstelle, z.B. um zu gefallen, oder etwas vortäusche, also unehrlich zu mir und damit auch zu dem Menschen bin, den ich mir vertraut gemacht habe. Und da es hier in diesem Buch um Liebe geht, sage ich, die größte Form von Untreue ist es, dem Partner oder der Partnerin Liebe vorzugaukeln. Es gibt genügend Paare, die nur noch eine WG pflegen und den Schein der Liebe wahren, wegen der Kinder, aus Bequemlichkeit, Gewohnheit oder um sich gegenseitig materiell zu versorgen. Das ist im Grunde nichts anderes als Heuchelei.

Stellen wir uns deshalb zunächst die für mich zentrale Frage: Ist ein Leben und damit auch eine Beziehung ohne ehrliche, aufrichtige Liebe lebenswert bzw. ist es erstrebenswert eine lieblose Beziehung aufrecht zu erhalten? Nach meinem Empfinden wohl kaum! Denn letztlich ist es Selbstbetrug.

Was uns Menschen von anderen Lebewesen im Besonderen unterscheidet, ist unsere Liebesfähigkeit. Sie wird um so stärker, je mehr ich mich bewusst für die Liebe entscheide. An jedem Tag, in jeder Situation. Die Treue ist in diesem Zusammenhang immer wieder ein brennendes Thema, das die Menschen umtreibt, weil hierbei Idealvorstellungen und Wirklichkeit leider so weit auseinanderklaffen. Mehr als 90% aller Menschen in einer festen Beziehung wünschen sich (sexuelle) Treue. Doch mehr als die Hälfte hat schon einmal einen Seitensprung begangen. Dies entspricht in etwa den 38 Prozent der Befragten, die daran zweifeln, dass der Mensch von Natur aus (körperlich) treu, also sexuell monogam sein könne. Sie haben zumindest insofern recht, dass vielen Menschen die Leidenschaft des Seitensprungs wichtiger ist, als die Beständigkeit in der Ehe. Und daraus erwachsen natürlich unendlich viele Konflikte sowie gegenseitige Verletzungen.

In der Schweiz befinden sich rund drei Viertel der Bevölkerung in einer Partnerschaft. Die meisten wünschen sich, dass diese Beziehung ihnen alles bietet. Eine emotionale Heimat, Stabilität und sexuelle Erfüllung. Die Liebe ist monogam, wie Paartherapeut Klaus Heer sagt. Nur der Mensch ist es nicht. In Umfragen geben 36 Prozent der Frauen und 44 Prozent der Männer an, Sex außerhalb der festen Beziehung gehabt zu haben. Ganze 72 Prozent der Schweizerinnen und Schweizer verrieten, dass sie es gern tun würden, wenn sie Gelegenheit hätten. Manche Experten sprechen davon, dass 90 Prozent der Männer im Laufe ihres Lebens fremdgehen, bei den Frauen sind es drei Viertel. Untreue ist denn auch einer der Hauptgründe, warum Ehen in den westlichen Industrienationen reihenweise kollabieren. 50 Prozent beträgt die Scheidungsrate in der Schweiz. Immer weniger Ehen werden geschlossen. Dafür sind die Beziehungen heute kürzer und serieller.

Untreue zerstört Vertrauen, lässt den Glauben schwinden, zerbricht Hoffnungen, Herzen und Familien. Die entscheidende Frage ist aber nicht, warum wir eigentlich nicht treu sein können. Sondern warum gründet unser Beziehungsideal auf einer Lüge? Die gesellschaftliche

Lüge, dass wir uns immer treu sein werden.

Das Thema „Treue" ist um so interessanter, wenn man Liebe auch unter dem Aspekt der Freiheit betrachtet. Kann es nicht auch passieren, dass ich durch ein Treueversprechen, wie auch immer das aussehen mag, meine Partnerin oder meinen Partner und mich einenge, in den jeweiligen Entwicklungen auf dem individuellen Lebensweg einschränke?

Gibt man in dem Online Wörterbuch „Wiktionary" den Begriff Treue ein, stößt man auf eine recht einfache, aber bezeichnende Beschreibung:

- **Beibehaltung einer Lebenseinstellung oder eines Zustandes**
- **Monogamie in einer Beziehung.**

Bei Wikipedia wird „Treue" übergeordnet folgendermaßen erläutert:

(Nominalisierung des Verbs „trūwen" = „fest sein, sicher sein, vertrauen, hoffen, glauben, wagen") ist eine Tugend, welche die Verlässlichkeit eines Akteurs gegenüber einem anderen, einem Kollektiv oder einer Sache ausdrückt. Sie basiert auf gegenseitigem Vertrauen beziehungsweise Loyalität, ist aber nicht der Beweis dafür, dass der Gegenstand der Treue ihrer auch würdig ist. (vgl. Nibelungentreue). Rituell wird sie durch Gegenstände der materiellen Kultur symbolisiert und ein Treueschwur besiegelt, z. B. durch einen Ehering. Sprachlich verwandt mit dem Begriff der Treue sind die Begriffe Vertrauen (englisch trust), Trauung und die Verben sich etwas trauen, jemandem etwas zutrauen, jemanden mit etwas betrauen sowie englisch „true" für "wahr".

Das Paradigma: „Treue = Monogamie in einer Beziehung" ist in den meisten von uns verankert.

Wenn sich Menschen Liebe schwören, gehen die meisten Paare einen stillschweigenden Pakt ein, über den kaum geredet wird. Das kann zum Verhängnis werden.

Das stillschweigende Abkommen der Treue wird also als Absicherung des Zustandes der Liebe genutzt. Es wird hierdurch ein Rahmen geschaffen, in dem sich frei bewegt werden darf. Diese Entscheidung soll Halt und Sicherheit geben. Aber hat in diesem Gefüge die Liebe noch Raum zum Atmen? Geht dabei nicht die Lebendigkeit der Liebe verloren?

Ob wir eine monogame, eine offene, eine „polyamore" oder sonstige Beziehungsform leben, das Miteinander benötigt in jedem Fall Aufrichtigkeit, Mut, Vertrauen und Hingabe.

Treue in einer Beziehung sollte als Erstes bedeuten: sich selbst treu bleiben, d. h. authentisch die eigenen Gefühle und Bedürfnisse zum Ausdruck zu bringen. Durch dieses gegenseitige Anvertrauen werden die Partner ermutigt, sich frei und lebendig zu entfalten. Für die Verwirklichung dieser Art von Treue braucht es Mut, um geradlinig, ehrlich und liebevoll die jeweils eigenen Bedürfnisse in Bezug auf Liebe, Sexualität sowie auf die Form der Partnerschaft auszudrücken. Hinzu kommt die Hingabe, um ein neues Feld des „Wir" zu erzeugen, in dem das „Ich" und „Du" auf eine höhere Ebene gehoben werden, zur Bildung einer Einheit. Erst dann sind die Beteiligten in der Lage, sich darüber auszutauschen, wie ihre Form der Partnerschaft lebendig gelebt werden soll. Sie können nun individuelle Vereinbarungen (Commitments) treffen, die ihnen Halt und Kraft geben. Damit ist es möglich, eine Form der Treue zu leben, die den Betreffenden gut tut und genau zu ihnen passt.

Unter dieser Treue ist zu verstehen, dass sich eine Person an die Vereinbarungen hält, die sie mit einer anderen Person getroffen hat, und dahingehend dauerhaft verlässlich ist.

Treue wird im allgemeinen als Tugend angesehen. Es gibt sie nicht nur in der Partnerschaft, sondern auch gegenüber Freunden, seinem Arbeitgeber, einer Partei oder auch bestimmten Produkten. Allerdings kann die Wertigkeit in den einzelnen Bereichen sehr unterschiedlich sein.

Im Bezug auf die Liebe und Partnerschaft bedeutet Untreue meist das „Aus" der Liebe, weil es offenbar schwerfällt, die Kränkung aufzuarbeiten und aufzulösen. Doch es gibt auch Paare, die der Liebe wieder neuen Raum geben können und dadurch einer eingefahrenen, langweiligen Beziehung wieder frischen Wind einhauchen.

Treue hat einen positiven Kern. Es bedeutet, mit jemandem vertraut zu sein, sich verlassen können und aufeinander vertrauensvoll einzulassen. Doch heute werden oftmals Mauern innerhalb einer Beziehung hochgezogen, um den „Besitz" zu wahren, und das wird dann fälschlicherweise als Treue deklariert.

Ich glaube, alle Menschen träumen von Treue. Mit dieser romantischen Idee ist die tiefe Sehnsucht nach Sicherheit und Geborgenheit verbunden, wie sie der Säugling im Schoß der Mutter erlebt hat. Die Realität hält diesen Wünschen allerdings nicht stand. 90 Prozent der Männer und 70 Prozent der Frauen gehen laut dem Heidelberger Psychologen und Beziehungsexperten Arnold Retzer mindestens einmal im Leben fremd. Man sollte es deshalb als Normalität anerkennen. Bei älteren Paaren steht hingegen Toleranz auf Platz eins, die Treue liegt weit abgeschlagen auf Platz neun, gefolgt vom Sex. Von romantischen Vorstellungen hat man sich da wohl verabschiedet. Offenbar gibt es Situationen, in denen ein Seitensprung der Ausdruck dafür ist, dass Lebenskräfte zum Durchbruch kommen. Das wissen am besten Kurärzte, die Patienten mit vielfältigen chronischen Erkrankungen behandeln. Oft stellen sie dann eine überraschende Besserung fest und nicht selten ist diese auf einen Kurschatten zurückzuführen. Dieser Kurschatten ist fast immer etwas verliebt und strebt im Allgemeinen auch eine erotische Beziehung an. Das beflügelt natürlich den umworbenen Kurgast, der plötzlich nicht nur lebenslustiger, sondern auch gesünder wird. Dieses seelische Medikament einer neuen Liebschaft war auch schon ein Thema auf dem 86. Deutschen Bädertag in Bad Homburg. Dort konnten viele der 500 Kongressteilnehmer berichten, dass unverhoffte gesundheitliche Veränderungen häufig mit einer neuen Liebe zusammenhängen. Dabei waren sich die Mediziner darüber einig, dass es keine Gründe gibt, sich als Moralapostel aufzuspielen. Sie wissen, dass die heilsame Wirkung des Kurschattens vor allem darin liegt, dass sich ein Mensch wieder verstanden und angenommen fühlt und sich aussprechen kann. Sie hatten durchaus Verständnis dafür, dass dann auch die erotische Begegnung nicht ausgespart bleibt. Dies jedenfalls würde manchen Psychiater ersparen und wirkungsvoller sein, als viele Pillen. Und selbst die Kirche hat sich mittlerweile mit diesem Thema beschäftigt. Auf einer Landestagung der Kurseelsorger in Dürrheim stellten die Geistlichen fest, eine Ehe würde nur dann nach einem Kurschatten-Erlebnis zerbrechen, wenn diese schon vorher in einem schlechten Zustand gewesen sei und gaben der Untreue damit verständnisvoll den Segen. Wer dagegen die innere Verbindung zu seinem Partner spürt, ist fast immun gegen jegliche Versuchungssituation. Insofern ist jede Untreue ein Drama und kein Alltagsereignis, das jedem jederzeit zustoßen kann.

C.G. Jung hat schon vor über fünfzig Jahren davon gesprochen, die Treue werde überschätzt. Sie könne heutzutage kein Ideal mehr sein. Und in den letzten Jahren mahnte vor allem der Paartherapeut Michael Mary, man solle die Untreue nicht verdammen. Man solle ruhig „seitenspringen", wenn man sich dabei nicht den Knöchel verstaucht.

Warum scheitern viele an ihrem Ideal?
Die Sehnsucht nach Verschmelzung ist ein Urbedürfnis. Das hat mit frühkindlichen Erfahrungen zu tun. Doch wir überschätzen die Sehnsucht nach Sicherheit und unterschätzen die Lust, zu experimentieren. Wir glauben, diese wilde Seite in uns kontrollieren zu können. Und das klappt nur selten. Andererseits ist Untreue als „Prinzip" die schlechteste Art zu lieben, weil sie so oft Verletzte hinterlässt. Beim Dreiecksverhältnis bleiben nicht selten drei gebrochene Herzen zurück. Das hat bereits die 68-er-Bewegung leidvoll erfahren müssen.

In Online-Portalen setzt man sich seinen Partner inzwischen nach dem Baukastenprinzip zusammen und die Trennungsbereitschaft steigt mit der Aussicht, vielleicht noch etwas Besseres zu finden. Wenn's schwierig wird, geht man einfach auseinander und sucht sich den nächsten. Partnerschaften werden treuer, aber kürzer. Das nennt sich dann serielle Monogamie. In unserer Gesellschaft herrscht ein unglaublicher Optimierungswahn, der auch vor der Liebe nicht haltmacht. Wir erwarten, dass der optimale Partner die optimale Beziehung ermöglicht. Die Ökonomisierung geht mittlerweile in alle privaten

Lebensbereiche und bestimmt diese.

Wir sind als Gesellschaft „pseudoaufgeklärt", „oversexed" und „underfucked". Unsere Sexualität ist medial ausgeleuchtet und setzt uns unter enormen Performance-Druck. Durch Stereotype aus Pornos und Hollywood-Schnulzen wird uns der Mut genommen, auf unsere ganz eigene, persönliche Art zu lieben. Doch genau das kann spektakulär sein. Und da kann auch die Treue ihren berechtigten Platz haben. Interessant sind beispielsweise Berichte von jungen Menschen, die als Paare keusch leben, solange sie nicht verheiratet sind. Inwieweit sich diese Menschen dann in der Ehe sexuell treuer sind, als andere, ist ungewiss. Zumindest gibt es die Annahme, dass man während der Ehe außerehelichen Versuchungen besser widersteht, wenn man freiwillig längere Zeit vor der Ehe auf Sex verzichten kann, weil man sich in Disziplin (Selbstbeherrschung) geübt hat.

Kehre ich zurück zur Kernbotschaft dieses Buches und betrachte die Treue unter dem Gesichtspunkt der allumfassenden und allgegenwärtigen Liebe, so ist es kein Treuebruch, wenn ich alles und jeden liebe. Das bedeutet allerdings im Umkehrschluss nicht automatisch, dass ich mich mit jedem sexuell einlassen muss oder parallele Liebes-Beziehungen führe. Denn sowohl Sexualität als auch das Einlassen auf eine Beziehung sind nur Teilaspekte der Liebe. Die bewusste Entscheidung aus Überzeugung und tiefer Liebe, innerhalb einer Beziehung sexuell treu zu sein und keine Neben-Beziehung zu führen, erfolgt nicht aus Zwang, sondern ist freiwillig, um meiner Partnerin oder meinem Partner die besondere Wertschätzung und Anerkennung zu geben sowie das gegenseitige Vertrauen zu stärken.

Liebe und Heilung

*„Perfektion ist unnahbar,
Vollkommenheit ist fühlbar."*

(Martina Matzka)[65]

Das Universum, die Schöpfung und alles was daraus entsteht bzw. wieder vergeht, fragt nicht nach Heilung. Alles, was sich im natürlichen Lebenszyklus befindet, ist wie es ist. Sozusagen ein natürlicher Regulierungs- und Veränderungsprozess von Geisterhand, der in vollkommener Liebe stattfindet. Im Grunde kann man sagen, es ist Ergebnis der göttlichen oder universellen Liebe und alles natürliche Leben hat diese Liebe nie verlassen. Es ist im Sein und daher vollkommen.

Der Mensch ist das einzige Wesen, das sich durch seinen Geist, sein Bewusstsein und das Ego aus diesen natürlichen Prozessen herausgehoben hat bzw. herausheben kann. Selbstverständlich ist auch der Mensch ein „Produkt" der Natur als ihre Schöpfung. Die Funktionsweise seines Körpers unterliegt ebenfalls natürlichen Gesetzmäßigkeiten und er muss sterben, wie alle Lebewesen. Allerdings hat er sich durch seinen bewussten Willen eine materielle Welt erschaffen, die einen Raubbau an der Natur zur Folge hat und sie aus dem Gleichgewicht bringt. Er benutzt die Natur für seine egoistischen Belange und ist somit nicht mehr vollständig darin integriert. Nun könnte man auch die These vertreten, dass das Ergebnis des menschlichen Schaffens sehr wohl natürlich und integrierend ist, denn schließlich hat die Evolution (Gott) dieses Wesen erschaffen. Es kann höchstens sein, dass der Mensch als kurze Episode wieder von der Erde verschwindet, weil er sozusagen als „Fehlentwicklung" nicht in das Gesamtgefüge passt, wie in Urzeiten die Dinosaurier. Die Dinosaurier hatten keine Wahl. Der Mensch sehr wohl. Durch seinen Willen hat er die Möglichkeit von der Schöpfung bekommen, sich bewusst oder unbewusst für oder gegen die Liebe zu entscheiden und somit für oder gegen die Natur bzw. Schöpfung. Diese Problematik der bewussten Entscheidung dagegen, beschreibt die Bibel als „Vertreibung aus dem Paradies".

Es beginnt bereits in den ersten Jahren unseres Daseins. Ein Kind, das erfahren musste, dass es nicht so angenommen wird, wie es ist, fällt sehr wahrscheinlich aus dieser Vollkommenheit der Liebe heraus. Zumindest werden unbewusst Zweifel wach. Ich glaube, die meisten von uns wurden bzw. werden von ihren Eltern nicht um ihrer Selbst willen geliebt. Das ist keine böse Absicht, sondern ein tiefsitzender Mechanismus, der darauf abzielt, junge Menschen für das Leben, sprich für Wirtschaft und Gesellschaft fit zu machen, um sich deren Regeln zu unterwerfen. Wir haben im konkurrierenden System des Wettbewerbs gelernt, dass wir unzulänglich sind, Fehler machen, uns verbessern bzw. anpassen müssen. Wir werden mit Schuldgefühlen und Ängsten beladen. Die Folge ist das Streben nach Perfektion oder das Versinken im Chaos.

Perfektion bedeutet das Erreichen von Zielen nach strengen Regeln und Strukturen. Es ist eine Intention des Verstandes. Eine Vollendung scheint unerreichbar. Das Endergebnis wäre Stillstand. Der menschliche Drang nach Perfektion hat uns das Dilemma gebracht, in dem wir jetzt stecken. Die Menschheit ist so überheblich, zu glauben, ständig irgendetwas verbessern zu müssen. Sobald wir an einer Stelle eine vermeintliche Verbesserung (Effizienz, Leistungssteigerung, materieller Wohlstand) erzielt haben, müssen wir an anderer Stelle nachbessern (die Geister, die ich rief....).

Perfektion nährt sich aus der Analyse. Die Gefahr ist, sich in winzigen, abgetrennten Details zu verlieren und den Blick für das Ganze nicht mehr wahrzunehmen. Resultate sind Rechthaberei, Unnachgiebigkeit, Uneinsichtigkeit, Schuldzuweisungen etc.

Nach meinem Empfinden sind wir jetzt an einem Wendepunkt angelangt, an dem immer mehr Menschen begreifen, worum es tatsächlich im Leben geht.

Vollkommenheit hingegen nährt sich aus der Synthese, aus der ganzheitlichen Betrachtung, dem nachhaltigen Weitblick. Sie erkennt an, was ist. Sie kommt aus dem Herzen. Wir sind als göttliche Geschöpfe vollkommen. Schöpfung bedeutet Veränderung und das macht das Leben aus. Die Natur kennt keine Perfektion. Ohne Mutationen, ständiges Ausprobieren und Verwerfen hätten wir nicht die üppige Fülle mit unzähligen Arten auf dieser Erde. Da wir Menschen uns durch die Erziehung, sonstige Prägungen und Verletzungen als unvollkommen wahrnehmen, neigen wir nach einem Ausgleich in Äußerlichkeiten. Wir wollen perfekt aussehen, das Idealgewicht erreichen, den idealen Partner finden, ein perfektes Zuhause einrichten etc. Oder wir sind von allem so sehr verwirrt, dass wir gar keine Orientierung mehr haben und leben in dieser vermeintlichen Sinnlosigkeit äußerlich unstrukturiert im Chaos.

Heilung findet statt, sobald wir uns wieder bewusst machen, dass wir vollkommene Geschöpfe sind. Dieses Bewusstsein wächst, indem wir nach innen schauen und dort Veränderungsprozesse in Gang setzen, die uns inneres Wachstum verschaffen und die Vollkommenheit wieder wirken lässt sowie zur Entfaltung bringt. Dafür ebnet uns die Liebe den Weg. Sie bringt glanzvolles Licht in den dunkelsten Winkel, verwandelt damit Unordnung in Ordnung, löst Leid sowie Mangel in Glück und Fülle auf.

Wenn du jemanden liebst und tief empfindest, so dass dir das Herz übergeht von goldenem Licht, und du im Kern deiner Seele weißt, du willst diesen Menschen einfach lieben, um der Liebe willen, dann tue es. Gib dich der Liebe hin. Dies ist keine Entscheidung vom Kopf, sondern von deiner inneren Stimme. Voraussetzung ist, dass deine Seele dazu bereit ist, offen und empfänglich dafür ist. Dann fließt die Liebe automatisch.

Dein Verstand wird dir viele Lügen, Ängste, Zweifel und vermeintliche Hindernisse schaffen, die dich davon abhalten möchten, diese Liebe voll und total zuzulassen. Das liegt in der Natur der Sache, denn du hast schon vieles erlebt, musstest zahlreiche schmerzhafte, lieblose Erfahrungen machen. Deshalb möchte dich dein Verstand, als Diener des Egos, beschützen und eine Wiederholung verhindern. Er glaubt, Liebe sei mit Schmerz und Leid verbunden, weil es schon einmal so war. Deshalb möchte er dich von der Liebe fernhalten, damit du weiterhin lieblose, aber dafür „vernünftige" Erfahrungen machst. Denn der Verstand und das Ego kennen keine Liebe.

Der Verstand kann noch nicht einmal eine Zukunft anerkennen. Er beruft sich ausnahmslos auf die Vergangenheit als einzige Quelle seiner Ressourcen. Der Verstand misst und vergleicht jede neue Situation an den Erfahrungen, die du einst gemacht hast. Doch keine Erfahrung wiederholt sich. Manche Erlebnisse erscheinen ähnlich, erinnern an das, was früher geschehen ist. Aber sie sind in Wahrheit vollkommen verschieden und deshalb neu.

Jeder Mensch, der erstmals in dein Leben tritt, verdient die Chance, frei von der Last deiner früheren emotionalen Verletzungen mit dir in Beziehung treten zu dürfen, da er für deine Vergangenheit keinerlei Verantwortung trägt. Der Verstand aber pocht auf Routinen. Das ist seine Natur. Hat er eine Routine geschaffen, dann hast du das Gefühl, etwas verstanden zu haben. Das wiegt dich in falscher Sicherheit. Alles außerhalb dieser Routine macht dir Angst, weil dein Verstand damit nicht umzugehen weiß. Du fühlst dich unsicher, hast das Gefühl, gar nichts zu verstehen, völlig im Dunkeln zu tappen. Was auch tatsächlich zutrifft. Bist du ausschließlich im Verstand, befindest du dich ohne das Licht der Liebe in seelischer Dunkelheit.

Der Verstand wird dir immer wieder die Liebe rauben. Dies ist sein Mechanismus. Liebe aber findet weder auf der Ebene des Egos statt, noch kann Liebe im Verstand erfahren und gelebt werden. Sie lässt sich nicht planen oder berechnen. Liebe ist einzig und allein im Herzen erlebbar. Dein Herz-Chakra ist der Sender, der sich im Brust- und oberen Bauchraum befindet. Deshalb spricht man auch vom Bauchgefühl. Es ist nicht unbedingt so, dass man sie nur direkt mit dem Organ „Herz" fühlt. Das Herz-Chakra ist gleichzeitig Empfänger und Kanal der Liebe, durch den sie kommen und in den sie strömen kann. Nur im Herzen kann Liebe sein. Sie fließt, sobald der „Kanal" geöffnet ist. Das Herz kennt keine Angst, keinen Zweifel, keine Lüge und keinen logischen Grund für Liebe. Das Herz ist stets rein, aber nicht immer offen für den Strom der Liebe.

Der Verstand kann das Herz verschließen, es für viele Jahre oder sogar für den Rest deines Lebens versiegeln. Ein verschlossenes Herz ist der Grund für zahlreiches Unglück auf der Erfahrungsebene. Ein Herz, dessen Türe verschlossen ist, wird letztlich zu einem kranken oder wie der Volksmund sagt, zu einem „gebrochenen" Herzen. Aber du musst dieses Spiel nicht mehr mitspielen. Verweise den Verstand in seine Schranken und öffne dein Herz. Erst, wenn es wieder offen für Liebe ist, fühlst du Glück. Erst wenn das Herz weit offen steht, findet Heilung statt.

Falls der Mensch, den du liebst, deine Gefühle nicht im selben Maße erwidert oder sein Gefühl für dich auf andere Weise ausdrückt als du es erwartest, dann kümmere dich nicht darum. Es liegt nicht in deiner Macht. Liebe kennt keine Absichten, Verhandlungen und Erwartungen. Nur deine eigene Fähigkeit zur Liebe ist es, die zählt. Nur dein tiefes, liebevolles Empfinden ist für dich von Bedeutung. Liebe findet um der Liebe willen statt. Liebe, weil du lieben möchtest. Liebe, weil Liebe da ist, aber liebe nicht, um geliebt zu sein. Wenn du liebst, dann liebe voll und ganz. Dadurch empfängst du automatisch ebensolche Liebe, selbst wenn sie nicht von dem Menschen stammt, den du liebst oder zu einer Zeit kommt, in der du sie nicht erwartest.

Liebe ist immer jenseits der Angst. Liebe ist jenes strahlende Licht, jenes Empfinden, welches dich unsagbar mächtig und stark macht. Denn gegen deine Liebe ist jeder machtlos. In Wahrheit kann dich niemand hindern zu lieben. Liebe ist deine herrlichste und stärkste

Fähigkeit, die auf der Seelenebene wirkt und heilt. LIEBE verändert Dich und Dein gesamtes Erleben. Du wirst bemerken, dass alles Unharmonische aus Deinem Leben verschwindet, die Haltung anderer Menschen sich Dir gegenüber zum Liebevolleren ändert und Du immer mehr liebevolle Menschen triffst. Ist das nicht herrlich?

Vergebung und Dankbarkeit

*„Willst du einen Augenblick glücklich sein,
räche dich.
Willst du ein Leben lang glücklich sein,
schenke Vergebung."*

(Jean Baptiste Henri Lacordaire)[66]

*„Wo Vergebung der Sünden ist,
da ist auch Frieden und Seligkeit."*

(Martin Luther)

„Alles verstehen heißt alles verzeihen."

(Anne Louise Germaine de Staël)[67]

*"Nicht die Glücklichen sind dankbar.
Es sind die Dankbaren, die glücklich sind."*

(Francis Bacon)[68]

Vergebung ist ein ganz wesentlicher Aspekt bzw. wichtigste Voraussetzung für Frieden und Freiheit, wodurch erst ein wahres Glücklich SEIN in Liebe möglich wird.

Wie kommen wir zur Vergebung?

Das Vater-unser-Gebet bietet den Christen einen Lösungsansatz, der vielen wahrscheinlich nicht mehr bewusst ist, weil sie entweder gar nicht beten oder aber das Gebet auswendig herunter „rattern". Leider sind auch die Begriffe „Schuld", „Sünde" und „Fegefeuer" durch die Institution Kirche so negativ besetzt, dass manche mit Vergebung wenig anfangen können.

Ich will darauf gar nicht näher eingehen, vielmehr die Essenz der Passage im Gebet, ...„und vergib uns unsere Schuld, wie auch wir vergeben unsern Schuldigern"... herausarbeiten. Gläubige bitten den Schöpfer um Vergebung und haben die Gewissheit, dass ihnen Vergebung gewährt wird. Das gibt ihnen die innere Freiheit, anderen Menschen, von denen sie bewusst oder unbewusst verletzt wurden, auch zu verzeihen. Nutzt man diese Freiheit bzw. erkennt den Zusammenhang, wird dadurch der ewige Teufelskreis durchbrochen, immer wieder Menschen zu verletzen, weil ich selbst verletzt werde oder wurde. Außerdem bewirkt es eine Befreiung von den angehäuften Lasten der Vergangenheit, weil ich durch die Vergebung diese Lasten besser loslassen und auflösen (transformieren) kann. Es ist das Bewusstsein darüber, dass wir als Menschen nicht unfehlbar sind und dies nicht nur uns selbst, sondern auch auch anderen zugestehen. Wir machen uns klar darüber, dass jeder sein Bestes gibt, auch wenn er mir durch sein Handeln Schmerzen zufügt. Damit relativiert sich auch die Schuldfrage, die tatsächlich im Gefüge der Schöpfung nicht existiert, dennoch durch unsere Konditionierungen tief verankert ist.

Und wenn man mir Schmerzen zufügt, dann hat es in der Regel nichts mit mir zu tun, sondern mit dem anderen, der nicht über seinen Schatten springen kann und in sich gefangen ist. Wenn ich dies mit den Augen der Liebe betrachte, kann sogar Mitgefühl für den anderen Menschen entstehen.

Situationen und Menschen zu akzeptieren heißt nicht, dass wir schwach sind und aufgeben oder gleichgültig werden.

Ganz gleich, was wir tun, es liegt nicht in unserer Macht, andere Menschen oder vergangene Geschehnisse zu verändern. Wir geben nur den sinnlosen Widerstand auf. Ein innerer Kampf, der sich unaufhörlich gedanklich damit beschäftigt, wie eine Situation besser ausgegangen wäre, wenn ich oder andere Personen anders gehandelt hätten. Was passiert ist, ist passiert. Es lässt sich nicht rückgängig machen. Ich kann nur Schlüsse für zukünftiges Verhalten ziehen und durch diesen Lerneffekt komme ich auch zu neuen Erkenntnissen, die dem Lebensfluss dienlich sind. Für mich ist dieser Umgang mit Situationen und die Akzeptanz dessen, was ist, die wahre Stärke. Ich schöpfe neue Energie, weil ich mich von altem Ballast befreie.

Wenn ich das wirklich innerlich von Herzen annehmen kann und in Liebe bin, also alles so akzeptiere, wie es gerade ist, dann komme ich auch in die Dankbarkeit. Diese äußert sich darin, dass ich erkenne: Alles was mir begegnet, auch an leidvollen Erfahrungen, dient meinem inneren Wachstum, meiner Erkenntnis und meinem Weg zu mir Selbst. Zu meinem inneren Kern der Liebe.

Ich habe fast 40 Jahre gebraucht, um meinem Vater zu verzeihen. Damit wird deutlich, wie lange dieser Ballast drücken bzw. lähmen kann und man sich selbst damit blockiert, weil es wertvolle Energie raubt. Das entscheidende Ereignis, das meinen Verzeihensprozess beschleunigt hat, war eine Familienaufstellung vor ca. 7 Jahren. Dort habe ich meinen Vater stellen lassen und ihn zum ersten Mal als leidendes, schwaches Kind sehen sowie erkennen können. Zuvor habe ich ihn seit meiner Pubertät nur als „Aggressor" und Gegner wahrgenommen, der meist wütend und ablehnend auf mich reagierte. Alles, was ich tat, stellte er im Grunde in Frage. Die Fronten verhärteten sich so über die Jahre und wir waren beide im Kampf und Groll gefangen. Die Aufstellung öffnete meine Augen und bescherte mir einen neuen Blickwinkel der Güte, wodurch ich endlich voller Demut Mitgefühl für meinen Vater empfinden konnte. Das war für mich eine große Erleichterung. Bei dieser Aufstellung brach ich in Tränen aus und konnte endlich weinend um sein und mein Leid trauern, das uns aufgrund der gemeinsamen Erlebnisse plötzlich wieder im Herzen vereinte. Es folgten viele kleine Schritte der Vergebung. Die Trauerarbeit war dabei ganz wichtig. Leider gab es keine Möglichkeit der persönlichen Auseinandersetzung in einem versöhnlichen Gespräch, weil er sich mir nicht öffnen konnte. Ich habe ihm mental vergeben, als er nach seinem wiederholten Schlaganfall nicht mehr sprechen konnte. Für mich war das ein Wink des Schicksals. Denn mein Vater redete immer viel, ließ mich ungern zu Wort kommen und war mir gegenüber in einer ständigen Abwehrhaltung. Da er nun nicht mehr widersprach, konnte ich mich auf ihn einlassen und über unseren Augenkontakt war es dann endlich möglich, inneren Frieden miteinander zu schließen. Der Prozess war erst nach seinem Tod vollständig abgeschlossen, als ich in die vollständige Dankbarkeit gehen konnte und dadurch viele schöne Erinnerungen an ihn wach wurden, die vorher tief vergraben waren. Nachdem ich in der Lage war, ihm für alles zu danken, was er mir auf meinem Lebensweg gegeben hatte, konnte ich ihn endlich als wertvollen, liebenswerten Menschen anerkennen. Und dadurch öffnete ich mich ihm, sodass seine wärmende Liebe wieder spürbar wurde. Daran ist erkennbar, wie sehr Verletzungen und Kränkungen den Blickwinkel sowie das Herz verengen bzw. versteinern können und wie wichtig für einen selbst die Vergebung ist, um sich zu befreien. Die Leichtigkeit des Seins danach zu spüren, ist wie ein Wunder und deshalb einfach wundervoll.

Ich kann nur jedem ans Herz legen, noch zu Lebzeiten zu verzeihen, soweit dies möglich ist. Es ist auch für den Menschen, der geht, eine große Befreiung und erleichtert das Sterben.

**Was sind entscheidende Schritte,
um auf Verletzungen zu reagieren?**

- Gestehe dir ein, dass dir etwas nicht passt, du dich unwohl fühlst oder sehr traurig bist. Keine Verharmlosung, kein Wegwischen des Gefühls. Schaue dem Schmerz in die Augen.
- Spreche die Grenzüberschreitung offen und möglichst zeitnah an. Rede Klartext. Keine Anspielungen, keine Ironie, kein Zynismus, kein Herum-eiern.
- Moralisiere nicht. Es geht nicht darum, ob irgendjemand Schuld hat. Damit würden wir uns auch indirekt über den anderen erheben.
- Höre aufmerksam zu, wenn dein Gegenüber von

sich erzählt. Hier geht es um Achtsamkeit und Wertschätzung. Fange also nicht an, dich zu rechtfertigen oder das Anliegen kleinzureden.

- Es geht nicht um sofortige Patentlösungen, sondern um Dialog und Anteilnahme. Manche Dinge können wir vielleicht schnell regeln, weil sie auf einfachen Missverständnissen beruhen. Andere Themen können dagegen schon an den Grundfesten der Beziehungen rütteln. Hauptsache sie liegen auf und nicht unter dem Tisch.

Indem wir jemanden nahe kommen, lernen wir auch uns auf eine besondere Weise kennen. Manches fühlt sich gut an, manches nicht so gut. Doch alles hilft uns, die eigenen Grenzen zu erkennen und wertzuschätzen. Und wenn wir auf diese Weise offen und vertrauensvoll miteinander umgehen, gewinnt die Liebe in der Regel an Tiefe. Obwohl oder gerade weil wir viele Prüfungen gemeinsam bestanden haben.

Die Schritte zur Vergebung:

Schritt Nr. 1

Kläre für dich, warum Vergebung wichtig ist. Wenn dich jemand verletzt und dir durch sein Verhalten Unrecht getan hat, dann ist es meist sehr schwer zu vergeben. Wahrscheinlich siehst du dich absolut in der Position, recht zu haben und hältst deshalb lieber an deinem Ärger über das Fehlverhalten der anderen Person fest. Es ist auch gut möglich, dass du diese Person bereits gedanklich über den Jordan geschickt hast. Nur ist es leider so, dass am Ende du eher unter dem Ärger und der Last, die du weiter mit dir herumschleppst, leiden wirst, als die andere

Person. Das verhält sich nämlich genauso, als wenn du Gift trinken würdest und hoffst, dass die andere Person, die dich verletzt hat, davon stirbt. Verstehe, dass es in erster Linie für dich selbst wichtig ist zu vergeben, als für die andere Person.

Schritt Nr. 2

Vergebung erfordert deine Entscheidung! Wenn du also sagst, du kannst nicht vergeben, meinst du viel eher, dass du es nicht willst. Denn du siehst dich selbst in dem Moment am wenigsten in der Lage, das Geschehene zu vergeben. Das ist auch für diesen Moment völlig in Ordnung. Verstehe: Verzeihen bedeutet nicht, dass du alles mit dir machen lässt. Vielmehr bedeutet es, dass du deine „negativen" Gefühle loslässt und diese Begebenheit hinter dir lässt, indem du sie verarbeitest. Denke daran: Du willst ein unbeschwertes und glückliches Leben führen, ohne solche schweren Steine mit dir herumzutragen. Also entscheide dich dafür, loszulassen und zu vergeben! Natürlich ist es nicht damit getan, zu sagen, „Ich verzeihe". Lass dir Zeit, bis du innerlich dazu bereit bist und es von innen spürst.

Schritt Nr. 3

Überlege dir Möglichkeiten, wie du deinen Ärger überwindest! Versuche einfach einen Weg zu finden, wie du am besten mit der Situation umgehst. Gewinne dafür den nötigen Abstand. Beobachte dich quasi von Außen. Stelle dir Fragen wie z.B. „Hat die Person dich wirklich absichtlich verletzt? Weiß die Person, dass sie dich verletzt hat? Hat sie versucht, sich bei dir zu entschuldigen?" Je mehr du versuchst, die Situation aus allen

Winkeln zu beleuchten, umso einfacher wird es dir fallen, zu verzeihen. Du kannst aber auch mit einer neutralen Person darüber sprechen, um dir dabei zu helfen. Sei dir im Klaren, dass negative Gefühle eine selbstzerstörerische Wirkung haben.

Finde deinen Weg, deinem Ärger Luft zu machen. Schreibe es in dein Tagebuch oder schreibe der Person einen Brief und stelle deine Ansicht der Lage klar. Du musst diesen Brief noch nicht mal abschicken. Hauptsache, du hast es schriftlich fixiert, um es gedanklich schon mal auf eine andere Ebene zu bringen. Entscheidend ist auch die Fähigkeit, sich selbst verzeihen zu können. Schreibe auf, warum es dir schwerfällt. Wofür verurteilst du dich, was kannst du nicht an dir akzeptieren und welche Ursachen könnte es dafür geben? Oftmals sind Verstrickungen in den Familienstrukturen Auslöser für Selbstverurteilungen und Schuldzuweisungen.

Mir hat beispielsweise geholfen, in den Wald zu gehen und alles laut herauszuschreien. Tue alles, was dir hilft, den Kummer zu verarbeiten. Es ist am Ende ein schöneres Gefühl über den Dingen stehen zu können, wenn man sich von den Lasten befreit hat.

Mut zur Liebe

„Liebe wird auch aus Mut gemacht."

(Sergio Bambaren)[69]

„Nicht weil es schwer ist, wagen wir es nicht, sondern weil wir es nicht wagen, ist es schwer."

(Seneca)[70]

Kennst du auch noch den Spruch aus der Schülerzeit: „Mut zur Lücke"? Die Verinnerlichung dieses Ausspruchs hat bei mir damals bzw. auch in späteren Prüfungssituationen den Druck genommen. Es ist eine gute Hilfe für alle, die glauben, perfekt sein zu müssen.

Auch die Liebe erwartet keine Perfektion. Menschen sind nicht perfekt und das ist gut so. Wichtig ist, sich zu öffnen, auf die Liebe einzulassen, sie zu erfahren und somit lebendig zu sein. Alles andere ergibt sich, wenn du durch deine Offenheit bereit zu Veränderungen und zum Lernen bist.

Wirkliche Begegnung kann nur stattfinden, wenn jeder bereit ist, sich offen und ehrlich in seiner ganzen Persönlichkeit zu zeigen. Das bedeutet, Schutzschilder, begrenzende Vorstellungen sowie „Cool sein" abzulegen und auch mal das Gefühlschaos auszuhalten. Nur so können wir uns gegenseitig als ernstzunehmende, gleichberechtigte Subjekte voller Klarheit wahrnehmen sowie als Seelen liebevoll in Kontakt treten, um uns gegenseitig auf der tiefsten Ebene unseres SEINS zu bereichern und einander zu innerem Wachstum zu verhelfen. Indem ich mein Gegenüber bewusst kennenlerne, lerne ich auch etwas Neues über mich.

Angst beginnt im Kopf. Mut auch!

Man kann darüber streiten, ob Angst tatsächlich im Kopf beginnt oder durch ein Zusammenspiel mehrerer Faktoren im gesamten Organismus entsteht. Zumindest wird dieses Bauch-Gefühl im Hirn verarbeitet und durch den Abgleich mit früheren Erfahrungen verstärkt oder abgeschwächt. Letztlich ist es eine Entscheidung im Kopf, welchen Raum und welche Macht ich diesem Gefühl gebe. Genauso verhält es sich mit dem Mut. Diese Entscheidung kann ich in jeder Situation neu treffen. Um Angst zu bewältigen und Mut aufzubringen, ist zunächst erforderlich, anzuerkennen und anzunehmen, was ist. Das gilt übrigens für alle Gefühle.

Entspanne dich. Schau hin, was passiert. Indem wir weicher werden, zulassen können, öffnen wir uns dem Strom des Lebens mit Freude, Unbeschwertheit, Traurigkeit, Angst etc.

Lasse das wärmende Licht der Liebe hinein in dein Herz und dich davon berühren. Entzünde die Liebe, die stets in dir ist, weil du aus ihr entstanden bist. Nur wenn wir uns für die Liebe öffnen und hineinspüren, können wir uns wirklich selbst kennenlernen. Das ist ungewohnt, denn wir möchten die Dinge gerne im Griff haben und für manche Menschen sind Gefühle suspekt, weil sie diese mit dem Verstand nicht erklären können.

Ja, ich war auch jemand, der sein Leben immer im Griff haben wollte, der kopfgesteuert war und bestimmte Gefühle einfach weg haben wollte. Das ist die Herangehensweise mit dem Verstand. Heute weiß ich, wie schwer ich es mir damit gemacht habe. Denn wenn ich etwas im Griff haben will, kämpfe ich gegen bestimmte Situationen, in denen ich glaube, den Halt zu verlieren. Dadurch verkrampfe ich mich, was zur Folge hat, noch mehr zu versuchen, alles im Griff zu behalten. Es ist das Lebensprinzip des Festhaltens. Da ich nicht freiwillig loslassen konnte, hat mich mein Körper auf sehr schmerzliche Weise dazu gezwungen. In den Jahren 2009 und 2010 hatte ich Burnout und Depressionen, die mein Leben sehr einschneidend verändert haben. In der Phase der wachsenden Liebe zu meiner Frau, als wir zusammenziehen wollten, erwischte es mich eiskalt. Und plötzlich war die Liebe weg. Ich fühlte nichts mehr, außer gähnender Leere, Gleichgültigkeit und tiefer Trauer. Doch eines verlor ich nicht: Es war die **Hoffnung**, die meiner inneren Stimme sagte, dass es wieder aufwärts gehen kann, wenn ich an die **Liebe glaube**. Denn tief in meinem Innern flackerte das Lichtlein der Liebe weiter, auch wenn ich es inmitten der Depressionen nicht wirklich spüren konnte. Als meine Frau für einen Tag unsere Beziehung beendete, wurde ich kräftig wachgerüttelt. Ich wusste, dass ich sie nicht verlieren wollte und dies gab mir Kraft, mich wieder aus der Dunkelheit ins Licht zu begeben. Das waren natürlich viele kleine Schritte. Ich hatte den Mut, dass es weiter geht und nicht nur das. Ich ahnte und spürte allmählich, dass sich mein Leben wandeln würde und dadurch besser, bunter, lebendiger, aufregender, spannender sowie liebevoller wird, als jemals zuvor. Ich war endlich mutig genug, mich vollständig zu zeigen, ohne Masken. Damit konnte sich meine wahre Persönlichkeit erst so richtig entfalten. Und das Entblättern findet weiterhin statt, sodass der Kern der Liebe sich immer deutlicher, klarer und leuchtender zeigt.

Ich möchte an dieser Stelle nochmals auf das Neue Testament, 1. Korinther, Kapitel 13, verweisen, worin es eine für mich ganz zentrale, elementare Aussage gibt:

„Nun aber bleiben Glaube, Hoffnung, Liebe, diese drei; aber die Liebe ist die Größte unter ihnen."

Warum konnten Romeo & Julia[71] (von William Shakespeare) ihre leidenschaftliche, einzigartige, starke und innige Liebe nicht leben?

Weil ihr Glaube daran und die Hoffnung, dass ihre Liebe alle Feindschaft und Hindernisse überwinden kann, nicht groß genug waren. Sie haben durch ihre unbewussten Zweifel dem Einfluss der äußeren Umstände mehr Raum und somit Macht gegeben, als ihrer Liebe.

Wahre Liebe findet immer einen Weg. Aber nur mit Glaube und Hoffnung führt er zum Ziel. Es ist diese Dreifaltigkeit, die uns die unbändige Kraft gibt, sich auf das Wesentliche und den wahren Sinn des Lebens zu konzentrieren, wodurch äußere Gegebenheiten und Widerstände unbedeutend werden können. Entscheidend ist demnach, worauf wir unseren Fokus ausrichten. Dies ist in unserer fremdgesteuerten Welt möglicherweise ein großer Schritt, aber nicht unmöglich. Es gibt genügend lebende Beweise.

Ich kenne Menschen mit extremen Schicksalsschlägen. Geliebte nahe Verwandte und Partner, die viel zu früh unerwartet aus dem Leben gerissen wurden und fassungslose Hinterbliebene zurückließen. Dennoch haben diese vom Leid gebeutelten Menschen nicht aufgegeben, mit Glaube und Hoffnung weiterhin der Liebe vertraut und Ja zum Leben gesagt.

Wenn wir von ganzem Herzen selbstbestimmt handeln wollen, dann bleibt uns nichts anderes übrig, als diesen mutigen Schritt zu wagen. Die vermeintliche Abhängigkeit von äußeren Zwängen ist im Grunde nur in unserer Vorstellung und wird allein dadurch bestärkt, dass sich eine große Masse ihnen fügt. Doch du hast deinen eigenen Willen, den du benutzen darfst. Und so gibt es immer wieder Menschen, die unbeirrt lieben und andere tun dies eben nicht, weil ihr Glaube an äußere Zwänge und sonstige Hindernisse größer ist.

Haben wir den Mut für Intimität? Sind wir bereit, uns ganz zu zeigen, Schicht für Schicht? Wagen wir es, uns vollständig und ohne Vorbehalte zu öffnen? In unserer Verletzlichkeit, mit unseren Zweifeln und Ängsten? Das ist sicherlich kein leichter Weg. Aber es muss auch nicht immer so schwer sein, wie bei mir. Viele schrecken dennoch davor zurück, bleiben in der Verzagtheit und fühlen sich dann hilflos. Hilflosigkeit äußert sich neben Depression auch in Wut bzw. Aggression und diese schaden einem selbst sowie denjenigen, die damit konfrontiert werden. Eine schwierige Situation lässt sich nicht durch Aggression lösen. Im Gegenteil, sie verhärtet Konflikte. Bin ich wütend, schreie oder schlage ich bzw. fresse den Ärger in mich hinein. Es fehlt die lösungsorientierte Handlung. Durch die Fixierung auf Probleme gebe ich meine Verantwortung ab und mache mich somit selbst zum Opfer. Im Grunde begebe ich mich als Erwachsener dadurch wieder in die Kindrolle, das trotzig reagiert, weil es noch keine Macht über sich und sein Leben hat. Aber wir haben als Erwachsene die Macht, wenn wir es uns bewusst machen und wirklich wollen.

Nur Mut bringt Bewegung in Verkrustungen. Mit deinem Mut übernimmst du die Verantwortung für dein Leben und mit dieser Eigenverantwortung bist du aktiver Gestalter, der mit Liebe sein Leben erfüllend kreieren kann und dadurch heilend auf das Ganze wirkt. Verantwortung übernehmen ist echte Selbstverwirklichung und damit eigene Potenzialentfaltung.

Mit steigendem Selbst-Bewusstsein wächst die Selbst-Erkenntnis, wodurch die Selbst-Liebe in ihre Fülle kommt. Diese wiederum stärkt die Selbst-Verantwortung, die sich in der Selbst-Wirksamkeit entfaltet. Durch diese schöpferische Selbst-Wahrnehmung kann ich immer besser „allem was ist" in Liebe und auf Augenhöhe begegnen. Und je mehr wir uns gemeinschaftlich auf Augenhöhe begegnen, um so stärker bereichern wir uns gegenseitig in Liebe. Dies alles erfolgt nicht nach dem Prinzip, dass erst die eine Voraussetzung erfüllt sein muss, um die nächste Stufe erreichen zu können, sondern es sind ständig ablaufende ineinanderfließende Prozesse innerhalb aller Interaktionen unseres Lebens, die unser inneres Wachstum ermöglichen, reifen lassen und vorantreiben, solange wir dies zulassen.

Bist du bereit, über deine eigenen Grenzen hinauszuschauen und Verantwortung für alle deine Lebensbereiche gleichermaßen zu übernehmen, dann kommt Klarheit und eine natürliche Struktur in dein Leben. In Zeiten weltweit ausbrechender Unruhen und überschwappender Emotionen, bedeutet es oft Selbstüberwindung sowie großen Mut, ehrlich hinzuschauen und bei sich zu bleiben. Aber wer ehrlich zu sich selbst ist, bekommt nicht nur tiefere Einblicke, sondern die Macht über sein Leben zurück. Du erkennst immer bewusster, was du brauchst, um in der inneren Balance zu bleiben. Es entsteht immer mehr Klarheit und Wahrheit.

Eines ist sicher: Sich zu öffnen bedeutet auch, verletzlich zu sein und möglicherweise schmerzhafte Erfahrungen zu machen, vor denen man sich bisher gerne schützen wollte. Der Lohn für unseren Mut ist Vertrauen. Tiefes Vertrauen in die eigene Kraft, die es uns ermöglicht, weiter zu gehen, als wir es bisher für möglich gehalten haben. Es bedeutet, unsichtbare Schranken aufzubrechen, die uns (unbewusst) gefangen hielten. Dies führt zu einer weltoffeneren Sicht und eröffnet neue (Lebens)-Räume. Damit ist Vertrauen gleichzeitig die stillste Art, Mut zu zeigen.

Diese positive Haltung zum Leben und zur Liebe erfordert immerwährende Übungen in sämtlichen Situationen, die uns geliefert werden. *„Übung macht bekanntlich den Meister,"* wie der Volksmund weiß. Erst durch ständige Wiederholung der frisch erworbenen Verhaltensweisen bilden sich die entsprechenden neuen Denk-Spuren vollständig in ihrer Breite und Stabilität aus. Dies zeigt sich auch in unserem Hirn durch neue neuronale Verbindungsstrukturen, die sich dadurch verfestigen können.

Dabei ist der Weg das Ziel. Nur du kannst den Weg in die Tat umsetzen. Er beginnt immer mit dem ersten Schritt. Begleitende Hilfestellungen kannst du stets finden, wenn du darum bittest.

Liebe braucht Mumm. Nur mutige Menschen können lieben. Feiglinge können das nicht. Denn die Liebe braucht das größte „Opfer" überhaupt, nämlich HINGABE. Mit dieser eigenen Hingabe öffnet sich die Welt für uns und zieht andere Menschen an, weil wir Kraft, Vertrauen und Geborgenheit ausstrahlen. Das macht uns in einer vermeintlich unsicheren Welt attraktiv. Wer sich attraktiv fühlt, fühlt sich glücklich. Wer glücklich ist, fühlt sich wohl.

In der Liebe SEIN heißt, sie in sich selbst zu aktivieren und aus dieser inneren Quelle heraus zu schöpfen. Nur dann können wir aus tiefstem Herzen etwas geben.

Liebe lässt sich nicht suchen und auch nicht finden. Sie ist in dir, deine Essenz. Das, woraus du gemacht wurdest, was dich in deiner Seele zusammenhält und mit allem anderen verbindet.

Geben bedeutet empfangen. Alles was ich gebe, wird mir gegeben. Betrachte ich dies von der materiellen Ebene, ist alles begrenzt. Liebe ohne jede Bedingung und Erwartung ist jedoch unbegrenzt. Sie wächst, breitet sich aus und vereint uns mit anderen Menschen und allen Lebewesen. Sie überwindet jegliche Trennung. Liebe anzubieten ist die einzige Weise, in der ich selbst Liebe anbieten kann.

Ansonsten wollen wir zuerst nur vom anderen etwas haben, weil wir fürchten, zu kurz zu kommen. Dies lenkt den Blick immer auf das vermeintlich Fehlende und erzeugt Mangel. Was uns tatsächlich so fehlt, müssen wir zuerst in uns selbst entdecken, um in die Fülle zu kommen. Es ist der Wunsch nach Verbundenheit mit unserem Sein und in gleichem Maße die Freiheit zu leben. Dies ist kein Widerspruch und deshalb gehen wir nicht verloren. Nicht in Nähe und nicht in Freiheit. Was wir sind, kann nicht verloren gehen. Es ist immer da, in uns. Der Kern unseres Wesens. Daran unerschütterlich zu glauben, erfordert Mut. In dem Maße, in dem wir uns unserer inneren Freiheit bewusst sind, können wir auch Nähe zulassen. Mut bringt uns in Bewegung. Er bringt uns ins Erleben. Mut ist das, was zählt. Er ist das Maß unseres Lebens. Und **Glaube, Liebe, Hoffnung** bestärken dich darin. Lebe dies! Durchbreche die innerlich akzeptierten Grenzen der Alltagsroutine. Erwache und erfahre dein wahres Potenzial. Es geht mehr als du denkst. Sei mutig. Wage es! Dann wird dich das Leben überraschen. Mit einer Fülle, Wärme und Intensität, die es in der Kälte von Hass, Ängsten und Wut niemals geben wird.

Liebe ist immer lebendige Gegenwart und damit ewig. Sie ist nicht „Ich will lieben" oder „Ich habe geliebt."

Deshalb liebe in jedem Augenblick. Mache dein Leben zu einer großen Liebes-Feier. Du bist ein wertvolles und vollkommenes Geschöpf, das es verdient, dieses Leben und die Liebe jetzt und immer zu genießen. **Glaube** daran, dass sich nichts und niemand gegen deine **Liebe** stellen kann und bleibe in der **Hoffnung**, dass alles einen tieferen Sinn hat und gut ist. Dies stärkt deine Gewissheit sowie das **Vertrauen**, dass immer für dich gesorgt ist.

Auf diese Weise können wir

Grenzenlos LIEBEN und frei LEBEN.

Deine Liebe heilt dich und die Welt.

Sie überwindet alle Hindernisse.

Ist das nicht wunderbar?

Du bist ein Wunder und deshalb so wertvoll!

Wie wunderschön, dass es **D i c h** gibt!

„Jeder andere Mensch ist dein Gegenstück. Jeder andere Mensch besitzt und verkörpert Aspekte deines Selbst, deiner Träume, deines Kummers, deiner Hoffnung, dass das Leben mehr ist als nur ein schlechter Witz. Für jeden von uns gab es eine Zeit, in

der die Welt jung war. Das war der Frühling der Seele, der durch den Winter der Unzufriedenheit auf die Probe gestellt wurde. In der Mitte eines jeden Lebens wartet der quälende Schatten des Todes. Aus diesem Grund sind wir uns alle sehr ähnlich, sind in unserem Kern sogar eins; sind wir alle in dem mysteriösen Unterfangen, das das Leben ist, verloren und errettet. Bewahre diese Wahrheit in deinem Herzen, wenn du deinen täglichen Geschäften nachgehst. Dann wird die Welt nicht länger von Fremden bevölkert sein und das Leben nicht von Einsamkeit bestimmt."

„Wenn du deine Gefühle nicht direkt ausdrückst, machst du die Menschen in deiner Umgebung in gewisser Weise zu emotionalen Sklaven. Statt etwas zu riskieren und klar auszudrücken, was du fühlst und möchtest, manipulierst du dann andere durch Schweigen, Kranksein, Weggehen oder Launenhaftigkeit, um sie so dazu zu bringen, dich zu lieben. Die Unfähigkeit oder Unwilligkeit, deine Gefühle auszudrücken, ist eine Form der emotionalen Tyrannei und nicht, wie du vielleicht glaubst, eine Möglichkeit, deine Intimsphäre zu schützen. Sich anderen zu offenbaren macht verletzlich, aber genau das vertieft jede intime Beziehung. Sei also kein Angsthase; sage heute, was du fühlst. Indem du dieses beziehungsfördernde Risiko eingehst, stärkst du das Band der Liebe."

(Daphne Rose Kingma)

Zum Abschluss eine Geschichte, die den Sinn des Lebens und der Liebe sowie des Mutes deutlich macht:

„Gespräch zwischen Zündholz und Kerze" -
Weise Geschichte zum Nachdenken und Weiterschenken:

Es kam der Tag, da sagte das Zündholz zur Kerze: „Ich habe den Auftrag, dich anzuzünden."

„Oh nein", erschrak die Kerze, „nur das nicht. Wenn ich brenne, sind meine Tage gezählt. Niemand wird meine Schönheit mehr bewundern."

Das Zündholz fragte: „Aber willst du denn ein Leben lang kalt und hart bleiben, ohne zuvor gelebt zu haben?"

„Aber brennen tut doch weh und zehrt an meinen Kräften", flüstert die Kerze unsicher und voller Angst.

„Es ist wahr", entgegnete das Zündholz. „Aber das ist doch das Geheimnis unserer Berufung: Wir sind berufen, Licht zu sein. Was ich tun kann, ist wenig. Zünde ich dich nicht an, so verpasse ich den Sinn meines Lebens. Ich bin dafür da, Feuer zu entfachen.

Du bist eine Kerze. Du sollst für andere leuchten und Wärme schenken. Alles, was du an Schmerz und Leid und Kraft hingibst, wird verwandelt in Licht. Du gehst nicht verloren, wenn du dich verzehrst. Andere werden dein Feuer weitertragen. Nur wenn du dich versagst, wirst du sterben."

Da spitzte die Kerze ihren Docht und sprach voller Erwartung: „Ich bitte dich, zünde mich an!"

(unbekannter Verfasser)

Albert Einstein über die Liebe

Liebens- und lesenswerter Brief von Albert Einstein an seine Tochter:

Ende der 1980er Jahre übergab Einsteins „verlorene Tochter" Lieserl 1.400 Briefe ihres Vaters an die Hebrew University unter der Bedingung, diese frühestens 20 Jahre nach ihrem Tod zu veröffentlichen. In einem seiner Briefe macht er eine Offenbarung, die der Welt die größte Kraft zeigt, die im Universum gefunden wurde. Dies ist ein Auszug aus seinem Brief:

„Als ich die Relativitätstheorie vorschlug, verstanden mich nur sehr wenige und was ich Dir jetzt zeigen werde, um es der Menschheit zu übertragen, wird auch auf Missverständnisse und Vorurteile in der Welt stoßen. Ich bitte Dich dennoch, dass Du es die ganze Zeit, die notwendig ist, beschützt – Jahre, Jahrzehnte, bis die Gesellschaft fortgeschritten genug ist, um das was ich Dir als Nächstes erklären werde, zu akzeptieren.

Es gibt eine extrem starke Kraft, für die die Wissenschaft bisher noch keine formelle Erklärung gefunden hat. Es ist eine Kraft, die alle anderen beinhaltet und regelt und die sogar hinter jedem Phänomen ist, das im Universum tätig ist und noch nicht von uns identifiziert wurde. Diese universelle Kraft ist LIEBE.

Wenn die Wissenschaftler nach einer einheitlichen Theorie des Universums suchten, vergaßen sie die unsichtbare und mächtigste aller Kräfte.

Liebe ist Licht, da sie denjenigen, der sie gibt und empfängt, beleuchtet.

Liebe ist Schwerkraft, weil sie einige Leute dazu bringt, sich zu anderen hingezogen zu fühlen.

Liebe ist Macht, weil sie das Beste was wir haben, vermehrt und nicht zulässt, dass die Menschheit durch ihren blinden Egoismus ausgelöscht wird.

Liebe zeigt und offenbart. Durch die Liebe lebt und stirbt man.

Liebe ist Gott und Gott ist die Liebe.

Diese Kraft erklärt alles und gibt dem Leben einen Sinn in Großbuchstaben. Dies ist die Variable, die wir zu lange ignoriert haben, vielleicht, weil wir vor der Liebe Angst haben, weil es die einzige Macht im Universum ist, die der Mensch nicht gelernt hat, nach seinem Willen zu steuern.

Um die Liebe sichtbar zu machen, habe ich einen einfachen Austausch in meiner berühmtesten Gleichung gemacht. Wenn wir anstelle von $E = mc^2$ zu akzeptieren, die Energie akzeptieren, um die Welt durch Liebe zu heilen, kann man durch die Liebe multipliziert mal der Lichtgeschwindigkeit hoch Quadrat zu dem Schluss kommen, dass die Liebe die mächtigste Kraft ist, die es gibt, weil sie keine Grenzen hat.

Nach dem Scheitern der Menschheit in der Nutzung und Kontrolle der anderen Kräfte des Universums, die sich gegen uns gewendet haben, ist es unerlässlich, dass wir uns von einer anderen Art von Energie ernähren. Wenn wir wollen, dass unsere Art überleben soll, wenn wir einen Sinn im Leben finden wollen, wenn wir die Welt und alle fühlenden Wesen, die sie bewohnen, retten wollen, ist die Liebe die einzige und die letzte Antwort.

Vielleicht sind wir noch nicht bereit, eine Bombe der Liebe zu machen, ein Artefakt, das mächtig genug ist, den gesamten Hass, Selbstsucht und Gier, die den Planeten plagen, zu zerstören. Allerdings trägt jeder Einzelne in sich einen kleinen, aber leistungsstarken Generator der Liebe, deren Energie darauf wartet, befreit zu werden.

Wenn wir lernen, liebe Lieserl, diese universelle Energie zu geben und zu empfangen, werden wir herausfinden, dass die Liebe alles überwindet, alles transzendiert und alles kann, denn die Liebe ist die Quintessenz des Lebens.

Ich bedauere zutiefst, nicht in der Lage gewesen zu sein, um das auszudrücken, was mein Herz enthält, das leise mein ganzes Leben für Dich geschlagen hat. Vielleicht ist es zu spät, mich zu entschuldigen, aber da die Zeit relativ ist, muss ich Dir sagen, dass ich Dich liebe und dass ich, dank Dir, bis zur letzten Antwort gekommen bin.

Dein Vater,
Albert"

Weitere Zitate

„IN DIESER ZEIT DER GROSSEN TRANSFORMATION WIRD ALL DAS VERSTÄRKT WAS IN DIR NACH ORDNUNG UND FRIEDEN RUFT UNORDNUNG RUFT NACH ORDNUNG, UNFRIEDEN NACH FRIEDEN, UNBEWUSSTHEIT NACH BEWUSSTHEIT

Die jetzt noch immer höher schwingenden Energien auf Mutter Erde wirken wie ein Vergrößerungsglas bzw. wie ein Verstärker und Beschleuniger. Das heißt, die innere Richtung, die du eingeschlagen hast, zeigt schneller und deutlicher ihr Spiegelbild im Außen, in deinem Körper, deiner Psyche, deinen Beziehungen, an deinem Arbeitsplatz und in den Ereignissen deines Lebens.

Wer sich entschieden hat, den Weg des Herzens zu gehen und immer mehr zu lieben, wird sehr viel mehr Liebe sehen und erfahren. Wer weiter glaubt, die Anderen und die Welt anklagen zu müssen und keine Verantwortung für seine Wut, seinen Schmerz, seine eigene innere Unordnung übernimmt, der wird mehr Unliebe, Konflikte und Krankheit erfahren. Das Gesetz von Ursache und Wirkung wird jetzt massiv und schneller fühl- und erfahrbar.

Es ist deine bewusste oder unbewusste Entscheidung,

mit der du bestimmst, was du erfahren wirst. Wer sich nicht bewusst für die Liebe, für das JA zum Leben und zur liebenden Gemeinschaft mit Anderen, für Verstehen, Vergebung und Frieden mit sich selbst und Anderen entscheidet, trifft seine Wahl unbewusst.

TRIFF DEINE WAHL BEWUSST!

Was du mit deinen Gedanken, Worten und Handlungen säst, wirst du ernten. Da darfst du denken oder sagen, das sei esoterischer Quatsch, das interessiert das Leben nicht. Es verläuft nach klaren Gesetzmäßigkeiten, die im Denken des „Normalmenschen" noch nicht durchgedrungen sind. Aber jeden Tag verstehen immer mehr."

(Robert Betz)[72]

"Adieu," sagte der Fuchs. "Hier ist mein Geheimnis. Es ist ganz einfach: Man sieht nur mit dem Herzen gut. Das Wesentliche ist für die Augen unsichtbar!"

(aus „der kleine Prinz" von Antoine de Saint-Exupéry)

Was es ist

„Es ist Unsinn, sagt die Vernunft
Es ist was es ist, sagt die Liebe
Es ist Unglück, sagt die Berechnung
Es ist nichts als Schmerz, sagt die Angst
Es ist aussichtslos, sagt die Einsicht
Es ist was es ist, sagt die Liebe
Es ist lächerlich, sagt der Stolz
Es ist leichtsinnig, sagt die Vorsicht
Es ist unmöglich, sagt die Erfahrung
Es ist was es ist, sagt die Liebe"

(Erich Fried)[73]

„Sei Du selbst die Veränderung,
die Du Dir wünschst für diese Welt."

(Mahatma Gandhi)

„Man ist meistens nur durch Nachdenken unglücklich."

(Joseph Joubert)[74]

„Du bist dort, wo deine Gedanken sind. Sieh zu, dass deine Gedanken da sind, wo du sein möchtest."

(Rabbi Nachman von Bratzlaw)[75]

„Die Liebe allein versteht das Geheimnis, andere zu beschenken und dabei selbst reich zu werden."

(Clemens Brentano)[76]

„Tue einfach was du tust –
mit so viel Bewusstheit wie möglich.
Das ist alles. Mehr ist nicht nötig.
Das Leben kümmert sich um die Details."

(Samarpan)[80]

DAS IST DAS LEBEN
von Charlie Chaplin[77]

Als ich mich wirklich selbst zu lieben begann,
habe ich verstanden, dass ich immer und bei jeder
Gelegenheit zur richtigen Zeit am richtigen Ort bin
und dass alles, was geschah, richtig ist,
von da an konnte ich ruhig sein.
Heute weiß ich, das nennt sich

VERTRAUEN!

Als ich mich wirklich selbst zu lieben begann,
konnte ich erkennen, dass emotionaler
Schmerz und Leid nur Warnungen für mich sind,
gegen meine eigene Wahrheit zu leben.
Heute weiß ich, das nennt man

AUTHENTISCH-SEIN!

Als ich mich wirklich selbst zu lieben begann,
habe ich verstanden, wie sehr es jemanden beschämt,
ihm meine Wünsche aufzuzwingen,
obwohl ich wusste, dass weder die Zeit reif noch der
Mensch dazu bereit war, und auch wenn ich selbst
dieser Mensch war.
Heute weiß ich, das nennt sich

SELBSTACHTUNG!

Als ich mich wirklich selbst zu lieben begann,
habe ich aufgehört mich nach einem anderen Leben
zu sehnen und konnte sehen, dass alles um mich
herum eine Aufforderung zum Wachsen war.
Heute weiß ich, das nennt man

REIFE!

Als ich mich wirklich selbst zu lieben begann,
habe ich aufgehört mich meiner freien Zeit
zu berauben und habe aufgehört weiter
grandiose Projekte für die Zukunft zu entwickeln.
Heute mache ich nur, was mir Spaß und Freude
bereitet, was ich liebe und was mein Herz
zum Lachen bringt auf meine eigene Art und Weise
und in meinem Tempo.
Heute weiß ich, das nennt man

EHRLICHKEIT!

Als ich mich wirklich selbst zu lieben begann,
habe ich mich von allem befreit was nicht gesund
für mich war, von Speisen, Menschen, Dingen,
Situationen und von Allem, das mich immer
wieder hinunter zog, weg von mir selbst.
Anfangs nannte ich das
"GESUNDEN EGOISMUS",
aber heute weiß ich das ist

SELBSTLIEBE!

Als ich mich wirklich selbst zu lieben begann,
habe ich aufgehört, immer recht haben zu wollen.
So habe ich mich weniger geirrt.
Heute habe ich erkannt, das nennt man

EINFACH-SEIN!

Als ich mich wirklich selbst zu lieben begann,
habe ich mich geweigert, weiter in der Vergangenheit
zu leben und mich um meine Zukunft zu sorgen,
jetzt lebe ich nur mehr in diesem Augenblick,
wo ALLES stattfindet.
So lebe ich heute jeden Tag und nenne es

VOLLKOMMENHEIT!

Als ich mich wirklich selbst zu lieben begann,
da erkannte ich, dass mich mein Denken
armselig und krank machen kann, als ich
jedoch meine Herzenskräfte anforderte,
bekam der Verstand einen wichtigen Partner,
diese Verbindung nenne ich heute

HERZENSWEISHEIT!

Wir brauchen uns nicht weiter vor
Auseinandersetzungen, Konflikten
und Problemen mit uns selbst und anderen
fürchten, denn sogar Sterne knallen manchmal
aufeinander und es entstehen neue Welten.

Heute weiß ich,

DAS IST DAS LEBEN!

"HOFFNUNG
IST NICHT DIE ÜBERZEUGUNG,
DASS ETWAS GUT AUSGEHT,
SONDERN DIE GEWISSHEIT,
DASS ETWAS SINN HAT,
EGAL WIE ES AUSGEHT."

(Václav Havel)[78]

*"Das einzig Wichtige im Leben
sind die Spuren der Liebe,
die wir hinterlassen, wenn wir gehen."*

(Albert Schweizer)

„Pflichtbewusstsein ohne Liebe macht verdrießlich

Verantwortung ohne Liebe macht rücksichtslos

Gerechtigkeit ohne Liebe macht hart

Wahrhaftigkeit ohne Liebe macht kritiksüchtig

Klugheit ohne Liebe macht betrügerisch

Freundlichkeit ohne Liebe macht heuchlerisch

Ordnung ohne Liebe macht kleinlich

Sachkenntnis ohne Liebe macht rechthaberisch

Macht ohne Liebe macht grausam

Ehre ohne Liebe macht hochmütig

Besitz ohne Liebe macht geizig

Glaube ohne Liebe macht fanatisch"

(Lao-tse)

Ein Wort des Dankes

Entgegen der sonst üblichen Dankesfloskeln verzichte ich hier auf die Nennung von Namen.

Ich bin voll des Dankes für alles, was mir bisher in meinem Leben widerfahren ist. Für die vielen Geschenke, die in Form von Erfahrungen mein Leben bereichert haben und größtenteils zu lehrreichen Erkenntnissen für mein inneres Wachstum geführt haben. Ich bin vielen Menschen begegnet, die mich inspiriert, neue Eindrücke vermittelt und meine Sichtweise erweitert haben. All diese Frauen, Männer und Kinder haben mit dazu beigetragen, dass dieses Buch entstehen konnte und so vollendet wurde, wie es sich für dich hier präsentiert. Natürlich gibt es dabei auch Menschen, deren Einfluss und Wirkung auf mich besonders intensiv waren und sind. Diejenigen wissen das und müssen deshalb nicht extra namentlich erwähnt werden. Ich wünsche mir noch viele liebevolle, fruchtbare Begegnungen auf der Herzensebene. Denn das ist es, was das Leben wirklich ausmacht und als bereichernde Fülle wahrnehmbar ist. Dieser Genuss am (abwechslungs)reichen Lebensfluss bleibt für immer in Erinnerung und diese wertvolle Energie darf man als wahren Goldschatz ins Jenseits mitnehmen und damit bleibt sie auch für die Nachwelt erhalten und fördert die Liebe.

Der Autor

Martin Exner, Jahrgang 1960, Vater eines erwachsenen Sohnes, ist aufgewachsen im hessischen Wetteraukreis und lebt seit 2010 in Darmstadt. Zunächst als ausgebildeter Handelsfachwirt tätig, arbeitete er als Diplom Verwaltungswirt zuletzt über viele Jahre im Personalmanagement und verfügt außerdem über langjährige Erfahrung in der ehrenamtlichen Kommunalpolitik. Daraus ist sein erstes Buch „Ausgeklinkt" entstanden. Seine persönliche Bewusstseinsentwicklung und zahlreiche Weiterbildungen sorgten für die Entfaltung verborgener Talente und Fähigkeiten, welche ihn immer mehr auf den Weg der befreienden bedingungslosen Liebe führte. Etliche Jahre begleitet Martin Exner Menschen als Bewusstseins-, Liebes- und Lebenscoach. Damit trägt er zur Potenzialentfaltung und Selbstheilung der Menschen bei. Viele Inspirationen sowie seine innere Stimme motivierten ihn zu seinem neuen Werk. Er hält zahlreiche Bewusstseins-Vorträge u.a. über Wirtschaftsfragen, das Geldsystem sowie das Bedingungslose Grundeinkommen und bloggt in sozialen Netzwerken. Hinzu kommen mit diesem Buch nun auch Liebesseminare. Mit seiner Frau Birgit betreibt er die Praxis „Oase der Mitte".

Eine herzliche Bitte

Die Intention meines Buches ist, dazu beizutragen, dass Menschen ihre Liebe zum Erblühen bringen, um damit ihre innersten Potenziale entfalten zu können, sodass sie den Fluss des Lebens als Genuss und Bereicherung empfinden.

Deshalb habe ich ein Interesse daran, dieses Werk weiterzuentwickeln und entsprechend in zukünftigen Auflagen Anregungen mit zu berücksichtigen.

Ich würde mich daher sehr freuen, wenn Du mir ein Feedback gibst.

- Hat Dir das Arbeitsbuch gefallen?
- War es kurzweilig, informativ?
- Konnte es Dir Neues vermitteln?
- Haben Dir eventuell Aspekte der Liebe gefehlt?
- War irgendetwas unverständlich?
- Was hat Dich besonders angesprochen und könnte daher ausführlicher behandelt werden?

Epilog

Mein Wunsch sowie meine Hoffnung ist, dass die Intention meines Buches verständlich wurde und ich dadurch viele Menschen auf ihrem einzigartigen Lebensweg begleiten darf. Wechselseitige Inspiration und Bereicherung erhöht unser evolutionäres Wachstum und dient der Liebe.

Mögen wir Menschen als bewusste Liebesdiener wieder eine liebevolle Gemeinschaft bilden, wie sie im folgenden schamanischen Gebet beschrieben wird:

DER STAMM DER UNGEZÄHMTEN FRAUEN UND MÄNNER

"Die Menschen meines Stammes sind leicht zu erkennen: Sie gehen aufrecht, haben ein Funkeln in den Augen und ein Lächeln auf den Lippen.

Sie halten sich nicht für erleuchtet, doch sie wissen, dass sie heilig sind. Sie sind durch ihre eigene Hölle gegangen, haben ihre Schatten angeschaut und offenbart sowie ihre Dämonen verscheucht. Sie sind keine Kinder mehr und wissen wohl was ihnen angetan worden ist. Sie haben ihre Scham und ihre Wut ans Licht gebracht und dann die Vergangenheit abgelegt, die Nabelschnur abgeschnitten und von Herzen Vergebung ausgesprochen.

Weil sie nichts mehr verbergen wollen, sind sie klar und offen. Weil sie nicht mehr verdrängen müssen, sind sie voller Energie, Neugierde und Begeisterung. Ein Feuer brennt in ihren Herzen.

Die Menschen meines Stammes kennen den ungezähmten Mann und die ungezähmte Frau in sich und haben keine Angst davor. Sie halten nichts für gegeben und selbstverständlich, prüfen nach, machen eigene Erfahrungen und folgen ihrer göttlichen Intuition.

Männer und Frauen meines Stammes begegnen sich auf der gleichen Ebene, achten und schätzen ihr "Anders"-Sein, konfrontieren sich ohne Bosheit und lieben ohne Hintergedanken.

Leute meines Stammes gehen sehr oft nach innen, um sich zu sammeln, Kontakt mit ihrem Ursprung aufzunehmen, sich wieder zu finden, falls sie sich durch den Lärm des Lebens verloren haben. Und dann kehren sie gerne zu ihrem Stamm zurück, denn sie lieben es zu teilen und mitzuteilen, zu geben und zu nehmen, zu schenken und beschenkt zu werden.

Sie leben Wärme, Geborgenheit und herzliche Verbindungen. Getrennt fühlen sie sich nicht verloren wie kleine Kinder und können gut damit umgehen. Sie leiden aber sehr während Zeiten der Isolation und sehnen sich danach, mit ihren Brüdern und Schwestern ein Herz und eine Seele zu sein."

Anhang

Alle Erläuterungen sind der freien Enzyklopädie Wikipedia entnommen.

1. * 2. Oktober 1869 in Porbandar, Gujarat; † 30. Januar 1948 in Neu-Delhi, Delhi) war ein indischer Rechtsanwalt, Widerstandskämpfer, Revolutionär, Publizist, Morallehrer, Asket und Pazifist.
2. * 14. März 1879 in Ulm; † 18. April 1955 in Princeton, New Jersey) war ein theoretischer Physiker. Seine Forschungen zur Struktur von Materie, Raum und Zeit sowie dem Wesen der Gravitation veränderten maßgeblich das physikalische Weltbild. Er gilt daher als einer der bedeutendsten Physiker aller Zeiten.
3. Selbstfindungs- und Motivationscoach, Autor. http://www.xn--walter-mller-klb.eu/du-kannst-mit-dem-verstand-nicht-finden-nur-auf-der-gefuehlsebene-erfahren-werden-kann/
4. * 20. Februar 1888 in Paris; † 5. Juli 1948 in Neuilly-sur-Seine) war ein französischer Schriftsteller
5. von griechisch Ἰησοῦς Χριστός Iēsous Christos, [iɛːˈsuːs kʰrisˈtos], Jesus, der Gesalbte) ist nach dem Neuen Testament(NT) der von Gott zur Erlösung aller Menschen gesandte Messias und Sohn Gottes. Mit seinem Namen drückten die Urchristen ihren Glauben aus und bezogen die Heilsverheißungen des Alten Testaments (AT) auf die historische Person Jesus von Nazaret.
6. [fɤŋ ʂu̯eɪ] (chinesisch 風水 / 风水 , Wind und Wasser') ist eine daoistische Harmonielehre aus China. Ziel des Fēng Shuǐ ist die Harmonisierung des Menschen mit seiner Umgebung, die durch eine besondere Gestaltung der Wohn- und Lebensräume erreicht werden soll. Der ältere Begriff für Feng Shui ist Kan Yu, eine Kurzform für den Begriff „den Himmel und die Erde beobachten". Nach der traditionellen Vorstellung sollen mit Feng Shui „die Geister der Luft und des Wassers geneigt gemacht" werden können.
7. Autorin von 12 meistverkauften Büchern über Liebe und Beziehungen sowie Psychotherapeutin
8. chinesisch 賽珍珠, Pinyin Sài Zhēnzhū; Pseudonym: John Sedges; * 26. Juni 1892 in Hillsboro, West-Virginia; † 6. März 1973 in Danby, Vermont) war eine US-amerikanische Schriftstellerin und Literaturnobelpreisträgerin. Ihr Geburtsname Sydenstricker findet sich in der häufig verwendeten Schreibweise Pearl S. Buck wieder.
9. * 27. Mai 1897 in Basel; † 28. Juni 1982 in Binningen) war ein Schweizer Biologe, Zoologe, Anthropologe und Naturphilosoph
10. * 14. Januar 1962 in Illingen (Saar)) ist ein deutscher Soziologe
11. Ausgeklinkt - Volksvertreter ohne Volk - Die demokratische Krise als Chance für einen neuen Aufbruch. Von: Exner, Martin, Synergia Verlag, 2011, 280 S., kart. http://synergia-verlag.ch/ausgeklinkt-volksvertreter-ohne-volk-p-53707.html. In seinem Buch nimmt das Bedingungslose Grundeinkommen (BGE) einen großen Raum ein. Er hat dazu sein Exner-Modell entwickelt und vergleicht dies mit denen von Götz Werner und Dieter Althaus.

bedingungslos jedem ihrer Mitglieder von der Geburt bis zum Tod gewährt. Es soll die Existenz sichern und gesellschaftliche Teilhabe ermöglichen,
- einen individuellen Rechtsanspruch darstellen sowie
- ohne Bedürftigkeitsprüfung und
- ohne Zwang zu Arbeit oder anderen Gegenleistungen garantiert werden.

Das BGE stellt somit eine Form von Mindesteinkommenssicherung dar, das sich von den zur Zeit in fast allen Industrienationen existierenden Systemen einer bürokratischen Grund- bzw. Mindestsicherung mit Bedingungen wesentlich unterscheidet. Das BGE wird erstens an Individuen anstelle von Haushalten gezahlt, zweitens steht es jedem Individuum unabhängig von sonstigen Einkommen zu, und drittens wird es gezahlt, ohne dass eine Arbeitsleistung, Arbeitsbereitschaft oder eine Gegenleistung verlangt wird.

Dafür werden viele Argumente angeführt:
- mehr Autonomie für Unternehmer durch deren Befreiung von den bisherigen Sozialabgaben,
- mehr Autonomie für Arbeitnehmer durch die grundsätzliche Möglichkeit der Nicht Erwerbstätigkeit oder Teilzeitarbeit ohne Einkommensverluste bzw. einer sinnvollen (ehrenamtlichen) Tätigkeit außerhalb der Erwerbsarbeit,
- mehr Autonomie für alle durch die Sicherung von Existenz und einer Beteiligung am gesellschaftlichen Leben ohne Wenn und Aber,
- größere Unabhängigkeit bei der Suche nach einem Erwerbseinkommen,
- größere Verteilungsgerechtigkeit,
- Anreiz zu größerer Wertschöpfung und Rationalisierung,
- Flexibilität des Arbeitsmarktes und Stärkung der Arbeitnehmerposition,
- größere Effizienz des Sozialstaates,
- Wahrung der Würde aller Menschen und die Beseitigung von Stigmatisierungen vor allem bei den gegenwärtig Erwerbslosen und Sozialhilfebeziehern,
- Humanisierung der Arbeit,
- Förderung der Bildung,
- Stärkung der Familien,
- Förderung von Existenzgründungen wie auch von ehrenamtlichen Tätigkeiten,

- Förderung von Kreativitätspotenzialen durch die Möglichkeit der Muße

und vieles mehr.
12 Quelle: Statistisches Bundesamt
13 * 11. November 1821 in Moskau; † 9. Februar 1881 in Sankt Petersburg.Er gilt als einer der bedeutendsten russischen Schriftsteller. Seine schriftstellerische Laufbahn begann 1844; die Hauptwerke, darunter Schuld und Sühne, Der Idiot, Die Dämonen und Die Brüder Karamasow, entstanden jedoch erst in den 1860er und 1870er Jahren.
14 Carl Gustav Jung (* 26. Juli 1875 in Kesswil; † 6. Juni 1961 in Küsnacht), meist kurz C. G. Jung, war ein Schweizer Psychiater und der Begründer der analytischen Psychologie.
15 Novalis (* 2. Mai 1772 auf Schloss Oberwiederstedt; † 25. März 1801 in Weißenfels), eigentlich Georg Philipp Friedrich von Hardenberg, war ein deutscher Schriftsteller derFrühromantik und Philosoph.
16 * 1098 in Bermersheim vor der Höhe (Ort der Taufkirche) oder in Niederhosenbach (damaliger Wohnsitz des Vaters Hildebrecht von Hosenbach); † 17. September 1179 im Kloster Rupertsberg bei Bingen am Rhein, war Benediktinerin, Dichterin und eine bedeutende Universalgelehrte ihrer Zeit. In der römisch-katholischen Kirche wird sie als Heilige und Kirchenlehrerin verehrt. Daneben wird auch in der anglikanischen und evangelischen Kirche mit Gedenktagen an sie erinnert.
Hildegard von Bingen gilt als erste Vertreterin der deutschen Mystik des Mittelalters. Ihre Werke befassen sich mit Religion, Medizin, Musik, Ethik und Kosmologie. Sie war auch Beraterin vieler Persönlichkeiten. Am 7. Oktober 2012 erhob Papst Benedikt XVI. die heilige Hildegard zur Kirchenlehrerin („Doctor Ecclesiae universalis") und dehnte ihre Verehrung auf die Weltkirche aus. Ihre Reliquien befinden sich in der Pfarrkirche von Eibingen.
17 (21.06.1887 - 26.02.1955) war ein schottischer Weltreisender, Forscher, Heiler und Autor.
18 chinesisch 陰陽 / 阴阳, Pinyin yīn yáng) sind zwei Begriffe der chinesischen Philosophie, insbesondere des Daoismus. Sie stehen für polar einander entgegengesetzte und dennoch aufeinander bezogene Kräfte oder Prinzipien. Ein weit verbreitetes Symbol des Prinzips ist das Taijitu ☯, in dem das weiße Yang (hell, hart, heiß, männlich, Aktivität) und das schwarze Yin (dunkel, weich, kalt, weiblich, Ruhe) gegenüberstehend dargestellt werden.
19 * 24. März 1897 in Dobzau, Galizien, Österreich-Ungarn; † 3. November 1957 in Lewisburg, Pennsylvania, USA, war ein austro-amerikanischer Psychiater, Psychoanalytiker,Sexualforscher

und Soziologe. Reich fand Zusammenhänge zwischen psychischen und muskulären Panzerungen und entwickelte die Therapiemethode der Psychoanalyse zur Charakteranalyse und diese zur Vegetotherapie weiter. Letztere gilt als Grundlage für verschiedene später begründete Körperpsychotherapien. Seine parallel dazu durchgeführten mikrobiologischen Forschungen („Bione") führten ihn zur „Entdeckung des Orgons", einer „primordialen" Energie, deren Existenz außerhalb von Reichs Schülerkreis nicht anerkannt wurde.

20 geboren am 6. Mai 1856 in Freiberg in Mähren, damals Kaisertum Österreich, heute tschechisch Příbor, als Sigismund Schlomo Freud; gestorben am 23. September 1939 in London, war ein österreichischer Neurologe, Tiefenpsychologe, Kulturtheoretiker und Religionskritiker. Als Begründer der Psychoanalyse erlangte er weltweite Bekanntheit. Freud gilt als einer der einflussreichsten Denker des 20. Jahrhunderts. Seine Theorien und Methoden werden bis heute angewandt und diskutiert.

21 * 16. Februar 1948 in Lünen als Ulrich Tolle ist ein kanadischer spiritueller Lehrer und Bestsellerautor spiritueller Bücher. Er stammt ursprünglich aus Deutschland und lebt in Vancouver.

22 falsch auch Publius Syrius; Vorname und Lebensdaten unbekannt) war ein römischer Mimen-Autor im 1. Jahrhundert v. Chr. Nach Plinius dem Älteren stammte Publilius Syrus aus Antiochia und kam als Sklave nach Rom. Sein eigentlicher Name ist unbekannt, Syrus ist der Sklavenname, der auf seine Herkunft hindeutet. Den Namen Publilius erhielt er nach seinem letzten Herrn, der ihn freiließ. Nach seiner Freilassung hatte er mit seinen litera-rischen Mimen, in denen er auch selbst als Schauspieler auftrat, großen Erfolg in den Städten Italiens. Die Mimen des Publilius Syrus sind allesamt verloren. Seine Nachwirkung geht zurück auf eine Sammlung seiner Sprüche, die Sententiae. Diese wurden bald Schul-lektüre und waren entsprechend bis in die Spätantike weit verbreitet. Es handelt sich um etwa 700 jambische oder trochäische Einzeiler, alphabetisch geordnet, mit moralischen Lebensweisheiten (z.B. "Viele muss fürchten, wen viele fürchten"). Man geht davon aus, dass die Sammlung im Mittelalter erheblich erweitert wurde, sodass nur ein Teil der Sprüche als authentisch gelten kann. Vor allem im Humanismus waren die Sententiae beliebte Lektüre; das belegen zahlreiche Ausgaben zu dieser Zeit.

23 * 26. April 121 in Rom; † 17. März 180 in Vindobona oder eventuell Sirmium, auch Marc Aurel oder Marcus Aurelius, war von 161 bis 180 römischer Kaiser und als Philosoph der letzte bedeutende Vertreter der jüngeren Stoa. Als Princeps und Nachfolger seines Adoptivvaters Antoninus Pius nannte er sich selbstMarcus Aurelius Antoninus Augustus. Mit seiner Regierungszeit endete in mancherlei Hinsicht eine Phase innerer und äußerer Stabilität und Prosperität für

das Römische Reich, die Ära der sogenannten Adoptivkaiser. Mark Aurel war der letzte von ihnen, denn in seinem Sohn Commodus stand ein leiblicher Erbe der Herrscherfunktion bereit.

24 * 26. Juli 1856 in Dublin, Irland; † 2. November 1950 in Ayot Saint Lawrence, England, war ein irischerDramatiker, Politiker, Satiriker, Musikkritiker und Pazifist, der 1925 den Nobelpreis für Literatur und 1939 den Oscar für das beste adaptierte Drehbuch erhielt.

25 hebräisch תַּלְמוּד, deutsch Belehrung, Studium, ist eines der bedeutendsten Schriftwerke des Judentums. Er besteht aus zwei Teilen, der älteren Mischna und der jüngeren Gemara, und liegt in zwei Ausgaben vor, dem Babylonischen (Talmud Bavli) und dem Jerusalemer Talmud (Talmud Jeruschalmi). Der Talmud enthält selbst keine Gesetzestexte, sondern zeigt auf, wie die Regeln der Tora in der Praxis und im Alltag von den Rabbinern verstanden und ausgelegt wurden.

26 Der Begriff Quantenphysik fasst alle Phänomene und Effekte zusammen, die darauf beruhen, dass bestimmte Größen nicht jeden beliebigen Wert annehmen können, sondern nur festgelegte diskrete Werte (siehe Quantelung). Dazu gehören auch der Welle-Teilchen-Dualismus, die Nichtdeterminiertheit von physikalischen Vorgängen und deren unvermeidliche Beeinflussung durch die Beobachtung. Quantenphysik umfasst alle Theorien, Modelle und Konzepte, die auf die Quantenhypothese von Max Planck zurückgehen. Plancks Hypothese war um 1900 notwendig geworden, weil die klassische Physik z. B. bei der Beschreibung des Lichts oder des Aufbaus der Materie an ihre Grenzen gestoßen war. Die Quantenphysik ist neben der Relativitätstheorie der zweite Grundpfeiler der modernen Physik. Besonders deutlich zeigen sich die Unterschiede zwischen der Quantenphysik und der klassischen Physik im mikroskopisch Kleinen (z. B. Aufbau der Atome und Moleküle) oder in besonders „reinen" Systemen (z. B. Supraleitung, Laserstrahlung, ...). Aber auch ganz alltägliche Dinge wie die chemischen oder physikalischen Eigenschaften verschiedener Stoffe (Farbe, Ferromagnetismus, elektrische Leitfähigkeit, ...) lassen sich nur quantenphysikalisch verstehen. Insbesondere gehören aber auch zwei Teilbereiche der theoretischen Physik zur Quantenphysik: Die Quantenmechanik und die Quantenfeldtheorie. Erstere beschreibt das Verhalten von Quantenobjekten unter dem Einfluss von Feldern. Letztere behandelt zusätzlich die Felder als Quantenobjekte. Die Vorhersagen beider Theorien stimmen außerordentlich gut mit den Ergebnissen von Experimenten überein. Ihre einzige bekannte Schwäche besteht darin, dass sie sich nach dem gegenwärtigen Stand des Wissens nicht mit der allgemeinen Relativitätstheorie vereinbaren lassen.

27 Der Name Ella Kensington entstand 1999 als Pseudonym des

Buchautors, Bodo Deletz. Als Autor der Ella Kensington Reihe mit über einer Million verkaufter Bücher und 30.000 Seminarteilnehmern gehöre er seit 30 Jahren zu den erfolgreichsten Trainern Deutschlands. Er bietet Selfcoaching-Konzepte an, im Sinne von Konfuzius, der sagt: „Gib einem Mann einen Fisch und du ernährst ihn für einen Tag. Lehre ihn zu fischen und du ernährst ihn für sein Leben."

28 Die Maslowsche Bedürfnishierarchie, bekannt als Bedürfnispyramide, ist eine sozialpsychologischeTheorie des US-amerikanischen Psychologen Abraham Maslow. Sie beschreibt menschliche Bedürfnisse und Motivationen (in einer hierarchischen Struktur) und versucht, diese zu erklären.

29 Das Stammhirn ist entwicklungsgeschichtlich der älteste Teil des Gehirns. Es steuert die überlebenswichtigen Funktionen wie Atmung, Blutdruck und die Reflexe. An diesen Teil schließt sich das Zwischenhirn an. Dort sitzen der Thalamus, der auch Tor des Bewusstseins genannt wird und der Hypothalamus. Das Zwischenhirn verarbeitet die Sinneseindrücke und lenkt Hunger und Durst, Schlaf-Wach-Rhythmus und den Sexualtrieb. Diese Bereiche bezeichnet Ella Kensington als Emotionalhirn.

30 *1934, deutsch-kanadischer Kaufmann, Aphoristiker und Publizist, M.H.R. (Member of the Human Race), Toronto

31 geboren am 14. Oktober 1906 in Linden, heute ein Stadtteil von Hannover; gestorben am 4. Dezember 1975 in New York; eigentlich Johanna Arendt, war eine jüdische deutsch-US-amerikanische politische Theoretikerin und Publizistin.

32 * 24. Februar 1955 in San Francisco, Kalifornien; † 5. Oktober 2011 in Palo Alto, Kalifornien, war ein US-amerikanischer Unternehmer. Als Mitgründer und langjähriger CEO von Apple Inc. gilt er als eine der bekanntesten Persönlichkeiten der Computerindustrie.

33 Laozi (chinesisch 老子, Pinyin Lǎozǐ, W.-G. Lao Tzu ‚Alter Meister') ist ein legendärer chinesischer Philosoph, der im 6. Jahrhundert v. Chr. gelebt haben soll. Je nach Umschrift wird der Name auch Laotse, Lao-Tse, Laudse oder Lao-tzu geschrieben. Die Schreibweise der älteren Umschriften ist im Folgenden hinter der Pinyin-Form in Klammern angegeben. Lǎozǐ gilt als Begründer des Daoismus (Taoismus). Das ihm in der Legende zugeschriebene Werk, welches erst durch den Han-KaiserJing (157–141 v. Chr.) als Dàodéjīng (Tao Te King, Tao Te Ching) gefasst und betitelt wurde, ist das Hauptwerk des Daoismus. Das Werk ist wahrscheinlich im 4. Jahrhundert v. Chr. entstanden.

34 * 6. Oktober 1934 in Canton, Ohio; † 7. Februar 2015 in Albuquerque, New Mexico, war ein US-amerikanischer Psychologe. Rosenberg war Gründer des gemeinnützigen Center for Nonviolent Communication und international tätiger Mediator. Er hat das

Konzept der Gewaltfreien Kommunikation (GfK), englisch Nonviolent Communication (NVC), entwickelt. Rosenberg lebte in Albuquerque, New Mexico, USA.
35 Sanskrit, m., बुद्ध, buddha, wörtlich „Erwachter", chinesisch fó 佛, vietnamesisch Phật 佛 oder bụt?, bezeichnet im Buddhismus einen Menschen, der Bodhi (wörtlich „Erwachen") erfahren hat, und ist der Ehrenname des indischen Religionsstifters Siddhartha Gautama, auch „Buddha" genannt, dessen Lehre die Weltreligion des Buddhismus begründet. Im Buddhismus versteht man unter einem Buddha ein Wesen, welches aus eigener Kraft die Reinheit und Vollkommenheit seines Geistes erreicht und somit eine grenzenlose Entfaltung aller in ihm vorhandenen Potenziale erlangt hat: vollkommene Weisheit (Prajna) und unendliches, gleichwohl distanziertes Mitgefühl (Karuna) mit allem Lebendigen. Er hat bereits zu Lebzeiten Nirvana verwirklicht und ist damit nach buddhistischer Überzeugung nicht mehr an den Kreislauf der Reinkarnation (Samsara) gebunden. Das Erwachen ist von transzendenter Natur, mit dem Verstand nicht zu erfassen, ist „tief und unergründlich wie der Ozean", weshalb sich diese Erfahrung einer Beschreibung mit sprachlichen Begriffen entzieht. Ihre Qualität ist für Menschen, die diese Erfahrung nicht selbst gemacht haben, nicht nachzuvollziehen. Eine Buddha-Erfahrung tritt nach der buddhistischen Tradition sehr selten auf; daher ist ein Zeitalter, in dem ein Buddha erscheint, ein „glückliches Zeitalter". Denn es gibt sehr viele „dunkle" Zeitalter, in denen kein Buddha auftritt und deshalb auch keine Lehre der endgültigen Befreiung befolgt werden kann. Der Buddha des nächsten Zeitalters soll Maitreya sein, während Kashyapa, Kanakamuni und Dipamkara drei Buddhas der Vergangenheit waren. Insbesondere der tantrische Buddhismus (Vajrayana) kennt eine Fülle von Buddhas, die auch transzendente Buddhas, Adibuddhas (fünf Dhyani-Buddhas) oder Tathagatas genannt werden.
36 Pseudonym Emil Sinclair; * 2. Juli 1877 in Calw, Königreich Württemberg, Deutsches Reich; † 9. August 1962 in Montagnola, Kanton Tessin, Schweiz, war ein deutschsprachiger Schriftsteller, Dichter und Maler. Bekanntheit erlangte er mit Prosawerken wie Siddhartha oder Der Steppenwolf und mit seinen Gedichten (z.B. Stufen). 1946 wurde ihm der Nobelpreis für Literatur und 1954 der Orden Pour le mérite für Wissenschaften und Künste verliehen. Als Sohn eines deutsch-baltischen Missionars war Hesse durch Geburt russischer Staatsangehöriger. Von 1883 bis 1890 und erneut ab 1924 war er schweizerischer Staatsbürger, dazwischen besaß er das württembergische Staatsbürgerrecht
37 Autorin der Bücher „Erwachen zum Aufstieg ins Licht", „I Am Here" und „Awakener: The Time Is Now".

38　auch Eckhart von Hochheim (* um 1260 in Hochheim oder in Tambach; † vor dem 30. April 1328 in Avignon) war ein einflussreicher spätmittelalterlicher Theologe und Philosoph. Schon als Jugendlicher trat er in den Orden der Dominikaner ein, in dem er später hohe Ämter erlangte. Mit seinen Predigten erzielte er nicht nur bei seinen Zeitgenossen eine starke Wirkung, sondern beein-druckte auch die Nachwelt. Außerdem leistete er einen wichtigen Beitrag zur Gestaltung der deutschen philosophischen Fachsprache. Sein Hauptanliegen war die Verbreitung von Grundsätzen für eine konsequent spirituelle Lebenspraxis im Alltag. Aufsehen erregten seine unkonventionellen, teils provozierend formulierten Aussagen und sein schroffer Widerspruch zu verbreiteten Überzeugungen. Umstritten war beispielsweise seine Aussage, der „Seelengrund" sei nicht wie alles Geschöpfliche von Gott erschaffen, sondern göttlich und ungeschaffen. Im Seelengrund sei die Gottheit stets unmittelbar anwesend.

39　* 6. November 1880 in Klagenfurt am Wörthersee; † 15. April 1942 in Genf, 1917 bis 1919 Robert Edler von Musil, war ein österreichischer Schriftsteller und Theaterkritiker. Musils Werk umfasst Novellen, Dramen, Essays, Kritiken und zwei Romane, den Bildungsroman „Die Verwirrungen des Zöglings Törleß" und sein unvollendetes Magnum Opus „Der Mann ohne Eigenschaften."

40　Bibeltext aus dem Neuen Testament, Matthäus Evangelium: „Ich aber sage euch: Liebet eure Feinde; segnet, die euch fluchen; tut wohl denen, die euch hassen; bittet für die, so euch beleidigen und verfolgen."

41　* 10. November 1483 in Eisleben, Grafschaft Mansfeld; † 18. Februar 1546 ebenda, war der theologische Urheber der Reformation. Als zu den Augustiner-Eremiten gehörender Theologieprofessor entdeckte er Gottes Gnadenzusage im Neuen Testament wieder und orientierte sich fortan ausschließlich an Jesus Christus als dem „fleischgewordenen Wort Gottes". Nach diesem Maßstab wollte er Fehlentwicklungen der Christentumsgeschichte und in der Kirche seiner Zeit überwinden. Seine Betonung des gnädigen Gottes, seine Predigten und Schriften und seine Bibelübersetzung, die Lutherbibel, veränderten die von der römisch-katholischen Kirche dominierte Gesellschaft in der frühen Neuzeit nachhaltig. Entgegen Luthers Absicht kam es zu einer Kirchenspaltung, zur Bildung evangelisch-lutherischer Kirchen und weiterer Konfessionen des Protestantismus.

42　* 29. Juni 1900 in Lyon; † 31. Juli 1944 nahe der Île de Riou bei Marseille, war ein französischer Schriftsteller und Pilot. Antoine de Saint-Exupéry war schon zu seinen Lebzeiten ein anerkannter und erfolgreicher Autor und wurde ein Kultautor der Nachkriegsjahrzehnte, obwohl er selbst sich eher als einen nur nebenher schriftstellernden Berufspiloten sah. Seine märchenhafte Erzählung „Der kleine Prinz" gehört mit über 140 Millionen verkauften Exemplaren zu den erfolgreichsten Büchern der Welt.

43 * 10. September 1943 in Milwaukee, ist ein US-amerikanischer Autor religiös-spiritueller Bücher. In ihnen vermittelt Walsch ein universalistisch und panentheistisch geprägtes Welt- und Gottesbild. Bekannt wurde er mit seiner Bestseller-Trilogie „Gespräche mit Gott."

44 Unter Neocortex wird der multisensorische und motorische Teil der Großhirnrinde von Säugetieren verstanden. In Abgrenzung dazu existieren die Begriffe Archicortex (u. a.Hippocampus) und Paläocortex (u. a.: Riechkolben). Der Cortex (lat. Rinde) ist die äußere graue Schicht der Großhirnrinde, die die weiße Substanz umgibt. Zusammen mit dem darunterliegenden Marklager bildet der Neocortex das Neopallium. Der Begriff Neocortex wurde von dem Frankfurter Neurologen Ludwig Edinger (1855–1918) geprägt. Im frühen 20. Jahrhundert zeigte der Neurologe Korbinian Brodmann, dass der Neocortex sich in allen Säugern aus sechs Schichten entwickelt. Beim Menschen bildet der Neocortex den Großteil der Oberfläche des Großhirns (rund 90 %), darunter die Repräsentationen der Sinneseindrücke (sensorische Areale), den für Bewegungen zuständigen Motorcortex und die weiträumigen Assoziationszentren.

45 Theta Healing ist eine wundervolle Heilmethode, mit der man nachhaltig sein Leben verändern kann, sowohl auf emotionaler, physischer als auch psychischer Ebene. Dabei arbeitet Theta Healing direkt mit der Schöpferkraft, durch die alles möglich wird. Warum „Theta"? Unser Gehirn erzeugt kontinuierlich Wellen in verschiedenen Frequenzen. Theta ist eine von fünf Gehirnwellenfrequenzen, die z.B. in einem sehr tiefen Entspannungs- und Meditationszustand, in einem Zustand erweiterten Bewusstseins oder während der Übergangsphase zwischen Wachsein und Schlafen ausgesendet wird (4-7 Hz pro Sekunde). Im Theta-Zustand sind wir besonders offen für Veränderungen und haben eine direkte Verbindung zum Unterbewusstsein. Eine "Neuprogammierung" unserer zugrunde liegenden Verhaltensmuster ist daher besonders leicht. Bei einer Sitzung arbeitet der Theta-Heiler in einem meditativen Zustand, seine Gehirnwellen schalten um auf Theta. Dadurch kann der Klient ebenfalls in den Theta-Zustand wechseln und beide können effektiv wirken. Siehe auch: http://www.oase-der-mitte.de

46 geborene Bauer; * 20. Oktober 1927 in Brooklyn, New York City, New York; † 13. Mai 2013 in Fort Lee, New Jersey, war eine US-amerikanische Psychologin, Fernsehmoderatorin und Kolumnistin

47 Lehrmeister Kong' (chinesisch 孔子, Pinyin Kǒng Zǐ, W.-G. K'ung-tzŭ ‚Meister Kong', auch als Kung-tse oder Kong-tse transkribiert) –

war ein chinesischer Philosoph zur Zeit der Östlichen Zhou-Dynastie. Er lebte vermutlich von 551 v. Chr. bis 479 v. Chr. und wurde unter dem Namen Kong Qiu (孔丘, K'ung Ch'iu) in der Stadt Qufu im chinesischen Staat Lu (der heutigen Provinz Shandong) geboren, wo er auch starb. Das zentrale Thema seiner Lehren war die menschliche Ordnung, die seiner Meinung nach durch Achtung vor anderen Menschen und Ahnenverehrung erreichbar sei. Als Ideal galt Konfuzius der „Edle" (君子 jūnzǐ), ein moralisch einwandfreier Mensch. Edel kann der Mensch dann sein, wenn er sich in Harmonie mit dem Weltganzen befindet: „Den Angelpunkt zu finden, der unser sittliches Wesen mit der allumfassenden Ordnung, der zentralen Harmonie vereint", sah Konfuzius als das höchste menschliche Ziel an. „Harmonie und Mitte,Gleichmut und Gleichgewicht" galten ihm als erstrebenswert. Den Weg hierzu sah Konfuzius vor allem in der Bildung.

48 wurde am 17. Oktober 1889 in Baskinta, einem Dorf am Fuße des Berges Sannin im Libanon, geboren. 1906 begann er sein Studium an der theologischen Abteilung in Poltava in der Ukraine, wo er 1911 das Examen ablegte. Mikhail Naimy beschreibt in seinem "Buch des Mirdad" romanhaft den Einweihungsweg eines Menschen. Das innerste Wesen des Menschen kann erkennen, ja erleben, was die Dinge und das ganze Universum bewegt. Mit dem Verstand kann man sich diesem Wissen nur annähern. Die frohe Botschaft ist: Es gibt das Leben, nach dem so viele Menschen suchen und sich innig sehnen – ein Leben in Harmonie, Weisheit und Liebe. Es gibt dieses Leben, allerdings in einem Lebensfeld einer ganz anderen Dimension und Gesetzmäßigkeit. Aber es gibt einen Weg dahin.

49 * 26. Juni 1916, Neillsville, Wisconsin; † 10. September 1988, Kalifornien, war eine der bedeutendsten Familientherapeutinnen. Oft wird sie auch als Mutter der Familientherapie bezeichnet.

50 * 18. Juli 1864 in Braunschweig; † 17. November 1947 in Schönberg im Taunus, heute Stadtteil von Kronberg; Pseudonym Richard Hugo, war eine deutsche Schriftstellerin, Dichterin, Philosophin und Historikerin.

51 * 12. Mai 1907 in Hartford, Connetticut; † 29. Juni 2003 in Old Saybrook, Connecticut, war eine US-amerikanische Schauspielerin. Sie wurde viermal mit dem Oscar als beste Hauptdarstellerin ausgezeichnet und ist damit Rekord-Oscarpreisträgerin in den Schauspielerkategorien. Das American Film Institute wählte sie zur größten amerikanischen Filmschauspielerin des 20. Jahrhunderts.

52 Märchen, Verfasser unbekannt.

53 eigentlich Carl Joachim Friedrich Ludwig von Arnim; * 26. Januar 1781 in Berlin; † 21. Januar 1831 in Wiepersdorf, Kreis Jüterbog, war ein deutscher Schriftsteller. Neben Clemens Brentano und

Joseph von Eichendorff gilt er als wichtigster Vertreter der Heidelberger Romantik.

54 Günter Peham ist 1963 in Oberösterreich geboren. Seit seinem 25. Lebensjahr ist er selbstständiger Unternehmer und seit 1994 im Bereich Erwachsenenbildung tätig. Aus dem SEIN leben ist sein Ziel.

55 geboren in Düsseldorf, unabhängiger Berater

56 *17. Juni 1918 bei Ubon Ratchathani, Thailand; †16. Januar 1992 in Amphoe Warin Chamrap, Provinz Ubon Ratchathani, war ein theravada-buddhistischer Mönch der thailändischen Kammatthana-Waldmönchstradition. Ab den 1970er-Jahren wuchs sein Ruf, ein ausgezeichneter Lehrer auch für westliche Theravada-Mönche zu sein, stetig an. Dies führte zu einer Reihe Gründungen von Klöstern in Europa, den USA, Australien und Neuseeland, die sich auf ihn berufen.

57 * 26. März 1905 in Wien; † 2. September 1997 ebenda, war ein österreichischer Neurologe und Psychiater. Er begründete die Logotherapie und Existenzanalyse („Dritte Wiener Schule der Psychotherapie").

58 * 27. November 1942 in Seattle, Washington; † 18. September 1970 in London, war ein US-amerikanischer Gitarrist, Komponist und Sänger. Jimi Hendrix, der wegen seiner experimentellen und innovativen Spielweise auf der E-Gitarre als einer der bedeutendsten Gitarristen gilt, hatte nachhaltigen Einfluss auf die Entwicklung der Rockmusik, obwohl er nur dreieinhalb Jahre nach seinem Bekanntwerden starb. Mit seinen Bands, unter anderem The Jimi Hendrix Experience und Gypsy Sun & Rainbows, trat er auf dem Monterey Pop Festival, dem Woodstock-Festival und dem Isle of Wight Festival 1970 auf. Das Magazin Rolling Stone kürte ihn zum besten Gitarristen aller Zeiten.

59 erfolgreiche Autorin und erfahrene Meditationslehrerin, ist bestrebt, die von ihr begründete Körperzentrierte Herzensarbeit immer weiter bekannt zu machen. Sie hat diese Methode in vielen Büchern dargestellt und erklärt.

60 * 14. Januar 1875 in Kaysersberg im Oberelsass bei Colmar; † 4. September 1965 in Lambaréné, Gabun, war ein deutsch-französischer Arzt, evangelischer Theologe, Organist, Philosoph und Pazifist.Schweitzer gründete ein Krankenhaus in Lambaréné im zentralafrikanischen Gabun. Er veröffentlichte theologische und philosophische Schriften, Arbeiten zur Musik, insbesondere zu Johann Sebastian Bach, sowie autobiographische Schriften in zahlreichen und vielbeachteten Werken. 1953 wurde ihm der Friedensnobelpreis für das Jahr 1952 zuerkannt, den er 1954 entgegennahm.

61 Σωκράτης Sōkrátēs * 469 v. Chr. in Alopeke, Athen; † 399 v. Chr. in

Athen, war ein für das abendländische Denken grundlegender griechischer Philosoph, der in Athen zur Zeit der Attischen Demokratie lebte und wirkte. Zur Erlangung von Menschenkenntnis, ethischen Grundsätzen und Weltverstehen entwickelte er die philosophische Methode eines strukturierten Dialogs, die er Mäeutik („Hebammenkunst") nannte. Sokrates selbst hinterließ keine schriftlichen Werke. Die Überlieferung seines Lebens und Denkens beruht auf Schriften anderer, hauptsächlich seiner Schüler Platon und Xenophon. Sie verfassten sokratische Dialoge und betonten darin unterschiedliche Züge seiner Lehre. Jede Darstellung des historischen Sokrates und seiner Philosophie ist deshalb lückenhaft und mit Unsicherheiten verbunden.

62 geboren als Sébastien-Roch Nicolas (* 6. April 1741 in Clermond, Auvergne; † 13. April 1794 in Paris) war ein französischer Schriftsteller in der Zeit der Aufklärung und der Französischen Revolution.

63 wurde am 24.12.1969 geboren. Nach ihrer Ausbildung zur Bürokauffrau arbeitete sie fast 15 Jahre in einem Einzelhandelskonzern. Danach wurde sie spirituelle Lebensberaterin mit Kartenlegen und Reiki.

64 * 18. März 1813 in Wesselburen, Dithmarschen; † 13. Dezember 1863 in Wien, war ein deutscher Dramatiker und Lyriker. Sein Pseudonym in der Jugend war Dr. J. F. Franz.

65 geboren 1980, Autorin

66 * 12. Mai 1802 in Recey-sur-Ource, Département Côte-d'Or; † 21. November 1861 in Sorèze, war französischer Dominikaner, Prediger und Theologe.

67 * 22. April 1766 in Paris; † 14. Juli 1817 ebenda, war eine französische Schriftstellerin. Sie gilt zugleich als Vorläuferin der Literatursoziologie und der vergleichenden Literaturwissenschaft. Ihr meistgelesenes Werk war „Über Deutschland". Es hatte Einfluss auf das Deutschlandbild vieler Franzosen im 19. Jahrhundert.

68 * 22. Januar 1561 in London; † 9. April 1626 in Highgate, war ein englischer Philosoph, Staatsmann und als Wissenschaftler Wegbereiter des Empirismus.

69 * 1. Dezember 1960 in Lima, Peru, ist ein peruanischer Schriftsteller. Bekannt wurde er durch seinen Roman „Der träumende Delphin."

70 * etwa im Jahre 1 in Corduba; † 65 n. Chr. in der Nähe Roms, war ein römischer Philosoph, Dramatiker, Naturforscher, Politiker und als Stoiker einer der meistgelesenen Schriftsteller seiner Zeit. Seine Reden, die ihn bekannt gemacht hatten, sind verloren gegangen. Wenngleich er in seinen philosophischen Schriften Verzicht und Zurückhaltung empfahl, gehörte Seneca zu den reichsten und mächtigsten Männern seiner Zeit. Vom Jahr 49 an war er der maßgebliche

Erzieher bzw. Berater des späteren Kaisers Nero. Um diesen auf seine künftigen Aufgaben vorzubereiten, verfasste er eine Denkschrift darüber, warum es weise sei, als Herrscher Milde walten zu lassen (de clementia). Im Jahre 55 bekleidete er ein Suffektkonsulat.

71 ist der Titel einer Tragödie von William Shakespeare. Sie schildert die Geschichte zweier junger Liebender, die verfeindeten Familien angehören und unter unglücklichen Umständen durch Selbstmord zu Tode kommen. Das Stück umfasst eine Erzählzeit von fünf Tagen und spielt zur Sommerzeit in der norditalienischen Stadt Verona. Das Werk entstand vermutlich in den Jahren 1594-96. Es erschien erstmals 1597 im Druck. Shakespeares Hauptquelle war Arthur Brookes „The Tragicall Historye of Romeus and Juliet" aus dem Jahre 1562. Romeo und Julia gelten als das berühmteste Liebespaar der Weltliteratur, der Stoff ist in vielen Varianten musikalisch und literarisch verarbeitet worden, es gibt zahlreiche Verfilmungen, und auf der Bühne genießt das Werk seit seiner Entstehung eine ungebrochene Popularität.

72 * 23. September 1953 in Troisdorf, ist ein deutscher Seminaranbieter, Coach und Autor psychologischer Bücher, der in München und auf Lesbos lebt.

73 * 6. Mai 1921 in Wien; † 22. November 1988 in Baden-Baden, war ein österreichischer Lyriker, Übersetzer und Essayist.

74 (1754–1824), französischer Moralist und Essayist

75 geboren 1772 in Medschybisch; gestorben am 16. Oktober 1810 in Uman) war ein chassidischer Zaddik. Chassidismus (hebr. חסידים Chassidim ‚die Frommen') bezeichnet verschiedene voneinander unabhängige Bewegungen im Judentum. Gemeinsam ist diesen Bewegungen die strenge Einhaltung religiöser Regeln, der hohe moralische Anspruch sowie eine besondere Empfindung der Gottesnähe, die häufig mystische Ausprägung gefunden hat. Ein Zaddik oder Tzaddik ([tsaˈdɪk], hebr. צדיק, ṣaddīq, deutsch ‚Rechtschaffener' oder ‚Gerechter') ist ein religiöser Titel für einen hoch angesehenen, als heilig oder moralisch herausragend geachteten Mann im Chassidismus.

76 * 9. September 1778 in Ehrenbreitstein (heute Koblenz); † 28. Juli 1842 in Aschaffenburg, war ein deutscher Schriftsteller und neben Achim von Arnim der Hauptvertreter der sogenannten Heidelberger Romantik.

77 * 16. April 1889 vermutlich in London; † 25. Dezember 1977 in Vevey, Schweiz, war ein britischer Komiker, Schauspieler, Regisseur, Drehbuchautor, Schnittmeister, Komponist und Filmproduzent.

78 * 5. Oktober 1936 in Prag; † 18. Dezember 2011 in Vlčice-Hrádeček, Okres Trutnov, Královéhradecký kraj, war ein tschechischer Dramatiker, Essayist, Menschenrechtler und Politiker, der

während der Herrschaft der kommunistischen Partei einer der führenden Regimekritiker der Tschechoslowakei war und zu den Initiatoren der Charta 77 gehörte. Er ist einer der Wegbereiter der deutsch-tschechischen Aussöhnung. Nach der Samtenen Revolution, an der er maßgeblich beteiligt war, war er von 1989 bis 1992 der letzte (neunte) Staatspräsident der Tschechoslowakei und von 1993 bis 2003 der erste der Tschechischen Republik. Außerdem war er Mitglied in der Schriftstellergemeinde Obec spisovatelů und Ehrenmitglied im Club of Rome.

79 * 30. Juli 1863 in Greenfield Township (Michigan), USA; † 7. April 1947 in Dearborn, Michigan) gründete den Automobilhersteller Ford Motor Company. Er perfektionierte konsequent die Fließbandfertigung im Automobilbau, die allerdings schon Ransom Eli Olds 1902 in vereinfachter Form in seiner Automobilfirma Oldsmobile vorweggenommen hatte. Sein Konzept der modernen Fertigung von Fahrzeugen revolutionierte nicht nur die industrielle Produktion, sondern hatte auch starken Einfluss auf die moderne Kultur (Fordismus).

80 * 27. August 1941 in San Francisco als Sam Golden) lehrt in Deutschland als Neo-Advaita-Meister. Seit 1998 gibt Samarpan vorwiegend in Deutschland, der Schweiz und Österreich Satsang. Samarpan begleitet dabei Menschen durch ihre persönlichen Prozesse. Der Mensch sei nur physische Reflexion der göttlichen Vollkommenheit, die durch ihre individuelle Prägung in nichts geschmälert werde. Gefühle sollten ohne Bewertung so angenommen werden, wie sie sind. Alle Emotionen sollten vorbehaltlos akzeptiert werden, ohne sie verändern, dramatisieren oder auslöschen zu wollen. Im Erkennen dessen, dass nichts verkehrt sei, so Samarpan, erfahre man Frieden unabhängig von allen äußeren Lebensumständen.